中國民間故事史 宋元篇

祁連休——著

導言

祁連休

　　民間故事有廣義與狹義之分。廣義的民間故事指所有的散文體口頭敘事文學，包含神話、民間傳說和狹義的民間故事。狹義的民間故事則是除去神話、民間傳說的散文體口頭敘事文學，它通常分為幻想故事、寫實故事（又稱「生活故事」）、民間笑話、民間寓言四個門類。

　　本書的起迄時間為先秦至清末，並不涉及現代和當代。

　　中國民間文學史研究，是整個中國文學史研究的一個薄弱環節；而中國民間故事史研究，又是中國民間文學史研究的一個薄弱環節。對於中國故事學界的同仁而言，加強中國民間故事史研究，可謂任重道遠。

　　民間文學不同於作家文學，而有其特殊性。民間故事在民間文學的各種體裁中，也有其特殊性。如同編纂中國文學史、中國民間文學史一樣，中國民間故事史可以有各種各樣的寫法，可以作各種各樣的探索與嘗試。筆者力圖按中國民間故事本身的特點來撰寫這一部民間故事史，以充分展示中國歷代民間故事作品為主旨，希望讀者見到的這部著作，不但能夠儘量充分地揭示出中國古代民間故事多彩多姿的面貌，而且突出其不同於一般筆記小說、通俗小說的民間文學特徵。為此：

　　1，本書以展示見諸歷代各種古籍文獻的不同門類、不同題材的民間故事為主線來撰寫這一部中國民間故事史，而不是以展示歷代記載民間故事的古籍文獻為主線。因為本書揭示的是中國民間故事的發展史，而不是以作家文學為主的中國文學史。

　　2，本書在梳理中國民間故事發展史的時候，除了以大部分篇幅展示歷代的民間故事作品之外，還用一定的篇幅來展示與其密切相關的民間故事類型的發展史以及展示民間故事的記錄史、編選史等，讓這部著作盡量具備民間故事史應有的內容和特點。

中國古代的民間故事浩如煙海，數量極大。可是，很難找到記載民間故事的專書。中國歷代的民間故事大都分別收進各種古籍文獻，尤其是各種筆記小說之中。長期以來，它們往往被研究者視為志怪小說、軼事小說、諧謔小說等。筆者在撰寫本書的過程中，首先要解決一個作品的鑒別問題，自始至終都要不斷從各種古籍文獻中鑒別出被歷代文人錄寫的比較本色的民間故事，以及雖有一定的藝術加工但仍然保存基本面貌的民間故事，以便進行梳理、分析和論述。對此，儘管學界已經做過不少探索和嘗試，卻仍然具有一定的挑戰性。筆者認為，從古籍文獻中分辨出民間故事，大致有兩種鑒別方法：1，以符合民間故事的基本特徵（包括思想內容、藝術風格、敘事特點、結構模式等）以及流傳變異、故事類型的相關特徵為準繩，這是最主要的鑒別方法。而在區分民間故事與民間傳說方面，則可以有相當的靈活性，因為兩者之間存在著一定的模糊帶，要想將它們十分準確地區分開來，並不很容易。2，運用各種參照的方法進行鑒別：以各種已有定評的古代民間故事作為參照；以中國各民族現當代口傳民間故事作為參照；以外國民間故事作為參照，等等。

在撰寫本書的過程中，尚需解決一個作品的斷代問題。筆者採取的方法是根據作品記錄的年代來斷定作品的年代。這種斷代方法，是一種比較簡便易行的方法，也是一種大致可靠的方法。何況很難找到一種可以取代它的更好的斷代方法。一般來講，以記錄民間故事的時間來斷定其年代，雖然不一定很準確，可能會有一些誤差，但出入不會太大。正如我們將被記錄下來的現代人所講的民間故事視為現代民間故事，把被記錄下來的當代人所講的民間故事視為當代民間故事一樣。

中國民間故事的發展史時間漫長，有文獻資料可以稽考者，上自春秋末年，下迄清末民初，歷時兩千多載。根據中國民間故事發展史的實際情況，並且為了詳細敘述的方便，本書共分為四冊，第一冊又分三編：第一編先秦兩漢時期（約前519-220），跨度七百多年。這一個時期是中國民間故事的萌生時期。此時，各個門類的民間故事均已出現，並且有不同程度的發展。其中，以民間寓言最為耀眼，成為中國民間故事發展史上的一個不可企及的高峰。第二編魏晉南北朝時期（220-589），跨度三百六十多年。這是中國民間故事開始走向成熟的一個時期。此時，各種門類的民

間故事都有了一定的發展，逐漸成熟。其中，幻想故事奇峰突起，出現許多名篇佳製，充分顯示出中國民間故事的風采和魅力。第三編隋唐五代時期（581-960），跨度近四百年。這個時期的民間故事仍以幻想故事最為突出，成為魏晉南北朝之後中國民間故事的又一座豐碑。與此同時，寫實故事也有較為顯著的發展，是這個時期民間故事的另一個亮點。相比之下，這個時期的民間笑話與民間寓言的發展則較為緩慢。第二冊宋元時期（960-1368），跨度四百餘年，是中國民間故事發展史上的一個承上啟下的重要時期。這個時期，幻想故事、寫實故事、民間笑話、民間寓言的發展都比較均衡，成就卓著，為明清時期中國民間故事的大發展奠定了堅實的基礎。第三冊明代時期（1368-1644），跨度兩百七十多年。這個時期的幻想故事、寫實故事、民間笑話均有較大的發展，民間笑話的發展尤其顯著，成為中國民間笑話發展的頂峰，十分引人注目。第四冊清代時期（1616-1911），跨度近三百年。這是中國民間故事全面繁榮的時期，各種門類的民間故事的發展均非常顯著，幻想故事和寫實故事的發展更為突出。清代又是中國民間故事由古代進入現當代的一個過渡時期。這個時期民間故事的全面繁榮，為中國現當代口傳民間故事的大發展從多方面提供了可靠保障。

目次

宋元時期的民間故事

宋元兩代共計四百〇八年，時間跨度較長。這個時期，中國民間故事在隋唐五代的基礎上得到了進一步的發展，並且為明清兩代中國古代民間故事的大發展和進入鼎盛時期做好充分的準備。

宋元時期在中國民間故事發展史上具有承上啟下的地位和作用，各類故事的發展都比較均衡。不但幻想故事、寫實故事、民間笑話、民間寓言四個門類如此，每個門類中的各個小類也大體上如此。

宋元時期，手工業、商業經濟日益發達，城市日臻繁華，通俗文藝、平民藝術有了明顯的發展，達到空前繁榮的程度。在當時這樣的社會環境下發展起來的民間故事，世俗生活得到了充分反映，因而具有更加貼近中下層民眾生活，生活氣息更為濃郁的特點。相比之下，在這個時期的民間故事裏面，宗教觀念、宗教影響則有所削弱；揭露僧侶不守教規，怙惡不悛的劣跡的民間故事則愈來愈多。不僅如此，這個時期的民間故事的時代感亦有所增強，諸如有關異族入侵、戰亂頻繁、社會動蕩的內容，有關逐漸興盛的航海事業和對外貿易的內容，在這個時期民間故事裏面都不斷有所描繪和反映。

宋元時期收錄民間故事的著作很多，兩宋時期尤為突出。但是，這個時期的民間故事大多零星散見於各種筆記小說，與此前各個時期有所不同的是，比較集中記載民間故事的著作並不多。這個時期錄有民間故事的著作達一百多種，常見的有〔宋〕佚名撰《燈下閑談》，〔宋〕吳淑撰《江淮異人錄》、《秘閣閑談》，〔宋〕鄭文寶撰《南唐近事》、《江南餘載》，〔宋〕錢易撰《南部新書》、《洞微志》，〔宋〕張君房撰《縉紳脞說》，〔宋〕張齊賢撰《洛陽縉紳舊聞記》，〔宋〕黃休復撰《茅亭客話》，〔宋〕高懌撰《群居解頤》，〔宋〕李畋撰《該聞錄》，〔宋〕君玉撰《國老談苑》，〔宋〕田況撰《儒林公議》，〔宋〕歐陽修撰《歸田錄》，〔宋〕畢仲詢撰《幕府燕閑錄》，〔宋〕文瑩撰《湘山野錄》、《玉壺清話》，〔宋〕張師正撰《倦遊雜錄》，〔宋〕秦再思撰《洛中紀異錄》，〔宋〕司馬光撰《涑水記聞》，〔宋〕沈括撰《夢溪筆談》，〔宋〕王鞏撰《隨手雜錄》，〔宋〕劉斧撰輯《青瑣高議》、《翰苑名談》，〔宋〕詹玠撰《唐宋遺史》，〔宋〕王闢之撰《澠水燕談錄》，〔宋〕蘇軾撰《東坡志林》，傳〔宋〕蘇軾撰《艾子雜說》、《漁

樵閑話》，〔宋〕魏泰撰《東軒筆錄》，〔宋〕劉延世撰《公孫談圃》，〔宋〕張耒撰《明道雜志》，〔宋〕孔仲平撰《孔氏談苑》，〔宋〕陳正敏撰《遯齋閑覽》，〔宋〕彭乘撰《墨客揮犀》，〔宋〕朱彧撰《萍洲可談》，〔宋〕邵伯溫撰《邵氏聞見錄》，〔宋〕王讜撰《唐語林》，〔宋〕張邦基撰《墨莊漫錄》，〔宋〕何薳撰《春渚紀聞》，〔宋〕蔡絛撰《鐵圍山叢談》，〔宋〕張知甫撰《可書》（又名《張氏可書》），〔宋〕馬永卿撰《懶真子》，〔宋〕廉布撰《清尊錄》，〔宋〕江少虞編《宋朝事實類苑》（原名《皇朝事實類苑》），〔宋〕曾慥撰《高齋漫錄》，〔宋〕曾慥編《類說》，〔宋〕朱弁撰《曲洧舊聞》，〔宋〕邵博撰《邵氏聞見後錄》，〔宋〕龔明之撰《中吳紀聞》，〔宋〕佚名撰《西軒客談》，〔宋〕蘇舜卿撰《聞見雜錄》，〔宋〕施德操撰《北窗炙輠錄》，〔宋〕李石撰《續博物志》，〔宋〕呂仁居撰《軒渠錄》，〔宋〕馬純撰《陶朱新錄》，〔宋〕范公偁撰《過庭錄》，〔宋〕周輝撰《清波雜志》，〔宋〕吳曾撰《能改齋漫錄》，〔宋〕委心子編《分門古今類事》，〔宋〕曾敏行撰《獨醒雜志》，〔宋〕郭彖撰《睽車志》，〔宋〕洪邁撰《夷堅志》，〔宋〕陸游撰《避暑漫抄》、《老學庵筆記》，〔宋〕王明清撰《投轄錄》、《玉照新志》、《摭青雜說》〔宋〕佚名集輯《鬼董》，〔宋〕沈俶撰《諧史》，〔宋〕魯應龍撰《閑窗括異志》，〔宋〕張端義撰《貴耳集》，〔宋〕楊和甫撰《行都紀事》，〔宋〕岳珂撰《桯史》，〔宋〕趙葵撰《行營雜錄》，〔宋〕鄭克撰《折獄龜鑑》，〔宋〕張世南撰《游宦紀聞》，〔宋〕陳郁撰《藏一話腴》，〔宋〕桂萬榮撰《棠陰比事》，〔宋〕龐元英撰《談藪》，〔宋〕朱輝撰《絕倒錄》、〔宋〕周文玘撰《開顏錄》，〔宋〕天和子撰《善謔集》，〔宋〕羅燁編撰《醉翁談錄》，〔宋〕祖士衡撰《西齋話記》，〔宋〕周密撰《齊東野語》、《癸辛雜識》，〔宋〕佚名撰《嘉蓮燕語》，〔宋〕羅點撰《聞見錄》，〔宋〕高文虎撰《蓼花洲閑錄》，〔金〕元好問撰《續夷堅志》，〔元〕陳世崇撰《隨隱漫錄》，〔元〕佚名[1]撰《南墅閑居錄》，〔元〕佚名撰《湖海新聞夷堅續志》，〔元〕蔣子正撰《山房隨筆》，

---

[1] 一作王有大撰。

〔元〕林坤輯集《誠齋雜記》，〔元〕輾然子撰《拊掌錄》，〔元〕楊瑀撰《山居新語》，〔元〕鄭元祐撰《遂昌雜錄》，〔元〕姚桐壽撰《樂郊私語》，〔元〕仇遠撰《稗史》，〔元〕林坤輯《誠齋雜記》，〔元〕佚名撰《東南雜錄》，〔元〕佚名編《異聞總錄》，〔元〕王瑩編纂《群書類編故事》，〔元〕陶宗儀撰《輟耕錄》（又名《南村輟耕錄》）等。其中，收錄民間故事比較多，比較引人注目的有《青瑣高議》、《睽車志》、《夷堅志》、《鬼董》、《折獄龜鑑》、《癸辛雜識》、《續夷堅志》、《湖海新聞夷堅續志》、《異聞總錄》、《輟耕錄》等，而以《夷堅志》最為突出。

第一章　宋元的神異故事

　　宋元時期的幻想故事，較好地沿襲隋唐五代時期的發展態勢，而又在題材拓展、藝術水平提高諸多方面得到進一步的提升。其中，神異故事、精怪故事、鬼魂故事都有不同程度的發展和提高，鬼魂故事尤為明顯。

　　宋元時期的幻想故事中的神異故事，包含仙佛異人故事、寶物故事、奇事奇遇故事、人神戀情與交誼故事、善報與惡報故事、懲惡除害故事等幾類，內容豐富，異彩紛呈。

第一節　宋元的仙佛異人故事

　　宋元時期的仙佛異人故事，故事主角大多為道教的神仙、道士，少數為佛教的菩薩、神僧，抑或兼有仙、佛特徵的異人；內容涉及異人現身濟世，仙佛顯示神威的許多方面，諸如治病救災、扶危濟困、答謝留贈、獻藝傳技、警世勸善、升仙成佛等等。

　　故事裏面的仙佛異人，無不以極其平常的面貌出現於塵世，而且大多以乞丐、道士、和尚的身份與世人交往，世人每每相見而不相識，失之交臂。因為凡夫俗子大都無認識仙佛異人的慧眼，總是過後方知，後悔莫及。試看：

　　　　成都民李氏，居郡城北。嘗有丐者至，容體垢污可憎，與之錢，不肯去，叱逐之，入於門側，遂隱不見。李氏雖怪咤，然不測為何人。後三日，別一道士至，顧其家人言曰：「汝家光采頓異，殆有神仙過此者。」曰：「無之。」道士指左扉拱手曰：「此靈泉朱真人像也。」始諦視之，面目冠裳，歷歷可辨。道士曰：「真人來而君不識，豈非命乎？吾能以繪事加其上，當為君出力，使郡人瞻仰。」即探囊中取丹粉之屬，隨手點綴，俄頃間而成。美髯長

眉，容采光潤，宛然神仙中人。李氏驚喜，呼妻子稽首百拜。道士曰：「猶有一處未了，吾只在對街天慶觀，今姑歸，晚當復來。」不揖而出。過期，杳不至。就問之，蓋未嘗有此人也。李氏愈恨其不遇，揭扉施觀中。張忠定參政為府帥，為建小殿以奉焉。

《夷堅丙志》卷二，〈朱真人〉

　　蔡純誠通判，與一僧相善，尊宿也。忽得書招蔡，既至，而僧已趺坐而逝。先封小合，囑其徒云：「蔡至貧，此合中吾衣鉢金二兩，來則與之。」蔡至，哭之慟，僧復開目與語良久，且云：「當有道人來燒香，非常人也，可隨之，當有所遇。」言訖，瞑目長往。俄果有一道至，蔡前揖之，道者爇香徑去。蔡隨其所往，行甚遠，道者問：「隨我何求？」蔡言：「素苦寒疾，百方不愈。」道者乃握其兩手，頃之其熱如灼。蔡云：「今偏體皆暖，惟腦尚冷。」則又以手熨其腦，應手即溫。乃謂蔡曰：「勿庸隨我。」用所衣布袍贈蔡，曰：「某年月日，岳陽樓前用錢三百七十買此。」言已，長揖別去。蔡收其袍，藏之。他年，蔡有故至山東一郡，茶肆中復遇道者，相見甚喜，袖間出緡竿，緝布縷為釣，笑擲地徐引之，得大鯉。相攜酒壚，膾食之而去。

《睽車志》卷一，〈蔡通判〉

　　在這兩則故事中，仙佛均以平常的僧俗人等出現，甚至是滿身污垢的乞丐。他們在尋常的言行舉止中，顯示出不尋常神采、氣度，頗有驚世駭俗的意味，使世人由此領悟一個道理：獨具慧眼，談何容易。很顯然，這兩則故事，都帶有神秘色彩，在一定程度上增強了作品的藝術效果和感染力。但這兩則作品亦稍有不同，前一則的神靈屬道教系統，後一則的神靈，既有佛教系統的，又有道教系統的，並且由佛教異僧引出道教仙家。由此不難看出，當時的講述者與聽眾對釋、道兩種宗教的神靈都是尊崇的，信奉的。這個時期的此類有關難以辨認仙佛異人故事，尚有寫一道士為人和易，常與人共飲而使酒家生意興隆，其人坐逝歲餘而棺空的《春渚紀聞‧孫道人尸解》、寫鄭道人丐錢乞食，常將餘錢分惠貧者，死後焚化

時棺中僅有一竹杖的《睽車志‧鄭搖鈴》、寫青城山道人去拜麻姑時，食下村婦所授蘿蔔而神清氣爽，壽過百歲的《夷堅志‧麻姑洞婦人》、寫西蜀二舉人入京御試，試題果如途中神言卻一字不能上，被黜後不復事筆硯的《螢花洲閑錄‧西蜀二舉人》，寫全真庵羅某非痴非狂，能前知事，嘗為人預言有「狗災」，該人果被狗傷而亡的《遂昌雜錄‧羅蓬頭》等。

　　下面從濟世利民、救難消災、獻技傳道、答謝留贈、得道成仙等幾個方面進一步論析這個時期的仙佛異人故事。

一、宋元的仙佛異人濟世利民故事

　　這個時期的仙佛異人濟世利民故事，以傳醫術、施醫藥、為各行各業民眾治病療傷的作品最為常見。比如：

> 余族兄次翁鼻間生一瘤，大如含桃，而懼其浸長，百方治之不差。行至襄陽，於客邸遇一道人，喜飲而日與周旋。臨別解衣，出一小瓢如棗大，傾藥如粟粒三，授次翁曰：「汝夜以針刺瘤根，納藥針穴，明日瘤當自落。其二粒留以救奇疾也。」次翁如其言，因夜取針剔瘤根納藥。至夜半，但覺藥粒巡瘤根而轉，至曉，捫之則瘤已失去，取鏡視之，了無瘢痕也。因大神之，秘其餘藥，不令人知。其女為兒時，蹙倒折齒不生。次翁取藥納齒根，一夕齒平復。因以水銀一兩，置銚間，取藥投之，則化為紫金。方知神仙所煉大丹也。
>
> 　　　　　　　　　　　《春渚紀聞》卷三，〈仙丹功效〉

> 仙居，乃吉州道堂也。宋嘉熙辛丑年，堂近有李老家，稍溫飽，道人【來往】即供以好茶，深熟者與酒。適有幼子病瘵，骨瘦如柴，死期可必。忽有堂內三道人，風貌蒼古，來曰：「令嗣能過堂同榻一宵，則可再生。」李道急遣去。入夜，兩道人夾之而睡，一道人蓋其上。其氣蒸之如火，病者如坐甑，幾不能堪。道人曰：「且忍耐。」凡若是者五六次，早起精神清爽，肌骨美暢，索飲食

如常。不十日，豐悅殊異。道人囑之曰：「姑遲兩年方可娶，若早則病復來。」李老夫婦拜謝之，與以錢會布帛，一毫不受，但受果飲三杯，辭堂往袁州邵山。時天色晚矣，李老與堂中道眾苦留之，不從所請，方出門則不見矣，乃知其仙也。

《湖海新聞夷堅續志》後集卷一，〈神仙門·仙醫療疾〉

這兩則故事，寫的都是神仙治病救人的事跡。而其中的神仙，無不以道人的模樣出現在塵世。當他們的仙丹、仙方卓有奇效，並且顯現出神仙的風骨時，世人才恍然大悟，為之嘆服。不過，神仙治病救人，分毫不取，卻不一定能夠使某些人受到感化。在前一則故事中，神仙為何次翁摘除其鼻瘤，還留下兩粒仙丹以備「救奇疾」之需。然而何某卻對神仙的囑咐置若罔聞，甚至將其中的一粒仙丹拿去煉紫金，讓人既感到悲哀，又感到憤怒。

這個時期的仙佛異人濟世利民故事，尚有寫異僧令失明十載之鄉民重見光明的《夷堅志·甘棠失目》、寫胡某用異人所授治癃疽內托散方，治癒眾多病患的《夷堅志·異人癃疽方》、寫一神仙以酒噀面，使已脫軍籍之黥卒臉上黥文盡滅的《夷堅志·金陵黥卒》、寫一異僧以奇特藥方為民眾治病驅疫的《夷堅志·趙小哥》、寫仙姥變為青衣婦登門，用一顆藥丸治癒周妻陳年痼疾的《湖海新聞夷堅續志·仙姥貨藥》、寫一道人伸手撫摸廄卒滿布瘡穢之面，使其瑩淨無瘢的《異聞總錄·廄卒瘡癒》等。

二、宋元的仙佛異人救難消災故事

這個時期的仙佛異人救難消災故事，延續了治病療傷的題旨，進一步展示仙佛異人濟世利民的仁慈之心。試看：

萬載縣獲賦市，有丐者姓郭，左手及兩足皆反掌於上，止得右手拄地擦行，人遂名以「郭擦」。母老病風，弟病亦然，擦每月朔望出丐，一市人皆憐而惠之，遂得養母及弟，僅得一月之食，如此者十八年無怨。元貞二年冬，遇一道人，見其貧苦，又甘心養母

與弟，遂與藥五丸與擦，云：「汝服吾藥，宿疾頓可。」擦如教服之，手足隨即如常。不料疾癒，無可托詞以丐，而人亦無惠之者。方窘急之間，又遇元道人。擦謝之，且祈之云：「向蒙惠藥，偶忘母疾，未曾分與，今母尚病。」道人再以五丸與之，其母服兩丸，其疾如失。尚餘三丸，適為里近富人所知，其病亦同。富人與擦云：「聞汝有妙藥三丸，以鈔一錠與汝回贖。」擦應言不願受鈔，願病安，三口乞終身供給，遂以藥授之。後果效，富人守信供給之。得非郭擦一念孝悌，獲遇神仙以受無窮之福。籲！丐者而處心如此，人亦可以自反矣。

《湖海新聞夷堅續志》後集卷一，神仙門〈仙醫反掌〉

這則故事，這寫一位以道人面貌出現的神仙，一再施藥給那個殘疾人孝子，不但治好了他患風痛病的老母，而且讓他們一家三口衣食無憂，顯示出神明扶危濟困，救助善良的胸襟，並且體現出世人對於於神明的無比崇敬。不僅如此，這則故事還生動地描述出十數年如一日地孝敬雙親、關愛兄弟者必有好報，又體現出世人對於行孝悌之人無比讚許。

這個時期的仙佛異人救難消災故事，尚有寫有奇術老者以木魚向壁上灑水，使民宅免於火災的《孫公談圃‧異人灑水》、寫群丐中一刺青眉者向朱某傳技，使之安樂長壽的《萍洲可談‧朱齋郎遇仙》、寫一仙人給誤入迷津之漁家飲食，並指引其平安還家的《夷堅志‧白馬洞天》、寫一仙家化為小吏勸某郡守移舟他處，因而得免山崩之難的《夷堅志‧華陰廳小子》；寫一仙贈仙果與迷路告飢者，使之辟穀不飢的《湖海新聞夷堅續志‧野人破竹》、寫一化緣道士贈扇為慷慨助人的士子引路，使其躲過一場劫難的《湖海新聞夷堅續志‧異人送扇》等。

三、宋元的仙佛獻技傳道故事

這個時期的仙佛異人獻技傳道故事，寫的是他們以另一種方式濟世利民，給眾多平民百姓施恩惠。試看：

襄陽天仙寺在漢江之東津，去城十里許，正殿大壁畫大悲千手眼菩薩像。世傳唐武德初，寺尼作殿，救良工人圖繪。有夫妻攜一女子應命，期尼以扃殿門，七日乃開。至第六日尼頗疑之，乃開戶，見其無人，有二白鴿翻然飛去。視壁間聖像已成，相好奇者，非世工所能。獨其下有二長臂結印手未足，乃二鴿飛去之應也。郡有畫工武生者，獨能摹傳其本。大觀初，有梁寬大夫寓居寺廟中，心無信向，頗輕慢之。武生云：「菩薩之面正一尺。」寬以為誕，必欲自度之。乃升梯欲以足加菩薩面，忽梁間有聲如雷，寬震悸而墜，損其左手。僧教寬悔過自懺，後歲餘方如舊。茲禦侮於像法事者，怒其慢瀆耳。

《墨莊漫錄》卷十，〈畫千手眼菩薩像〉

這一則故事，既描述異人為寺廟繪製千手千眼觀音像，完成了一項弘揚佛法的浩大工程，並且發揮了向世人傳授繪畫技藝的作用，無疑是一件一舉多得的善事，很有意義。但是，這一則故事又那位梁寬大夫給予必要的懲戒，從而向世人表明，輕慢菩薩的行為是不可取的。

這個時期的仙佛異人獻技傳道故事，尚有寫一異人用堅勁如鐵之木板刻出一幅桃源景物，至為精美，雖世間工畫善巧者亦不能製作的《夷堅志‧桃園圖》、寫對弈道人讓求藥者吞下一枚棋子，其人頓時棋藝過人，天下無敵的《夷堅志‧觀音寺道人》、寫一仙家不但將淪為乞丐之傷兵治好，還將藥方傳與其人，服者無不靈驗的《夷堅志‧李家遇仙丹》、寫一道人授道術與甘貧好道之賣豆乳者，使其體魄健壯的《湖海新聞夷堅續志‧劉咬指臥雪》、寫衛某遇神仙而得藥方一本，遂通醫術，醫道日盛的《湖海新聞夷堅續志‧神仙教醫》等。

四、宋元的仙佛異人答謝留贈故事

這個時期的仙佛異人答謝留贈故事，內容頗為豐富，大多故事性強，往往通過生動有趣的故事情節，揭示仙佛異人的神力，展現其珍視友誼、重情重義的襟懷與豁達大多度、與人為善的風采。試看：

李無競入都調官，至朱廷鎮，有二丐者喧爭於道，老嫗曰：「我終身丐乞，聚金數百，此子貸去，半載不償。」無競取繒如所逋數與之，丐者謝曰：「吾實逋其錢，君行路人，能償之以解其鬥。吾家在隆和曲，筠柵青簾，乃所居也。子能訪我，當有厚謝。」

無競異其言。後入隆和，果有簾柵。入門，見數丐者地爐共火。入室，有冠帶者立於堂，乃向丐者。丐既坐，曰：「可小酌禦寒。」無競恍惚甚疑。其人勤勤，遜辭終不飲，但濡唇而已。時方大寒，盤中皆夏果，取小御桃三枚懷歸。丐者作詩曰：「君子多疑既多誤，世人無信即無成。吾家路徑平如砥，何事夫君不肯行？」

無競至邸，取桃，乃紫金三塊，因大悔恨。翌日再訪之，已不見，詢問皆無知者。無競琢其金為飲器，年七十餘，面色紅潤，豈酒濡唇之力乎？

《青瑣高議》補遺，〈隆和曲丐者〉

這一則故事，寫一仙人厚報解囊相助者，珍重情義，知恩圖報，非常富於人情味，讀來頗為感人。令人感到遺憾的是李某當時尚不知道丐者乃是仙家，對其款待與饋贈並不很在意，因而失卻良機。這倒正好說明李某慷慨解囊幫助他人的時候，並沒有希望得到回報。其人的這種品格，無疑是十分可貴的。

這個時期的仙佛異人答謝留贈獻故事，尚有寫一道人取藥拭酒杯使之變為金杯，用以償還酒樓酒資，令酒樓發了一筆小財的《睽車志・金杯償值》、寫一道人為報答村嫗厚待，使其家棗樹長出胡蘆狀大棗的《夷堅志・胡蘆棗》、寫一道人往井中投藥丸使該地年年暑夕再無蚊害，藉以答謝客邸主人的《夷堅志・閬州道人》、寫仙人贈藥為書生治好傴僂病，用以答謝其招飲盛情的《湖海新聞夷堅續志・仙醫曲背》、寫一道人以杖扣地，令迸出清水變酒，讓施茶崔婆大享其利的《湖海新聞夷堅續志・井化酒泉》等。

五、宋元的仙佛異人助人得道成仙故事

在仙佛異人故事中，有關幫助世人得道成仙內容的故事，大多頗為有趣。從具體描述可以看出，此類故事乃是這個時期仙佛異人故事的一個亮點。在故事裏面，得道成仙的途徑各不相同，既有自己修煉而成的，亦有經仙家、異人指點而成的，可謂殊途同歸，它們無不生動地體現出當時民眾的一種渴望幸福生活的理想和追求。試看：

> 濟南李芟，字定國，寓臨安軍營中，以聚學自給，暇則縱遊湖山。嘗欲詣淨慈寺，過長橋，於竹徑迷路，見青衣道人林下斫笋，芟揖之。道人問所往，曰：「將往淨慈，瞻禮五百羅漢。」道人曰：「未須去，且來同食燒笋。」食之甚美。俄風雨晦冥，失道人所在。芟皇懼，伏林間。少頃雨止，尋徑而出，至寺門下，覺身輕神逸，行步如飛。洎歸舍，不復飲食。其從兄大猷為諸王宮教授，將之任，遣僕致書。見其顏如桃紅，且能辟穀，以語大猷，及大猷至，即已去，雲遊茅山矣。後又聞入蜀，隱青城山。大猷為梓路提刑，使人至眉訪所在，眉守復書報：「數年前已輕舉乘雲而去，今唯繪像存。」
>
> 《夷堅丁志》卷十八，〈李芟遇仙〉

> 至元壬辰，灌州青城山崔公，與崔婆在山門路口茅屋下賣柴。一日，入山採柴，忽麻姑仙坐石上，拜之，仙問曰：「汝欲官否？」崔應云：「我用官何為？」又問：「欲錢否？」應云：「錢多害己。」又問：「欲華衣否？」應云：「我是賣柴漢，何用華衣為？」又問：「此三者非汝所欲，今所欲何事？」崔公笑云：「我要此鬚拖地便好。」麻姑引手捋之，鬚隨手而長，競至垂地。歸家，人以為訝。後不食，言人禍福如神，合城觀者如堵。凡有布施錢，一文不受。一年後，夫妻俱入山，不知所終。
>
> 《湖海新聞夷堅續志》後集卷一，〈神仙門・崔公得道〉

這兩則故事多有不同之處：背景不同，一為宋代，一為元代；發生地點不同，一在浙江，一在四川；故事主角身份不同，一為教習，一為販夫。但故事主角都具備了兩個得道成仙的基本條件：一為人品好，一為有仙緣。他們能夠得道成仙，達到世人的理想境界，無不在情理之中。

這個時期的仙佛異人助人得道成仙故事，尚有寫翁嫗二人對飲於野外，老翁忽然乘雲而上，極高而沒的《江淮異人錄‧杭州野翁》、寫程翁仁厚，服仙丹升仙後現身搭救被誣入獄者的《茅亭客話‧程君友》、寫周某棄省試入山煉丹敗後，乃出神往求，因妻誤信魔言將其身焚毀，周某遂無形體可生的《夷堅志‧周史卿》、寫一女子墜閣道下不死，食草木根苗，積思精專而飛升的《陶朱新錄‧墜閣道女》、寫徐翁煉藥時常有黃犬旋於丹鼎旁，追其跡掘得犬狀枸杞，食後乃仙去的《湖海新聞夷堅續志‧遇藥成仙》等。

第二節　宋元的奇事奇遇故事

宋元時期的奇事奇遇故事，作品數量較多，內容相當廣泛，故事性強，包括有關神鬼的奇事、有關婚喪嫁娶的奇事、有關幻術妖術的奇事、有關動植物的奇事以及外出奇遇等等。其故事情節無不奇特怪異，往往出人意料，讓讀者、聽眾從中受到觸動，多有感悟。

一、宋元的神鬼奇事

這個時期有關神鬼的奇事，大多描述體現神力、天意的各種奇事，數量甚多，其中不乏精彩的篇什。譬如：

宣和間，朝廷收復燕雲，即科郡縣數率等第出錢增免夫錢。海州懷仁縣楊六秀才妻劉氏，夫死，獨與一子俱，而家素饒於財。聞官司督率嚴促，而貧下戶艱於輸納，即請於縣，乞以家財十萬緡以免下戶之輸。縣令欣然從之，調夫輦運數日，盡空其庫藏者七間。因之掃治，設佛供三晝夜。既畢，明旦視之，則屋間之錢已復堆垛

盈滿，數之正十萬緡，而皆用紅麻為貫。每五緡作一辮，辮首必有一小木牌，上書「麻青」二字。觀者驚異，莫知其然。

或有釋之者曰：「如聞青州麻員外家至富，號麻十萬家，它非神運其錢至此耶？」劉氏因密令人往青州踪跡之，果有州民麻氏，其富三世，自其祖以錢十萬鎮庫，而未嘗用也。一夕失之，不知所往。劉氏即專人致殷勤於麻氏，請具舟車復歸此錢。

麻氏驚嗟久之，而遣介委曲附謝云：「吾家福退，錢歸有德，出於天授。今復往取，違天理而非人情，不敢祗領也。」劉氏知其不可，曰：「我既誠輸此錢以助國用，豈當更有之。」即散施貧民及助修佛道觀宇，一錢不留於家，家益富。

《春渚紀聞》卷二，〈二富室疏財〉

金陵雨花臺下居民甄氏。牧牛於野，值兩人東西相逢迎，如今羽客衣冠，擎拳對揖。其一曰：「錢庫後門久已潰壞，宜急倩一夫整之。」其一曰：「諾。」遂散去。良久，甄獨行至山側，峻岩下見崖傍一穴，大如斗，中有散錢溢出，即解衣包之。欲還家報父兄並力來取。且慮他人得見，乃搏泥室塞穿處。回至中塗，復遇前二客。其一又問：「錢庫門已葺未？」其一曰：「方用錢三百倩雇一牧童填補訖。」甄時年十七八歲，曉其語，歸為父言之。數其錢，正得二百三十一文。洎家人集元處，穴不復可尋矣。

《夷堅支甲》卷十，〈羽客錢庫〉

此兩則故事，分別採錄自北宋和南宋時期。它們均與錢財有關，立意甚好，讀來非常感人。其中，一則故事稱頌疏財重義的善舉，一則故事告誡世人不可妄取錢財，都能給世人以啟迪和教益。

這個時期有關神鬼的奇事，尚有寫一盜竊佛髻珠者竟不得出寺門，後還珠引咎乃識途而去的《墨莊漫錄·盜佛髻珠者》、寫一僧人教漁者塑泗洲像時在像中各置一錢，眾人紛紛前來向其買魚，因以致富的《中吳紀聞·幻僧》、寫三道士令求富貴老卒從仙人洞中抱出之石，竟變為黃金

的《能改齋漫錄・黃鶴樓下仙人洞》、寫一神人借錢萬緡與折本商賈劉三郎，而讓其將錢還與東來孕婦所生之子的《陶朱新錄・東來生》、寫醫士供奉之泗洲菩薩化作僧人，親往布店購紫羅以更換被鼠所嚙衣服的《夷堅志・潘璋家僧》、寫鬼神遣賣瓜人將樹間擲出之金銀送至張家，使張某致富的《夷堅志・米張家》、寫村民某某將一把能預言禍福之小鐮供奉於神堂上，賴以小康的《夷堅志・南山獨騎郎君》、寫一秀才在應試途中三次占卜皆不佳，怒而將惡判官踢倒，神王乃讓他做惡判官的《夷堅志・楊大方》、寫二士人於橦梓帝君祠祈夢時相互易頭而不改其聲，後皆官居顯位的《湖海新聞夷堅續志・易頭顯貴》等。

二、宋元的婚喪嫁娶奇事故事

這個時期有關婚喪嫁娶的奇事故事，作品不太多，但往往都相當精彩，引人入勝。譬如：

> 臨川貢士張樺赴省試，行次玉山道中，暮宿旅店。揭薦治榻，得絹畫一幅，展視之，乃一美人寫真，其傍題「四娘」二字。以問主者，答曰：「非吾家物，比來士子應詔東下，每夕有寓客，殆好事少年所携而遺之者。」樺旅懷淫蕩，注目不釋，援筆書曰：「捏土為香，禱告四娘；四娘有靈，今夕同床。」因掛之於壁。酤酒獨酌，持杯接其吻曰：「能為我飲否？」燈下恍惚覺軸上應聲，莞爾微笑，醉而就枕。俄有女子臥其側，撼之使醒曰：「我是卷中人，感爾多情，故來相伴。」於是撫接盡歡，將曉告去，曰：「先詣前途侍候。」自是夜夜必來，暨到臨安亦然，但不肯說鄉里姓氏。樺嘗謂之曰：「汝既通靈，能入貢院探題目乎？」曰：「不可。彼處神人守衛，巡察周備，無路可入。」試罷西歸，追隨如初。將至玉山，慘然曰：「明當抵向來邂逅之地，正使未晚，盍弛擔，吾當與子訣別。」及期，樺執其手曰：「我未曾娶，願與汝同歸，白母以禮婚聘。」女曰：「我宿緣合伉儷，今則未也。君今舉失利，明

年授室，為別不久，他時當自知。」瞥然而去。檉果下第，尋約婚於崇仁吳氏，來春好合。妻之容貌，絕類卷中人，而排行亦第四。一日，戲語妻曰：「方媒妁評議時，吾私遣畫工圖爾貌。」妻未之信。開笥出示，吳門長幼見之，合詞贊嘆，以為無分毫不似，可謂異矣！

《夷堅志補》卷十，〈崇仁吳四娘〉

此則描述貢生張某在赴省試往返途中生發的婚戀故事，既情節離奇，又入情入理，充分顯示出愛情的力量。它充分表現了世人，包括知識階層人士在內，對忠貞愛情和美滿婚姻的嚮往與渴求。

這個時期有關婚喪嫁娶的奇事，尚有寫一縣丞離魂回故里為亡父奔喪，孝心精誠，令人感佩的《夷堅志‧鍾離丞》，寫一宗室赴春試時入殘碑至玉寧金屋，與麗人燕好多日，隨後再訪竟一無所見的《投轄錄‧趙詵之》、寫一女子從地中出而與夜讀書生親昵，後在其出入處掘得金子一笥的《嘉蓮燕語‧寶西女子》、寫某家完婚時忘請某道士，遂狂風四起，燈燭盡滅，登門拜謝後狂風乃止的《湖海新聞夷堅續志‧扇能起風》等。

三、宋元的幻術、法術、妖術奇事故事

這個時期有關幻術、法術、妖術的奇事故事，怪異詭譎，其離奇曲折的程度，大多在其他奇事故事之上。其中富有積極社會意義的作品，不勝枚舉。試看：

鼎州開元寺多寓客，數客同坐寺門，見婦人汲水。一客善幻術，戲惱之，即挈水不動。不知彼婦蓋自能幻也，顧而言曰：「諸君勿相戲。」客不對。有頃曰：「若是，須校法乃可。」擲其擔，化為小蛇。客探懷取塊粉，急畫地，作二十餘圈而立其中，蛇至不能入。婦人含水噀之，稍大於前，又懇言：「官人莫相戲。」客固自若。蛇突入，直抵十五圈中，再噀水吒之，遂大如椽，徑躐中圈。將向客，婦又相喻止，客猶不聽。蛇即從其足纏繞至項，不可

解。路人聚觀且數百。同寺者欲走訴於官，婦笑曰：「無傷也。」引手取蛇投之地，依然一擔耳。笑謂客曰：「汝術未盡善，何敢然？若值他人，汝必死。」客再拜悔謝，因隨詣其家為弟子云。

《夷堅丁志》卷八，〈鼎州汲婦〉

　　饒州市販細民魯四公，煮豬羊血為羹售人，以養妻子。日所得不能過二百錢，然安貧守分，未嘗與鄰里有一語致爭。慶元元年二月，正負擔於德化橋上，買者頗集。一村獠如師巫之狀，從其求金。魯曰：「方分羹冗坌，少須當與汝。」巫嘻笑舍去。俄頃，釜中熱汁皆冷如堅冰，買者置箸不食而散。魯蓋素能作法，且又精至，深悟其所以然，對眾微嘆，即滅火而歸。旋撃泥十塊，置於灶口，解衣就睡。巫它處丐索滿志，還旅邸。忽腹內若熾炭，跳躑忍痛，固知早來之非，以實告主人。主人曰：「魯公尊法，一城推重，安得輕犯之？」巫懼，倩小兒引往其門，設拜十數，自通姓第為周三，魯不答，周痛益甚。觀者悉云：「且恕它得否？」魯領首，返室，盡去灶下物，周立癒，沽酒謝罪。明日，復攜隻雞斗酒來，願為弟子，傳其學，魯不許。至今本業如故。

《夷堅支癸》卷八，〈魯四公〉

　　這兩則故事，皆出於《夷堅志》，每一則均十分精彩。兩則的故事主角，無論是打水婦人，還是買血羹小販，都是極為普通的老百姓。然而，他們一個個都身懷絕技，從不顯山露水。他們正是平民百姓心目中的英雄。他們總是在忍無可忍的情況下還擊挑釁者，卻非常適度，恰到好處，充分顯示他們德藝俱佳的品質和風範，讓人無比佩服。

　　這個時期有關幻術、法術、妖術的奇事故事，尚有寫僧人某噓氣入二丈多遠一小僧之口，使其腸燒如沸湯傾注的《春渚紀聞・噓氣燒腸》、寫一工匠建房時用厭勝之術暗置七紙人於屋頂而使房主臥病，藉以泄忿的《夷堅志・常熟坊者》、寫某商求得老僧丹書小符，將以妖術為害一方之秀才制伏的《夷堅志・桂林秀才》、寫一粵商經道人指點而棒打施幻術老嫗所變烏鴉，老嫗乃以黃金贖命的《夷堅志・潘成擊烏》、寫一道人邀仕

宦子弟同遊之月宮，係市井一酒食店幻化而成的《湖海新聞夷堅續志・術化月宮》等。

四、宋元的動植物奇事故事

這個時期有關動植物的奇事故事，以涉及猛虎者為多。此類作品往往以人虎互變為題材，故事情節對讀者、聽眾有較強的吸引力。例如：

> 唐小說多載虎將食人，而皮為人所奪，不能去，或作道士僧與言語。南城鄧秉，見故山陰宰李巨源說一事，大與古類，而微有不同者。建炎間，荊南虎暴甚，白晝搏人，城外民家，多遷入以避。張四者，徙居甫畢，未及閉門，而虎突然遽至，急登梁喘伏，虎未之見也。升堂脫其皮，變為男子，長籲而呼曰：「吾奉天符取汝，汝安所逃死邪！」遍歷室內及居側林莽間尋之。張度其已遠，乃下取所留皮，縛置梁上。日暮虎還，視皮，失之矣！意緒窘擾，大叱曰：「汝既避匿，又竊我皮，吾奉取十七人，今已得十有六，獨汝未耳。倘不信吾，看我懷中丹書。」遂探出，陳於地，曰：「此天符也，十六人姓名已勾了，正餘汝在，善還我皮，當捨汝，能指示我筆墨處乎？」張念久不使去，患將益生，應之曰：「還皮易耳，汝即食我，奈何？」曰：「我雖異類，不忍負信，豈有相誤理！」張指示之，則徑往拈筆，勾其名，張乃擲皮下。虎蒙於體復故形，哮吼奮迅，幾及於梁。張戰慄膽落，欲墜再三，虎忽跳出，不反顧。明日，聞六十里外耆長報縣，言昨日夜大雷，震死一虎。
>
> 《夷堅志補》卷四，〈荊南虎〉

> 武都人姓徐，失其名，以商賈為業，開寶初往巴逢興販，其路危狹，猿徑鳥道，人烟杜絕，猛獸群行，村甿皆於細路中設檻阱以捕之，為常矣。時徐至一村安泊，中夜報云機發村人，炬火照之，見一老僧困憊在阱中，自陳曰：「夜來入村教化回，誤落阱中。望

諸檀越慈悲解救。」村甿輩共湣，開檻而出之，躍跳數十，成一巨
虎奮迅騰躑而逝。斯畜也，以人言誘喻村甿，得脫其難，亦智矣。

《茅亭客話》卷八，〈虎化為僧〉

　　這兩則故事均以虎化人為題材，然而立意各不相同。前一則故事，描
述人與虎進行較量，變被動為主動，因而得以免難。後一則故事，描述虎
與人進行較量，騙過村民，得以脫逃。這兩則故事都生動地表現弱勢一方
用智慧取勝，無不突出一個「智」字。

　　這個時期有關猛虎的奇事故事，尚有寫某人好畫虎、好觀虎，後來其
人變為老虎入城不久即被軍人射殺的《茅亭客話・好畫虎》、寫任某夫婦
變虎為害一方，後被入山二客擊斃的《茅亭客話・葭萌二客》、寫劍川李
某化虎欲食子，為妻子幽閉於室內，咆哮不止的《漁樵閑話・人化虎》、
寫軍民追蹤發現，他們射傷之猛虎係廟中判官所變的《湖海新聞夷堅續
志・廟神化虎》、寫燒炭人王某殺食黑魚被懲變虎嚇死胞弟，後來竟為村
人格殺的《湖海新聞夷堅續志・人變虎》等。

　　除涉及老虎的奇事外，這個時期尚有涉及青雀、鸚鵡、燕、蠶、牛、
馬、豬、鱉、松等動植物的奇事。試看，《睽車志》卷三〈玉真娘子〉：

　　　程迥者，伊川之後。紹興八年來居臨安之後洋街。門臨通衢，
　垂簾為蔽。一日，有物如燕，瞥然自外飛入，徑著於堂壁。家人就
　視，乃一美婦，僅長五六寸，而形體皆具，容服甚麗，見人殊不
　驚，小聲歷歷可辨。自言：「我玉真娘子也。偶至此，非為禍祟，
　苟能事我，亦甚善。」其家乃就壁為小龕，香火奉之，頗能預言，
　休咎皆驗。好事者爭往求觀，人輸百錢，乃為啟龕。至者絡繹，小
　阜程氏矣。如是期年，忽復飛去，不知所在。

　　這則故事將給主人帶來好運的飛燕──玉真娘子描繪得楚楚動人，她
總是那樣通靈性，那樣與人為善。故事借助這個藝術形象，表現了世人對
於融洽的人際關係和美好的社會生活的期盼與追求。此外，尚有寫某農夫

晚耕時擊落一青雀，視之乃是青銅雀的《墨莊漫錄·壽春青雀》、寫鸚哥求釋後飛回數千里外之隴州，還託請　返京官員向其主人致意的《春渚紀聞·隴州鸚哥》、寫庖者因放鱉而被毆，痛臥灶下，鱉乃負河泥來為其敷傷止痛的《北窗炙輠錄·鱉報恩》、寫汪某宰殺水牯時，牛頭張口喊「枉殺」，隨後竟被所掛牛蹄刺傷致死的《夷堅志·汪三宰牛》、寫譚氏將一形似小佛像巨蠶埋於桑樹下後，年年所得絲絮數倍於常年的《夷堅志·余干譚家蠶》、寫某地將砍伐數百年古松時，太守憶及有白髮綿袍首曾託夢求其保全，立即阻止的《續夷堅志·高白松》、寫一馬被人傷害，急去州衙嘶鳴告狀，死前又領公差捕得凶手的《湖海新聞夷堅續志·馬傷投牌》、寫一母豬自食其子，並作人語，主人乃將其出賣，所得之錢正好是母豬所說數目的《山居新話·施家母豬》等。

五、宋元的外出奇遇故事

這個時期有關外出的奇遇故事，大都描述故事主角外出時與神力相關的各種奇特經歷，而其人則往往有不同的收穫，甚至改變了其人的命運。試看：

> 平江有富人謂之姜八郎。後家事大落，索逋者雁行立門外，勢大窘，謂其妻曰：「無他策，惟有逃耳。」顧難相挈以行，乃偽作一休書遣之，曰：「吾今往投故人某於信州，汝無感心，事幸諧即返爾。」將逃乃心念曰：「委債而逃，吾負人多矣。使吾事事俱諧，他日還鄉，即負錢千緡當償二千緡，多寡倍受。」遂行信州道中。
>
> 有逆旅嫗，夜夢有群羊甚富有人欲驅之，有一人呵之曰：「此姜八郎羊也，毋得逐。」恍然而覺。明日，姜適至其所問津，嫗問其姓，曰：「姜。」問其第幾，曰：「八。」嫗大驚，延入其家所以館遇之甚厚。久之，乃謂姜曰：「嫗有兒，不幸早死。有婦憐嫗老，義不嫁，留以侍嫗。嫗甚憐之，欲擇一贅婿，久之未獲。觀子狀貌非終寒薄者，顧欲以婦奉箕帚可乎？」姜辭以自有妻不可。嫗請之堅，姜亦以道途大困，不得已從之。

其妻一日出擷茶，顧有白兔，逐不可得，欲返，兔即止。又逐之，又不可得，欲返，兔又止，如是者屢。遂追之一山上，兔乃入一石穴中，妻探其穴，失兔所在，乃得一石，爛然照人，持歸以語夫。姜視之，曰：「此殆銀礦也。」冶之，果得銀。姜遂攜其銀往尋其故人，竟無得而歸。因思曰：「吾聞信州多銀坑，向之穴非銀坑乎？」遂與其妻往攻之，果銀坑也，其後竟以坑冶，致大富。

姜於是攜其妻與嫗復歸平江，迎其故妻以歸。召昔所負錢者，皆倍利償之。

《北窗炙輠錄》卷下，〈姜八郎〉

西京嵩山法王寺，相近皆大竹林，彌望不極，每當僧齋時，鐘聲隱隱出林表，因目為竹林寺，或云五百大羅漢靈境也。有僧從陝右來禮達磨，道逢一僧，言：「吾竹林之徒也，一書欲達於典座，但扣寺傍大木，當有出應者。」僧受書而行，到其處，深林茂竹，無人可問。試扣木焉，一小行者出，引以入，行數百步得石橋，度橋百步，大剎金碧奪目。知客來迎，示以所持書。知客曰：「渠適往梵天赴齋，少頃歸矣。」坐良久，望空中僧百餘，駕飛鶴，乘獅子，或龍或鳳，冉冉而下。僧擎書授之，且乞掛搭，堅不許。復命前人引出，尋舊路以還。至石橋，指支徑，令獨去。才數步，反顧，則峻壁千尋，喬木參天，了不知寺所在。

《夷堅丁志》卷三，〈嵩山竹林寺〉

這兩則外出奇遇故事，都具有引人入勝的魅力。前一則寫故事主角逃債外出時，有幸發現銀礦而冶銀大富。後一則寫故事主角到嵩山頂禮達摩時，有幸入靈境目睹百餘羅漢自梵天歸來的盛況。兩則故事的立意與題旨各不相同，但都突顯出俗家人與出家人奇遇的不同特點，令人耳目一新。

這個時期有關外出的奇遇故事，尚有寫一道人入山訪洞天，歷經各種考驗方才見到仙長，因無仙緣於是返回的《夷堅志·武夷道人》、寫李某登隴觀景，竟滑落至深淵，進入華陽洞遊歷仙境的《夷堅志·華陽洞門》、寫楊某落海漂浮至島上，入山洞做了鬼國母侍女之夫，兩年後隨鬼

國母赴水陸道場宴飲，因得以同妻子、親友團聚的《夷堅志‧鬼國母》、寫一農夫採樵時躲避大風為神人挴起踏風而行，至城中岳祠見眾神勸酒的《續夷堅志‧雞澤神變》、寫某商墜入龍窟，齙壁間小石頓不飢渴，挽龍尾得出後方知小石皆珍寶的《輟耕錄‧誤墮龍窟》等。

第三節　宋元的寶物故事

宋元時期的寶物故事，涉及的寶物有珠、玉、石、金、鏡、竹、草、盆等，種類繁多，其中以珠出現的頻率最高。這些寶物，不但價格貴重，而且往往具有各種奇特的功效、用途和價值。諸如：治病療傷，用之輒癒；生財聚金，使人致富；淨化海水，讓其甘冽；平息風浪，使之平靜；驅散迷霧，令其晴朗等等。此類故事的內容，包括發現寶物、得寶行善、胡人識寶、寶物遭劫、因寶罹禍等等，大多奇特多變，令給讀者、聽眾帶來許多欣賞的樂趣。

一、宋元的發現寶物故事

這個時期發現寶物的故事，一般都描述各色人等尋覓寶物、發現寶物、認識寶物、使用寶物的過程，往往非常生動有趣，並且包含著一定的思想意蘊和社會價值，發人深省。比如：

> 嘉州漁人黃甲者，世世以捕魚為業，家於江上，每日與其妻子棹小舟，往來數里間，網罟所得，僅足以給食。它日，見一物蕩漾水底，其形如日，光采赫然射人。漫布網下取，即得之，乃古銅鏡一枚，徑圓八寸許，亦有雕鏤琢克，故不能識也。持歸家，因此生計浸豐，不假經營，而錢自至。越兩歲，如天雨鬼輸，盈塞敗屋，幾滿十萬緡。王無所用之，翻以多為患，與妻謀曰：「我家從父祖以來，漁釣為活，極不過日得百錢。自獲寶鏡以來，何啻千倍？念本何人，而暴富乃爾！無勞受福，天必殃之。我惡衣惡食，錢多何用？懼此鏡不應久留，不如攜詣峨眉山白水禪寺，獻於聖前，永為

佛供。」妻以為然。於是沐浴齋戒，卜日入寺，為長老說因依，盛具美饌，延堂僧，皆有襯施，而出鏡授之。長老言：「此天下之至寶也，神明靳之，吾何敢輒預！檀越謹置諸三寶前，作禮而去可也。」王既下山，長老密喚巧匠，寫仿形模，別鑄其一。迨成，與真者無小異，乘夜易取而藏之。王之資貨日削，初無橫費，若遭巨盜輩竊而去者。又兩歲，貧困如初。夫婦歸棄鏡，復往白水，拜主僧，輸以故情，冀返原物。僧曰：「君知吾向時吾不輒預之意乎？今日之來，理之必然。吾為出家子，視色身非己有，況於外物耶！常憂落奸偷手中。無以藉口，茲得全而歸，吾又何惜！」王遂以鏡還，不覺其贗也。鏡雖存而貧自若。僧之衣鉢充牣，買祠部牒度童奴，數溢三百。聞者盡證原鏡在僧所。提點刑獄使者建基於漢嘉，貪人也，認為奇貨。命健吏從僧逼索。不肯付。羅致之獄。用楚掠就死。使者籍其資，空無儲。蓋入獄之初，為親信行者席捲而隱。知僧已死，穿山谷徑路，擬向黎州。到溪頭，值神人，金甲持戟，長身甚武，叱曰：「還我寶鏡。」行者不顧，疾走投林。未百步，一猛虎張口奮迅來，若將搏噬。始顫懼，探懷擲鏡而竄。久乃還寺，為其儔侶言之。後不知所在。意所隱沒，亦足為富矣。隆興元年，祝東老泛舟嘉陵，逢王生自說其事，時年六十餘。

《夷堅支戊》卷九，〈嘉州江中鏡〉

　　吉水周氏之先有為里胥者，出入里巷。一日，至縣下十里外曰牢橋小艖鋪中，鋪家用一稱錘如冶鐵，如土砆石。周取而閱之，亦贊其好，問鋪家何處得來？鋪家曰：「墻東隅尚有數十塊。」周就取其一歸示妻子，競相傳玩，愛其形如馬蹄。有磨之於石者，其光爛然，乃知其為金也。周即夜携小器盡載以歸，枚枚相似，輕重不差。夫麟趾褭蹄[2]漢一斤金也，其來古矣，更千百年忽焉而出。古人云至寶橫棄道側，是可為此寶惜。

《東南紀聞》卷三，〈千年馬蹄金〉

---

[2] 麟趾褭蹄：《漢書・武帝紀》：「【太始二年】更黃金為麟趾褭蹄。」謂改鑄黃金舊形為麟足、馬蹄之形。

這兩則故事的立意各不相同。前一則故事,通過發現寶物與收藏寶物歷程,揭示出為善者的胸襟和作惡者的嘴臉,揚善懲惡,讓世人看到惡人終歸不會有好下場,足以引為鑒戒。後一則故事,主要描述發現寶物的過程,對千年寶物被橫棄於道側牆隅深為嘆惜,同時為其重見天日倍感慶幸。

這個時期發現寶物的故事,尚有寫有人出二十緡購石,石主不售,多年後剖石決疑,見一魚躍出其中的《北窗炙輠錄・異石魚躍》、寫某商泛海從梵宮中求得紫竹一根,被一老叟以簞珠換走,後來方知為至寶,以其削下之札治病輒瘳的《睽車志・旃枟紫竹》、寫牧牛人發現一塊草地異常,深掘二丈許得刻有「開天祭地黃琮」石匣,內有琮形美玉的《睽車志・石匣美玉》、寫鍾氏為善,一日見地中鴨子有異,乃涸水竭泥而得金笏的《東南紀聞・地中金笏》等。

二、宋元的胡人識寶故事

這個時期胡人識寶的故事,多寫西域客商在中國各地探寶、覓寶時,發現形形色色具有獨特功能和用途的奇珍異寶,不惜出高價將寶物買到手,為其所用。此類故事與隋唐五代時期的同類故事一脈相承,故事雖然不長,卻往往帶有神秘色彩,引人入勝。比如:

> 華亭縣市中有小市賣鋪,適有一物如小桶而無底,非竹非木非金非石,既不知其名,亦不知何用。如此者凡數年未有過而睨之者。一日,有海舶老商見之,駭愕且有喜色,撫弄不已。扣其所直,其人亦黠點,意必有所用,漫索五百緡。商嘻笑償以三百,即取錢付。駔因叩曰:「此物我實不識,今已成交得錢,決無悔理,幸以告我。」商曰:「此至寶也。其名『海井』。尋常航海必須載淡水自隨。今但以大器滿貯海水,置此井於水中,汲之皆甘泉也。平生聞其名於番賈,而未嘗遇,今幸得之,吾事濟矣。」
>
> 《癸辛雜識》續集卷上,〈海井〉

蘇子瞻嘗言，其先祖光祿云：有一書生畫坐檐下，見大蜂觸網相螫，久之俱墮地。視之，已化為小石矣。書生異而收之，因置衣帶中。一日過市遇蠻賈數輩，視書生愕眙，捭曰：「願見神珠。」笑而辭之。書生戲以帶中石示之。群賈相顧，喜曰：「此破霧珠。蠻人至海上采珠寶，常以霧暗為苦。有此珠即霧自開。」因以寶貨易之，值數千緡耳。

《南墅閑居錄・神珠》

　　這兩則故事皆與航海有關，通過胡人識寶，展現了世人對於征服大自然，改善生活條件的美好願望和追求。此類故事的出現，無不與當時航海事業的發展相關。它們無疑會大大地拓展了人們的視野和想像空間。

　　這個時期胡人識寶的故事，尚有寫一胡人以十萬緡天價購得一個奇石，置於石盆內乃見一匹馬現於石中有飛動之狀的《北窗炙輠錄・龍駒石》、寫一西域商人出高價買走某賈取自海島之一竿聚寶竹，用於水中採寶的《夷堅志・海山異竹》、寫一波斯客用破山刀剖天珠岩嶺骨，取走大珠數十顆、小珠無數的《夷堅志・石門珠岩》、寫一波斯人高價買下某處古墳進行挖掘，剖古屍心臟得兩片有山水人物之奇玉歸國的《湖海新聞夷堅續志・心有山水》、寫一回回客因房內祥光亙天而發現某商擔中藏有寶珠蜈蚣，便用二千兩銀將其買走的《湖海新聞夷堅續志・蜈蚣孕珠》等。

三、宋元的得寶行善故事

　　這個時期得寶行善的故事，大都描述心地善良之人得寶後，一般都不追求個人享樂，而是運用寶物濟世救人，或者將寶物帶來之財富用於各種公益事業，展示出故事主角的高尚的品格與情操，藉以淨化世風，在社會上產生良好的影響。譬如：

某氏忘其姓，亦隨舶舟至藩部，偶攜陶瓷犬雞孩提之屬，皆小兒戲具者。登市，群兒爭買，一兒出珠相與貿易，色徑與常珠不類，亦謾取之，初不知其珍也。

舶既歸，忽然風霧晝晦，雷霆轟吼，波濤洶湧，覆溺之變在頃刻。主船者曰：「吾老於遵海，未嘗遇此變，是必同舟有異物，宜速棄以厭之。」相與詰其所有，往往皆常物。某氏曰：「吾昨差異，其或是也。」急啟篋視之，光彩眩目。投之於波間，隱隱見虬龍攫拿以去。

須臾變息，暨舶止，主者諭其眾曰：「某氏若秘所藏，吾曹皆葬魚腹矣！更生之惠，不可忘。」客各稱所攜以謝之，於是舶之凡貨皆獲焉。

《獨醒雜志‧某氏異珠》

這則作品，描述故事主角某氏慷慨獻出異珠，得以救助全船人的性命，生動感人地體現了中華民族的傳統美德，因而廣受贊譽，成為世人學習的楷模。

這個時期得寶行善的故事，尚有寫某僧發現一種化鐵為金之異草，致富後不斷出資擴大寺廟、接待僧人，從不妄用分毫的《夷堅志‧祖圓接待庵》、寫程翁按夢中所示網得寶石發家後，乃拜請神明收回寶石，並賑施貧乏的《夷堅志‧程佛子》等。

四、宋元的寶物遭劫故事

這個時期寶物遭劫的故事，以藝術手法展現稀世珍寶所遭受的各式各樣的劫難——或者被官府、豪強強行奪走；或者丟失，不復存在；或者被毀，失去原有的神力等等，不一而足。它們不但表現了故事講述人的愛憎，而且在某種程度上折射出社會動盪或者戰亂給民眾帶來的煩躁與不安。試看：

青城縣漁者李克明釣歸，傾其魚於竹器中。有一魚化為石，長四寸許，鱗鬣燦然若活。漁人婦見而愛之，將與豎子為戲。其豎子將石魚於碗水中，或搖鬣振鱗浮泳而活。漁者驚異，取出置土墼中，因是鄰里求觀者眾。在水則活，離水則為石，率以為常。時巡轄柏舍人虛舟取此魚看，敲之中斷，致於水中，不復活矣。

《茅亭客話》卷九，〈魚化為石〉

完州舊永平縣磨戶。其人家畜一驢，忽受病，比死，大叫七日夜不絕聲。剖之，大腹內得物，非鐵非石，形如栝樓而褊，色深褐，其堅若鐵石。磨家不以為異，擲之麥囷中，日課麥皆取於此，而都不減耗。如是一年，鄉人傳以為神。官長石生者索去，亦置麥中，竟無神變。

《續夷堅志》卷三，〈驢腹異物〉

這兩則作品，寫的都是寶物遭到劫難的故事。前一則作品，講述由於不懷好意的官吏染指，致使給鄉民們帶來愉悅的寶物，變成破碎的石頭，實在令人痛心。後一則作品，先敘寫一個平常的農家物件，竟然變為神奇的寶物，再敘寫它一旦落入貪婪的官吏手中，立即成為平常之物。講述人在質樸而動人的描述中，把廣大民眾的愛憎表現得十分鮮明。

這個時期寶物遭劫的故事，尚有寫廣東一老嫗剖巨蚌所得之大珠夜去曉還，老嫗懼而煮之，光自釜出驚動四鄰，遂將其納於官府的《聞見雜錄‧大釜煮珠》、寫某官員觀賞寺廟所藏羅漢像寶珠時，不慎將其落入溪中，籲禱佛乃一索而獲的《夷堅志‧慈感蚌珠》、寫一村婦所藏寶珠夜放光芒，鄰人首官竟被追索，婦因恐懼蒸珠，遂使其晦而不明的《湖海新聞夷堅續志‧巨蛇吐珠》等。

五、宋元的世人因寶罹禍故事

這個時期的世人因寶罹禍故事，大都描寫世人在獲得寶物之後，非但沒有交上好運，反而惹出各種麻煩和困擾，甚至禍事纏身。此類故事的結局往往較為悲慘，發人深省。比如：

餘杭萬氏有水盆，徒一尋常瓦盆耳，然冬月以水沃之皆成花。所謂花者，非若今之茶花之類才形似之也。蓋跌萼檀蕊皆成真花，或時為梅，時為菊，時為桃李以至芍藥、牡丹諸名花輩，皆交出之。以水沃之後隨其所變，看成何花，初不可定其色目也。萬氏歲必一宴客，觀水盆花，人亦攜酒就觀焉。

政和間，天下既奏祥瑞，而徽宗復喜玩物，天下異咸寶輻輳，頗皆得爵賞。萬氏以為吾之盆天下至異，使吾盆往，當出貢獻，上蒙爵賞最厚，遂進之。及盆入，乃不復成花矣，幾獲罪。

《北窗炙輠錄》卷下，〈萬氏水盆〉

這則故事描述萬氏以成花水盆為至寶，他為了討好皇上，貪冒爵賞，以至弄巧成拙，幾乎獲罪。其人的所作所為，真是既可笑又可悲。而其人的不幸，與其說是寶物帶來的，不如說是貪念帶來的，這難道不足以讓世人引以為戒嗎？

這個時期的世人因寶罹禍故事，尚有寫田翁得佃農所獻寶珠，無故被縣令囚禁，後因失珠不能自脫，竟死獄中的《夷堅志·嘉魚龍珠》、寫福建一村婦從白蜘蛛腹中取出之大寶珠，被奪走後輾轉數次，使多人死於非命，最後落入蒙古人手中的《癸辛雜識·蜘蛛珠》等。

<h1 align="center">第四節　宋元的報應故事</h1>

宋元時期的報應故事，在很大程度上受到宗教報應觀念的影響，是民眾相信上蒼有靈，相信善惡有報的思想觀念在民間故事中的體現。宋元時期，尤其是北宋末以來，戰亂頻繁，社會動盪，民眾渴望安居樂業，因此更加重視一切彰善癉惡的思想、言行。在他們之中間傳播的此類故事，正符合淨化社會風氣，求得平順安康的意願。

在此類報應故事中，既有行善得報的作品，又有為惡得報的作品。兩類故事的數量都相當多，比較起來惡報故事更為突出。

一、宋元的善報故事

宋元時期的善報故事，包括救人得報、孝順得報、放生得報、敬神得報、樂善好施得報、改惡從善得報等，涉及面廣，內容相當豐富。它們運用講故事的方式從正面宣揚、倡導各種符合當時民眾是非標準、道德規範的行為，讓世人在潛移默化中接受影響，從而改善人際關係，促進社會發展。茲分別從各個方面具體論析這個時期的善報故事。

（一）救人得報故事

這個時期的救人得報故事，大多描述在他人遇到險情或者危難之時，故事主角當即挺身而出，義無反顧地採取措施救人。而故事主角的驚人義舉，則往往得到善報。例如，《幕府燕閑錄·鄒閶夫婦》：

池州進士鄒閶，食貧有守。一日將之外邑，侵晨啟戶，見一小箬籠子在門外，無封鎖，開視之乃白金酒器數十事，約重百兩。殆曉寂無追捕者，遂挈歸謂其妻曰：「此物無脛而至，豈天賜我乎？」語未絕，閶左股上有物蠕動，見金色爛然，乃一蠱也，遂撥去之，未回手復在舊處。以足踐之，蟲隨足而碎，復在閶胸腹上矣。棄之於水，投之於火，刀傷斧斫，皆不能害。衾褥飲食之間，無所不在。

閶甚惡之，遂訪友人之有識者，曰：「吾子為人所賣矣，此謂之金蠱，近至吾鄉，雖小而為禍。頗大，能入人腹中。殘嚙腸胃，復完然而出。」閶愈懼，乃以挈籠之事告之，其友曰：「吾固知之矣，子能事之，即得暴富矣。此蟲日食蜀錦四寸，收取糞乾而屑之，置少許於飲食之中，人食之者必死。蟲得所欲，日致他財以振之。」閶笑曰：「吾豈為此也。」友曰：「固知子不為也。然則奈何！」閶曰：「復以此蟲並舊物置籠中棄之則無患矣。」友人曰：「凡人畜此蟲久而致富，即以數倍之息並原物以送之，謂之嫁金蠱，其蟲乃去。置於原物中送之，必不可遺。今子貧居豈有數倍之物乎？實為子憂之。」閶乃仰天嘆息曰：「吾平生清白自處，誓不失節。不幸今有此事！」遂歸家告其妻曰：「今固事之不可，送之又不能，惟有死耳。若等好為後事。」乃取其蟲擲於口中而吞之。舉家救之不及。妻子號慟，謂其必死。數日間無所苦，飲啜如故。逾月亦無恙，竟以壽終。因白金之故，亦致小康。豈以至誠之感不為害乎！

從故事的描寫裡面不難看出，鄒氏夫婦貧不貪財，能以犧牲小我的行動來使他人免遭危難。他們能夠毫不猶豫地作出自我犧牲的抉擇，視死

如歸，實在令人感佩。而他們的這一義舉，正好體現了中華民族的傳統美德，對世人很有教育意義。這一則作品在藝術上也頗有特色，它首先用不少篇幅來描寫金鼇的神秘、奇異，擅長烘托氣氛，並且為故事主角的義舉作了很好的鋪墊。友人的談話，進一步推動故事的發展，以至達到故事主角吞鼇的高潮。可謂層次分明，引人入勝。

又如，《夷堅支戌》卷六〈青田富室〉：

> 處州青田縣嘗有水患，盡浸民廬。富室某氏，素蓄數船於江岸，一家畢登，避於高處。既免，而生生之具，毫毛未能將。方擬回船裝取，望水勢益長，一邑之人皆騎屋叫呼，哭聲震野。富翁曰：「吾家資正失之，容可復有，豈宜視人入魚腹，置而不問哉？」即分命子弟，各部一艘，自下及高，以次救載，并其所挈囊篋，聽以自隨。至則又往，凡往來十餘返。毋慮千人，悉脫沉溺之禍。明日水退，邑屋無一存，但莽莽成大沙磧。富翁所居，沙突如堆阜。遣僕並力輦棄，則一區之宅，儼然不動。什器箱篋，按堵如初，惟書策衣衾稍沾濕而已。是時翁之子就學於永嘉，聞難亟歸，已而復至，言其事如此。惜不得翁姓名。有陰德者必獲天報，獨未知之云耳。

此則故事的主角富室某氏，非常關心他人，珍惜生命。在水患的突如其來，十分危急之時，其人毅然不顧自己的財物而一再去搭救鄉親，使上千人免葬魚腹，甚至還顧及他人隨身所攜財物，其胸襟坦蕩、品德高尚遠遠超乎常人，極其難能可貴。

除上述兩則外，這個時期的救人得報故事尚有寫某士子遇洪流時，將船上四個籮筐投水而搭救了五十人性命，後得善報的《夷堅志‧天臺士子》、寫城內大火時，神人前來救助一個以行醫救人為己任者，使其全家免難的《夷堅志‧滑世昌》、寫歲歉時李氏出粟千石救助鄉鄰，大熟後眾人爭償而不受，再遇大歉竟竭家資濟荒，並瘞死者的《湖海新聞夷堅續志‧濟荒不倦》等。

（二）孝行得報故事

這個時期的行孝得報故事，大多描述兒女、兒媳竭誠孝敬貧病無助的老母，辛苦備嘗，他們為了老母甚至不惜犧牲生命，其事蹟感人至深。而故事當中的老母，多為寡母，在某種意義上講乃是處於社會底層的弱勢群體的代表。她們的孝行得到好報，充分體現了廣大民眾的意願。試看：

> 常熟一村嫗，老而盲，家惟一子一婦。婦一日方炊未熟，而其子呼之田所，婦囑姑為畢其炊。嫗盲無所睹，飯成，捫器貯之，誤得溺器。婦歸不敢言，先取其當中潔者食姑，次以饋夫，其親器臭惡者，乃以自食。良久，天忽晝暝，覿面不相睹，其婦暗中若為人攝去。俄頃開明，身乃在近舍林中，懷披間得小布囊，貯米三四升，適足給朝晡。明旦視囊，米復如故，寶之至今。予始聞此事，竊謂晝暝得米，或孝感所致，如郭巨得金之類。至謂囊米旦旦常盈，則頗近迂誕。然得老為人誠愨，必不妄傳，而村婦一節如此，亦可尚也。故錄以為勸云。
>
> 《睽車志》卷三，〈常熟孝婦〉

> 城鎮欲陷日，州長佐史率妓樂迎官出城，坐待驛亭次，見一婦被髮跣足，喘汗入城。問之，云其姑卒病，買藥欲救之。良久，亭中人聞空際有相問答者，云：「出城未？」答者言：「未。」吏卒聞之，大駭怪，不知所謂。少之，婦得藥而出，城隨陷，城中無一人免者。此婦殆以孝感脫此禍歟！中京史監時亦在亭中，親見其婦，惜不問此婦姓氏耳。
>
> 《續夷堅志》卷四，〈鎮城地陷〉

這兩則行孝得報小故事，故事主角均為貧苦人家的兒媳。她們在現實生活中，無不平平常常，無聲無息，然而卻通過一樁樁驚人的舉動——或者以潔食侍奉婆母，而自食惡臭之飯，或者在大難即將降臨時衝入城內為婆母買藥，表現出對於婆母的至孝至愛。正因為如此，才具有極大的震撼

力和感染力。至於故事主角得到善報，與其說是神力所至，不如說是民眾心願幻化的結果。

這個時期的行孝得報故事，尚有寫一孝女求天憫，得以飲水不飢，盡其所有供養老母的《睽車志・孝女不飢》、寫逆子棄母逃荒竟被虎吃，孝媳不忍棄母乃得天賜銀一笏的《夷堅志・豐城孝婦》、寫一牧童將齋會所得饅頭包回家奉母，遇雷電而得神護的《夷堅志・昭惠齋》、寫何某以己身從盜匪手中換回家母，群盜射之不中，後憐其孝遂釋之的《湖海新聞夷堅續志・身代母死》等。

當然，在此類故事中，亦夾雜一些宣揚愚孝的作品，雖然其敬老的題旨值得肯定，但其觀念陳腐，往往助長落後愚昧的思想行為，無益於社會進步。例如，讚賞剖腹挖肝啖母的《夷堅志・周昌時孝行》、稱頌割股取髓療親的《湖海新聞夷堅續志・割股行孝》等。

（三）戒殺放生得報故事

這個時期的戒殺放生得報故事，大多寫故事主角從各式各樣的奇特經歷中有所觸動，有所感悟，遂有了戒殺、放生一類善舉，並且因此得到了善報。譬如：

> 昆山縣東近海村中一老叟，夢門前河內泊一大舟，舟中罪人充滿，皆繩索纏縛。見叟來，各哀呼求救。繼而舟師攜錢詣門糴米，寤而怪焉。迨旦啟戶，岸下果有一舟，舟子市米，與所夢合。亟趨視，滿艙皆鱉也，垛疊縲縛，莫知其數。詢其所之，曰：「將販往臨安鬻之。」叟悚悟此夢，問所值若干，為錢三萬，叟家頗富贍，如數買之，盡解縛放諸水。是夜，夢數百人被甲，於門外唱連珠喏，驚出視之，相率列拜，謝再生之恩，且云：「令君家五世大富，一生無疾，壽終升天。」自是叟日康寧，生計日益。乾道中事也，方可從說。
>
> 《夷堅志補》卷四，〈村叟夢鱉〉

井陘何縣尉，天資仁慈。每出，見捕雀者必毀其具，逐其人。見活雀，必買而放之；見死者，必戒使易業。如是者三年。代期將近，鄉民有被盜劫殺者，上司督促急迫，不能捕獲。卻有群雀數百飛迎馬首，何深異之。既而群雀飛往路旁百步外草舍上，何遣卒搜屋下，果有七八醉臥未醒。及有贓仗在傍，禽之，乃真盜也，遂解於官。何尉美解，竟授捕盜賞秩。古之有銜環之報，信矣。

《湖海新聞夷堅續志》前集卷二，〈報應門‧慈仁雀報〉

　　這兩則均為放生得報故事，寫故事主角因為搭救鱉、雀一類動物而得到善報，將自己的夙願變為現實——為民者獲得康寧、富足，為官者領到獎賞。從某種意義上講，古人的此類放生、戒殺行為，實際上開了動物保護的先河，無疑是值得肯定與贊許的。

　　這個時期的戒殺放生得報故事，尚有寫一漁釣者慨然放數百尾小鯉並不再捕魚，其人病死後竟延壽復生的《夷堅志‧屈師放鯉》、寫陳某夢見被鱉窮追不捨，醒後遂將一簍鱉放光，從此不再食鱉的《夷堅志‧鱉逐人》、寫鱔向鬻鱔者某甲求救，其人醒後不但放己之鱔，還買鱔放生，後得錢二萬遂小康的《夷堅志‧吳民放鱔》、寫蠅屢搶筆頭，使官吏疑有冤情，從而搭救了一常年救蠅酒匠性命的《湖海新聞夷堅續志‧救蠅免死》、寫某父子同應鄉舉時遇洪水舟船幾覆，後來為所放之大鱉搭救的《湖海新聞夷堅續志‧放鱉報恩》等。

（四）樂善好施得報故事

　　這個時期的樂善好施得報故事，大多寫故事主角為人正直，心地善良，以助人為樂事，熱忱幫助出家或俗家各種人等，奉獻愛心，其行為往往感天得報。比如：

　　沈翁者，天目人，名寶，家饒於財，有邸舍數間，納四方過旅。大雪中，一人衣青褐衣，投宿曰：「我前途值盜，資囊皆罄盡，幸翁憐之。」翁具飯，酌之酒，且曰：「天雨雪，若衣薄衣，

得無寒乎？」更為具衣，燃火。明日，客辭行，復與錢數貫。客曰：「蒙翁厚情，無以報，觀翁色若有不豫然者，其曷故哉？」翁曰：「某老年，惟一女子，今為祟，侵臥床榻耳。遍謁高巫皆不能禁，故常憂戚。」客曰：「此我素所習也。」乃為之結壇罡步，驅其祟，女子疾遂癒。翁感其意，留一日乃去。

他日，客復來，則戎裝乘馬，持銀笴槍，從卒負胡床巨羅，威儀甚武，曰：「吾有取於岳，為統兵助法，將從為天心法者捕鬼。翁遇我厚，故欲翁知之。」客拜起，烟霧蓊然而失，淳熙間事。

《鬼董》卷二，〈沈翁〉

高安縣調露鄉陳仁父，居村田宅稍富，專事釋老之學。每年春留穀二千石，至次年五六月米貴之時，減價發糶，既交錢，令糴者自入倉內量出，不許多取，務要兩平。一村稱之曰「陳自量」。時大旱，太守祈求不應，夜夢城隍曰：「調露鄉陳自量有雨。」夢覺，差人尋訪赴郡。太守見之，喜具香燭，僧道誦經，就令祈禱。陳曰：「某村夫，無術可以祈雨。」太守以所夢事告，強之。陳不免炷香，對空而禱，乞降霖雨三日，以濟焦沽（枯），少甦民望。至晚果大雨，三日方止。一郡之人皆悦。蓋仁父平日減米價，足以感天也。

《湖海新聞夷堅續志》前集卷二，〈報應門・平心感天〉

這兩則故事，都描述故事主角以扶貧濟困為樂事，其慷慨之情發自內心，無比真誠，絕非沽名釣譽的行徑，因而足以感動神明、感動上蒼，最終得到善報——小則使闔家安吉，大則使一方受益。

這個時期的樂善好施得報故事，尚有寫一女每日以佳茗款待求飲乞丐而被父笞，乞丐讓女飲其殘茶即神清體健的《夷堅志・石氏女》、寫一弓箭手退還所拾金釵乃救婢女一命，後婢女邀其作客得免覆舟災難的《夷堅志・雪香失釵》、寫一賣香人常設榻接待求宿僧人，因得一僧所贈異香而生意興隆，遂致富的《葆光錄・好施妥報》、寫一東京士人常傾篋中之錢與化緣道士而無吝色，東京陷落時經道士引領提前出城的《湖海新聞夷堅

續志・異人送扇》、寫祝氏遇歉歲即施粥濟貧，後生一子得中狀元，夢報捷者持「施粥之報」大旗的《湖海新聞夷堅續志・施粥有功》等。

（五）敬神拜佛得報故事

這個時期的敬神拜佛得報故事，大都寫世人多有敬奉神祇，頂禮仙佛，資助出家人等一類行為，其行為往往感動神明，得到了善報。此類故事，無不突顯出神明的無限威力，使人們越發篤信、敬奉神明，樂意對神佛、對出家人、對社會做出貢獻。譬如：

> 臨安民張公子者，嘗至一寺，見敗屋內古佛無手足，取歸，莊嚴供事之。歲餘，即有靈響，其家吉凶事輒先告之，凡二三十年。建炎間，金人犯臨安，張竄伏眢井，似夢非夢，見所事佛來與之別曰：「汝有難當死，吾無策可救，緣前世在黃巢亂中曾殺一人，其人今為丁小大，明日當至此，殺汝以報，不可免矣。」張怖懼。明日，果有人攜矛臨井，叱張令出。既出，即欲刃之。張呼曰：「公非丁小大乎？」其人駭問曰：「何以知我名氏？」具告佛語。其人憮然擲刃於地曰：「冤可解不可結。汝昔殺我，我今殺汝，汝後世又當殺我，何時可了！今釋汝以解之。然汝留此必為後騎所戕，且與我偕行。」遂令相從數日，度其脫也，乃遣去。丁生蓋河北民為金人簽軍者。
>
> 《夷堅甲志》卷八，〈佛救宿冤〉

此則故事，意在宣揚神佛的威力和崇信神佛的益處。它描述前世的被害者在神佛的感召下放棄了殺戮仇家的念頭，終使冤冤相報的行為得以結束。讀者、聽眾在接觸這則民間故事時，無疑會從中有所感悟、有所警醒。這樣的作品產生於佛教盛行之時，它對於淨化世人的心靈，促進社會安定、和諧顯然具有某種積極意義。

這個時期的敬神拜佛得報故事，尚有寫村民沈某以羹魚和數金布施求附舟尾之神靈所變僧人，受其陰護因而避免了滅頂之災的《春渚紀聞・魚

菜齋僧》、寫畫工胡生買金箔五彩繪城隍祠門神，後夢門神來謝，自此求者接踵，遇疫癘得免的《夷堅志‧畫工胡》、寫賀氏全家食素，世代以畫觀音像為業，所迎乞丐入家後現出觀音真像使其名聲益彰的《夷堅志‧賀觀音》、寫杭州一老嫗常誦《金剛經》並將其配帶於身，觀潮時被淹沒後為潮神送回陽世的《湖海新聞夷堅續志‧江神送嫗》等。

（六）改惡從善得報故事

這個時期的改惡從善得報故事，大多寫早先為惡之人由於種種原因而有所悔悟，於是戒害人、戒殺生，痛改前非，從此行善。其人改惡從善之後，往往得到好報。譬如，《夷堅志補》卷十二〈保和真人〉：

> 潼州王藻，不知何時人。為府獄吏，每日暮歸，必持金錢與妻，多至數十貫。妻頗賢，疑其鬻獄所得。嘗遣婢往餽食，藻歸，妻迎問曰：「適饌豬蹄甚美，故悉送十三臠，能盡食否？」藻曰：「止得十臠耳！」妻怒曰：「必此婢竊食，或與他人，不可不鞫！」藻喚一獄卒，縛婢訊掠，不勝痛引伏，遂杖逐之。妻始言曰：「君為推司久，日日持錢歸，我固疑鍛鍊成獄，姑以婢事試汝，安有是哉！自今以往，願勿以一錢來，不義之物，死後必招罪咎。」藻矍然大悟，汗出如洗，取筆題詩於壁曰：「枷栲追求只為金，轉增冤債幾何深？從今不復顧刀筆，放下歸來遊翠林。」即罄所儲散施；辭役棄眾學道。後飛升，賜號保和真人。

在這則描述改惡從善得報的故事中，故事主角王妻賢慧，對於丈夫改惡從善影響極大。它向世人說明，一個人的品行的變化和由此帶來的命運的改變，家庭配偶的因素相當重要，甚至起到決定性的作用。

這個時期的改惡從善得報故事，尚有寫某寺院因免撞早鐘而使張屠當宰之母豬生下五崽，張乃改業，後來所生之子長大為官的《夷堅志‧新喻張屠》、寫一悖逆父母之村民為廟中大蛇纏身，求神得脫後痛改前非成為孝子的《湖海新聞夷堅續志‧悖逆不孝》、寫一嗜牛肉官吏見殺牛食肉者入地獄受懲，赴任後乃嚴禁宰牛，遂得延壽的《湖海新聞夷堅續志‧戒食

牛肉》、寫軍人張某素凶狠，往燒仇家之屋時忽感悟棄火而歸，乃出家修道的《輟耕錄‧張道人》等。

二、宋元的惡報故事

宋元時期的惡報故事，數量較善報故事多，內容十分豐富，涉及面相當廣泛，主要有貪贓枉法得報、殺人誣告得報、忤逆不孝得報、欺詐勒索得報、貪婪斂財得報、殘害生靈得報、欺神叛教得報等。每一類故事，都不乏精彩之作。它們總的思想傾向是積極健康的，對社會進步頗有裨益。其中，亦有部分作品的思想意識較為陳舊，說教的情節較多，讀來頗為乏味。

（一）貪贓枉法得報故事

這個時期的此類故事，大多數作品不但無情揭露各級官員貪贓枉法、為非作歹的行徑，而且描述形形色色的貪官污吏得到惡報，難逃悲慘的下場，讓讀者、聽眾備感開心和解恨。其表達民眾憤怒情緒的作用，往往大於警示貪官污吏的意義。譬如，《夷堅甲志》卷十七〈人死為牛〉：

> 永康軍導江縣人王某者，以刻核僵鷙處官。紹興五年，為四川都轉運司幹辦公事，被檄榷鹽於潼川路。躬詣井所，召民強與約，率令倍差認課。當得五千斤者，輒取萬斤。來歲所輸不滿額者，籍其資。王心知其不能如約規，欲沒入之，使官自監煎。既復命，計使以鹽額倍增，薦諸宣撫使，得利州路轉運判官，未幾死。眉州彭山人楊師錫，以合州守待次田間，夢王來謁，公服後穿，出牛一尾，方驚怛，侍婢亦魘寤，言：「見王運使來，衣後有牛尾。」相語未了，外報一犢生。遽取火視之，犢仰首淚下。事既著聞。有資中人馬某者，亦為都漕司幹官，每出郡邑督錢，惟以多為貴，不問額之虛實贏縮，必得為期，且以此自負。蜀人以其虐於刷錢，目曰「馬刷」，或以王君事警之。馬曰：「正使見世生兩尾，亦何必問！」已而疽發於背之左。瘡稍癒，復發於右。兩疽相對，宛如

杖瘡，其深數寸，隔膜洞見肺腑，臭滿一室。同僚往問病，馬生但云：「當以某為戒。後悔無及也。」死時，與相距才一年。

這一則作品，由兩個貪官的瘋狂斂財得報的小故事組成，兩者彼此關聯，相互呼應，使其暴露性和懲戒意義越發顯著，藝術效果更為強烈。

這個時期的貪贓枉法得報故事，尚有寫華辛縣錄事陳某經常收受賄賂，無惡不作，死後變犬的《夷堅志·陳大錄為犬》、寫徐某審案受賄，濫殺無辜，使有罪富人逍遙法外，後遭報降級，死於旅途的《夷堅志·徐信郎》、寫張某受賄後又將行賄富囚害死，其人老來所生之子將家產耗盡，夫妻鬱結而亡的《夷堅志·張顯祖治獄》、寫金人扶植之府官張某罪孽深重，死而變驟，受多年折磨後方落水淹死的《夷堅志·張本頭》、寫胥吏陸某受勢家賄賂將當杖死之囚凌遲處死，後被罪廢，竟精神恍惚，飢餓而死的《湖海新聞夷堅志·受略殺人》等。

（二）害人奪命得報故事

這個時期的害人奪命得報故事，大多描述故事主角，不論其出身貴賤，為了謀取錢財，官位，抑或為了洩憤、報仇等，竟然毒打、誣告、殘害他人，置他人死活於不顧，達到肆無忌憚的地步。他們一無例外地遭到惡報，絕沒有好下場。故事將民眾的愛憎表達得十分鮮明和強烈，讀來非常解氣。某些作品，雖然帶有一定的說教意味，卻仍然有其可取之處。試舉二例如下：

> 宿遷大姓尹氏，當離亂時，聚其族黨起兵，劫女真龍虎大酋之壘，獲祖宗御容與宮闈諸物，置於家。以道路梗塞，未暇貢於朝。同里周、郭兩秀才，從求貨弗愜，誣告有司謂私蓄禁省服御，將謀不軌。獄吏不復究質，於是諸尹皆棄市。周以功得本縣令，郭為丞，助之謀者皆補右列。後避虜禍，邑人多播徙京口，周、郭亦南來。嘗同其友朱生筆閣市，朱之子從龍，方六七歲，見壯辛五人，著青紫袍，張弓挾矢，顧而怒憾，當通衢欲射人，周、郭趨入酒肆，朱生不覺也。從龍密以告，乃出窺之，皆相引從西去。諸人飲

罷，過南畔小巷，到一隙處，遇向者五卒，正身發鏃，中周、郭之胸，同行者了無所睹。二子即稱心痛，仆坐不能起，眾扶以歸。經宿，疽生於背，前後洞徹，至膈膜，見五歲，月餘而死。

《夷堅支甲》卷二，〈宿遷諸尹〉

季五公自杭州回船，次江畔，有一僧厚有財物，亦同搭此船。及入，謂有所忘，再出船去。季貪其財，先令發舟。僧來，船已中流，不可及，由是赴水而死。季冒認僧為門僧，席捲所遺，歸致大富。

逾年，妻懷孕將產，初夜，夢此僧來相見，遂以為名之。及長，家計為之破蕩及半。子又生一孫，夜夢一船自天井中而下，命名船者，後盡鬻其家產無遺。

《湖海新聞夷堅續志》前集卷二，〈報應門・圖財殺僧〉

這兩則故事，都包含害人致死的內容，但是差異比較顯著。前一則故事寫某人害死抗金家族多人以求得升官，後一則故事寫某人奪僧財物而讓僧人含恨投水，他們害人的方式和數量以及害人的目的都不相同，結果無不遭報，受到了應有的懲罰。

這個時期的害人奪命得報故事，尚有寫開客店的胡某父子圖財害命，將攜有重金的客人灌醉活埋，後得報患病相繼死亡的《夷堅志・胡廿四父子》、寫徐某治病時因中途加價未能得逞，竟將病人治死，後得報患熱病喪命的《夷堅志・徐樓臺》、寫某店主三世事妖鬼，一次欲以客人祭鬼，加害不成反禍自家，中夜暴卒的《夷堅志・醴陵店主人》、寫葉某妻妒而殘忍，常常痛撻、害死婢妾，後變為吃人老虎不知去向的《夷堅志・葉司法妾》、寫李二害死主人並強娶其妻，幾年後冤鬼使李供出實情，乃被送官法辦的《夷堅志・張客浮漚》、寫一農夫被誣時，張某因有仇而作偽證，忽被雷劈死的《續夷堅志・雷震佃客》等。

（三）忤逆不孝得報故事

這個時期的忤逆不孝得報故事，數量相當多，以描述兒子、兒媳對老母不孝最為常見。故事中忤逆不孝者無不遭到天譴，往往變為牲畜，或者

斃命，極其鮮明地揭示出世人對忤逆不孝者的無比憎惡，其警世作用是顯而易見的。試看：

> 賈耽為滑州節度使，酸棗縣有一下里婦事姑不敬。姑年甚老，無目，晨飧，婦以餅裹犬糞授姑，姑食覺異，留之。其子出還，姑問其子：「此何物？嚮者婦與吾食。」其子仰天大哭。有頃，雷震發，若有人截婦人首，以犬首續之。耽令衒行於境內，以戒不孝者。時人謂之「犬頭婦」。
>
> 《南部新書》卷十，〈犬頭婦〉

> 杭州楊鎮一凶徒，素不孝於母，尤凌虐其妻。有子三歲，愛惜甚至，妻常抱負，偶失手擷損其頭，泣而謂姑曰：「夫歸，婦必被毆死，不若先溺水之為幸。」姑曰：「汝第無憂，但云是我之誤。我卻去避汝小姑處，俟其怒息而還。」
>
> 至晚夫歸，見兒頭破，徑捽妻，欲殺之。妻告曰：「非我過也，婆擷之耳，懼汝怒已往小姑家去。」遂釋之。次日持刀尋母，中途藏諸石下，卻到妹家好言誘母還。至石邊，忿躁詈罵，取刀殺母，竟失藏刀所在，惟見巨蛇介道。畏怯退縮，不覺雙足陷入地中。須臾即沒至膝，七竅流血，聲罪自咎。母急扶抱，無計可施，走報於婦。婦掘地，隨掘隨陷。啖以飲食，三日乃死。觀者日數千人，莫不稱快。時至正甲辰六月也。
>
> 《輟耕錄》卷二十八，〈不孝陷地死〉

這兩則作品的故事主角與繁簡各不相同，但都具有一定的普遍性和教育意義。前一則故事平實、簡潔，寫惡媳讓婆母吃狗糞的遭報變狗，憤怒、譴責之情躍然紙上。後一則故事情節曲折，寫逆子凶暴、狠毒，到了喪失人性的程度，以體恤兒媳的慈母襯托其人，使故事更為生動，更有感染力。故事結尾以地陷懲治殘忍不孝者，大快人心，亦頗有新意。

這個時期的忤逆不孝得報故事，尚有寫一漁人因老母失手摔死小兒，便欲斧劈老母，後得逆報被大雷震死的《夷堅志・要二逆報》、寫李氏

不孝翁姑，暴其親鄰，頭疼十餘日後竟變為虎首婦的《夷堅志·李氏虎首》、寫長溪一漁民不許妻子為老母做魚羹，藏於舍後之鰻魚皆化為蛇將其咬死的《夷堅志·長溪民》、寫某女暴戾不孝，以穢言惡語詈母，忽被雷殛於道上的《夷堅志·廣州女》、寫葉某幼失雙親由祖母養大，竟奪走金銀讓祖母死於寇手，後得報喪命的《夷堅志·葉德孚》、寫王四事父不孝，常加毆擊，其父去縣投狀時，雷已將其震死的《夷堅志·雷擊王四》、寫裁縫王某不孝老母，常使老母挨餓，神靈讓其長尾，痛貫心髓的《續夷堅志·人生尾》、寫某外出數日，所養禽鳥被餓死，某欲讓老母償命，忽被雷擊，屍懸樹杪的《湖海新聞夷堅志·養禽不孝》等。

（四）欺詐勒索得報故事

這個時期的欺詐勒索得報故事，大都描述故事主角以各種手段詐騙、勒索，掠奪他人田產、財物，極為惡劣。但其人無不受到惡報，不得善終，甚至死後仍受到譴責，令子孫蒙羞。譬如：

> 襄陽鄧城縣有巫師，能用妖術敗酒家所釀，凡開酒坊者皆畏奉之。每歲春秋，必遍謁諸坊求丐，年計合十餘家率各與錢二十千，則歲內酒平善，巫亦藉此自給，無飢乏之慮。一歲，因他事頗窘用，又詣一富室有所求，曰：「君家最富贍，力足以振我，願勿限常數。」主人拒之甚峻，曰：「年年餉君二萬錢，其來甚久，安得輒增？寧敗我酒，一錢不可得！」巫嘻笑而退，出駐近店，遣僕回買酒一升，盛以小缶，取糞污攪雜，攜往林麓，禹步誦咒，環繞數匝，瘞之地乃去。適有道士過見之，識其為妖而不知事所起。巫還店，喜甚。俄道士亦繼來，少憩，訪酒家，見舉肆遑遑憂窘，問其故。曰：「為一巫所困，今酒甕成列，盡作糞臭，懼源源不已，欲往尋跡哀求之。」道士曰：「吾亦見此人，不須往求。吾有術能療，但壞者不可救耳。」即焚香作法，半日許臭止。又言：「凡為此法以敗五穀者，糞穢，罪甚大。君家宜齋戒，當奉為拜章上訴。」其家方忿恚，迫切趣營醮筵。道士伏廷下，逾數刻始起曰：「玉帝有敕，百日內加彼以業疾，然未令死也。」自是巫日覺踝間

癢，爬搔不停，忽生一贅，初如芡實，累日後益大，巍然徑尺如球，而所繫搖搖才一縷，稍為物根觸則痛徹心脾，不復可履地。子孫織竹為簣，昇以行丐，飲食屎溲雜簣中，所至皆掩鼻，歷十年乃死。胡少汲尚書宰邑尚見之，其子梏說。

《夷堅丁志》卷十，〈鄧城巫〉

　　恩州劉馬三，以鉤距致富。嘗用詭計取鄰舍袁春田，春訴於官，馬三出契券為質，竟奪之。春不能平，日為鄉人言：「渠詆欺如此，已將為異類矣！」馬三亦自誓云：「我果詐取汝田，當如所言也！」

　　太和二年，馬三以病死。袁春家犬乳數子，中一小花狗，腹毛純白，有朱書「我是恩州劉馬三」七字。馬三素多怨家，竟欲出錢買之，尋為州刺史所取。闔郡皆知。馬氏子孫不勝其辱，購而藏於家。

《續夷堅志》卷一，〈馬三詆欺報〉

　　這兩則故事，描述故事主角對人進行勒索或欺詐，得逞於一時，給對方帶來痛苦與折磨，但這兩個作惡者終歸得報，都沒有好下場——前者十載生不如死，後者死後變狗，使子孫受辱。

　　這個時期的欺詐勒索得報故事，尚有寫鞏某騙買老嫗田宅，並且將嫗祖孫逐出房舍，他入住年餘遇虜人進犯，其家數十口皆死的《夷堅志‧鞏固治生》、寫某屠常施藥令牛不病而斃，牛主皆讓其宰剝鬻賣而人莫知之，後得報溺死水中的《夷堅志‧江牛屠》、寫秀才某以妖術勒索寺僧，不從者必遭禍殃，某欲殘害一外來僧竟自害斃命的《夷堅志‧沅江秀才》、寫王某殺豬前先注水沃灌，以獲取厚利，人食其豬肉輒痼疾復發，王晚年得異疾劇痛而亡的《夷堅志‧古步王屠》、寫某翁積蓄大量不義之財，晚年打小犁在屋內耕地如牛狀，食廁中髒物致死的《夷堅志‧會稽富翁》、寫華亭黃翁售假香欺騙顧客，一夜泊湖口時被神靈毆打，月餘斃命的《閑窗括異志‧售假香得報》、寫高某詆欺有術，借人數百緡竟分文不還，未幾死而變牛，腹下有白毛字「還債人高都監」的《續夷堅志‧高監償債》等。

（五）狂斂財得報故事

這個時期的瘋狂斂財得報故事，大都描述故事主角生性貪婪，財迷心竅，往往為了發家致富竟不顧一切地巧取豪奪，霸占他人田產，放高利貸等，無所不用其極，但後來均未能逃脫受懲得報的下場。比如：

　　淳熙十四年，豫章蠶頓盛，桑葉價直過常時數十倍。民以多為憂，至舉家哭於蠶室，命僧誦經而送諸江。富家或用大板浮籮筥其上，傍置緡錢而書標云：「下流善友，若饒於桑者，願奉此錢以償，乞為育此蠶，期無愧於天地。」他不得已而輦棄者，皆蹙額起不忍心。獨南昌縣忠孝鄉民胡二，桑葉有餘，足以供餵養，志於鬻葉以規厚利，與妻議，欲瘞蠶，妻非之，胡不顧，喚厥子攜鋤，劚桑下為穴，悉窖之。且約遲明采葉入市。自以為得策，飲酒醉寢。三更後，聞床壁嘖嘖聲，謂有盜，舉火就視，蓋蠶也。以帚掃去之，隨掃隨布，竟夕擾擾，一家駭懼，妻尤責言囊怨。胡愈憤怒，決意屏滌盡，明日昏時乃定，殊不自悔，但恨失一日摘鬻之利。俄又聞嘖嘖聲，胡呼曰：「莫是個怪物又來也？」亟起明燈，足才下地，覺為蟲所嚙，大叫稱痛。其子繼起，亦如之。妻急奔視，則滿榻上下蜈蚣無數。父子宛轉痛楚，數日，胡二死，蜈蚣悉不見，子幸無他。而外間人家，蠶已作繭，胡桑葉盈園，不得一錢也。

　　　　　　　　　　　　《夷堅支景》卷七，〈南昌胡氏蠶〉

　　臨安市民沈一，酒拍戶也。居官巷，自開酒廬，又撲買錢塘門外豐樂樓庫，日往監沽，逼暮則還家。淳熙初，當春夏之交，來飲者多。一日，不克歸，就宿於庫。將二鼓，忽有大舫泊湖岸，貴公子五人，挾姬妾十數輩，徑詣樓下，喚酒僕，問何人在此，僕以沈告，客甚喜，招相見，多索酒，沈接續侍奉之。縱飲樓上，歌童舞女，絲管喧沸，不覺罄百樽。飲罷，夜已闌，償酒直，鄭重致謝。沈生貪而黠，見其各頂花帽，錦袍玉帶，容止飄然，不與世大夫類，知其為五通神，即拱手前拜曰：「小人平生經紀，逐錐刀

之末，僅足糊口。不謂天與之幸，尊神賜臨，真是夙生遭際，願乞小富貴，以榮終身。」客笑曰：「此殊不難，但不曉汝意問所欲何事？」對曰：「市井下劣，不過欲冀錢帛之賜爾！」客笑而頷首，呼一馭卒至，耳邊與語良久。卒去，少頃負一布囊來，以授沈，沈又拜而受。摸索其中，皆銀酒器也，慮持入城，或為人詰問，不暇解囊，悉槌擊蹴踏，使不聞聲。俄耳雞鳴，客領妾上馬，籠燭夾道，其去如飛。沈不復就枕，待旦，負持歸，妻尚未起，連聲誇語之曰：「速尋等秤來，我獲橫財矣！」妻驚曰：「昨夜聞櫃中奇響，起視無所見，心方疑之，必此也！」啟鑰往視，則空空然。蓋逐日兩處所用，皆聚此中。神以其貪癡，故侮之耳。沈喚匠再團打，費工值數十千，且羞於徒費，經旬不敢出，聞者傳以為笑耳。

《夷堅志補》卷七，〈豐樂樓〉

　　前一則作品採用對比手法敘寫故事，讓故事主角胡二與鄰里、與妻子形成對比，生動地描述了從埋蠱到其人被蜈蚣咬死的整個過程，以警示追逐暴利而喪心病狂者。後一則作品寫神明懲罰妄想發橫財的貪癡，則運用戲耍的手段來對付其人，讓其人遭到報應，寓莊於諧，別具一格。

　　這個時期的瘋狂斂財得報故事，尚有寫值桑葉大貴時，李某乃埋蠱鬻桑以獲厚利，後食時每個饅頭中均有一蠱，自此災癘俱興的《茅亭客話・蠱饅頭》、寫桑葉驟貴時，張某欲將家中蠱箔投江，以便採桑出售，但一文未得而全家相繼亡故的《夷堅志・張翁殺蠱》、寫太守姻親呂某在知縣張某縱容下霸占廟產，其後呂、張等人得報相繼喪命的《夷堅志・妙智寺田》、寫許某靠高利貸發家，常常迫使貧民鬻妻賣子，死後變狗的《夷堅志・許六郎》、寫操某仗勢欺人，施絕招霸占他人田產卻受到官府庇護，後遭雷擊遍體焦灼的《夷堅志・操執中》、寫舍翁父子以蠱毒詛咒、殺害旅客欲奪其財物，卻被反擊殞命的《獨醒雜志・舍翁父子》等。

（六）殘害生靈得報故事

　　這個時期的殘害生靈得報故事，大都故事主角由於以屠為業或者其他原因，長期殘害生靈，被其屠宰、殺死的生靈不計其數。被害的生靈以家

畜、家禽為多，包括牛、豬、犬、雞、蛙、鼉、鰍、蜂、鳥等，後來均遭到惡報，大多受盡折磨而死，甚至死後變為被害動物，遭到羞辱。我們從中可以窺見，早在近千年前民眾便能通過生動的故事情節傳達出「保護動物」的樸素思想。試看：

> 錢塘民沈全、施水，皆以捕蛙為業。政和六年，往本邑靈芝鄉，投里民李安家寓止。彼處固多蛙，前此無人採捕。沈、施既至，窮日力取之，令兒曹挈入城販鬻，所獲視常時十倍。一日，施先歸李館，逢老僧扣門謂曰：「吾鄉群蛙之受釣，發端自汝。今污瀦所產，萬計皆空，暴殄天物如此，將招業報，速從此改業，尚堪贖過，不然，非吾所知。」申戒再三，施了無悛意。僧去而沈來，具以告。沈曰：「野和尚如何敢預我經紀事，使我見，當與痛打一頓，你卻縱使去，何也？」施言尚可追及，乃相率逐之。行一里許，無所值，責其妄語紿己，呫呫謾罵，施不能堪，與爭鬥。沈益怒，就取常用剝蛙刀刺，中脅即死。保正擒送縣，東平鞏庭筠時為邑宰，鞫其獄。眾證既孚，物色逮老僧，杳不可得。沈竟坐殺人，尸於市。
>
> 《夷堅支甲》卷四，〈錢塘老僧〉

> 饒州效勇營兵程立，人物懦怯，專好彈射飛禽以供食啖。目之所值，必思得之而後已。雖栖於檐間，巢於林木，亦升梯攫拿，並雛卵悉取之，弩矢彈丸，未嘗停手。儕輩皆惡少，然睹其暴殄已甚，每勸止之，恬弗為改。慶元初春，病赤目，濛濛無所見，厥身如坐湯火中，白晝居家，覺群鳥無數，飛鳴於前，繚繞交啄，楚痛悲嘶，頃刻不堪忍，呼家人驅逐，皆云無之。臨死逾月，朝夕受苦，飲膳不能入口，形骸羸削，全如禽鳥已燖剝之狀。瘡孔遍體，轉側艱難，呻吟之聲，四鄰亦為撓聒。至秋乃死。
>
> 《夷堅志補》卷四，〈程立禽報〉

這兩則故事，描述故事主角或者為獲取金錢財物，或者為滿足口腹之欲，竟然暴殄天物，殘害有益於人類的各種生靈；而且往往執迷不悟，不

聽勸告，不思改悔，以致遭到報應——或者相互殘殺致死，或者罹病朝夕
受苦而亡，無不值得世人警醒。

這個時期的殘害生靈得報故事，尚有寫陳某以屠牛為業，宰殺成千
上萬頭牛，後得病發狂，食芻草經月乃死，死後變牛，腹下有其姓名的
《青瑣高議‧陳貴殺牛》、寫馬某以殺雞為業，殺雞無算，後患風疾，其
頭反向於背，動搖如雞之將死，歲餘方歿的《青瑣高議‧殺雞報》、寫一
屠嗜殺，宰牛千頭，老而被牛逐驚嚇臥病，受盡折磨而亡的《夷堅志‧牛
頭王》、寫一魚販不聽大黿哀求與鄰人勸阻，竟殺死大黿，不久即繫獄杖
責，飢餓致死的《夷堅志‧汪乙黿》、寫造酒人楊某燙雞而食者逾千隻，
後蒸酒時籠烈壇爆被燙死的《夷堅志‧楊氏雞禍》、寫詹某常年專事取乳
蜂販賣，秋末入山摘蜂窩時竟被螫死的《湖海新聞夷堅續志‧取蜂受報》、
寫一村夫專門賣苦蟻卵與養飛禽人家達數年之久，後臥病在床為群蟻鑽入七
孔而亡的《湖海新聞夷堅續志‧蟻球墜身》等。

（七）欺神叛教得報故事

這個時期的欺神叛教得報故事，大都宣揚宗教思想、宗教信條，帶有
比較濃烈的宗教色彩。然而，不少作品愛憎分明、善惡昭彰，思想傾向性
較好，具有一定的警世作用，有益於社會，有益於民眾。試看：

> 泉州楊客為海賈十餘年，致資二萬萬。每遭風濤之厄，必叫
> 呼神明，指天日立誓，許以飾塔廟，設水陸為謝。然才達岸，則遺
> 忘不省，亦不復紀錄。紹興十年，泊海洋，夢諸神來責償，楊曰：
> 「今方往臨安，俟還家時，當一一賽答，不敢負。」神曰：「汝那
> 得有此福？皆我力兒，心願不必酬，只以物見還。」楊甚恐。以七
> 月某日至錢塘江下，幸無事，不勝喜，悉輦物貨置抱劍街主人唐翁
> 家，身居柴垛橋西客館。唐開宴延佇，楊自述前夢，且曰：「度
> 今有四十萬緡，姑以十之一酬神願，餘攜歸泉南置生業，不復出
> 矣。」舉所賣沉香、龍腦、珠琲珍異納於土庫中，他香布、蘇木不
> 減十餘萬緡，皆委之庫外。是夕大醉。次日，聞外間火作，驚起，
> 走登吳山，望火起處尚遠，俄頃間已及唐翁屋，楊顧語其僕：「不

過燒得籬重，亦無害。」良久，見土庫黑烟直上，屋即摧塌，烈焰亘天。稍定還視，皆為煨燼矣。遂自經於庫黑牆上。暴尸經夕，僕告官驗實，乃得槁葬云。

《夷堅丁志》卷六，〈泉州楊客〉

雙溪村崇明院，有地藏並十王，共十四小身，以銅錢為骨，泥加其上，閱年既久，泥剝錢露。淳祐年間，淡竹周上一監無知，利其有錢，擊碎佛頂身，盡取其錢，每身得錢百餘。其時錢貴物賤，得之，其喜不自勝，朝歡暮樂，錢立見盡。忽身病癩，連年痛楚，腐爛見骨，不可忍。身體消瘦，遂詣橋邊，成殘患。續剪髮為頭陀，衣食不給，沿門教化，數十年方死。

《湖海新聞夷堅續志》後集卷二，〈佛教門·毀壞佛像〉

前一則作品寫故事主角欺詐成性，欺騙神靈如同其進行商業欺騙一般。在他正恣意妄行之時，乃遭受神譴，得到惡報。後一則作品寫故事主角貪婪成性，竟見財起意，打起佛像的主意，喪心病狂地碎佛取錢。不過，他也難逃惡報的下場，生不如死，足以令世人引為鑒戒。

這個時期的欺神叛教得報故事，尚有寫華山一道士與巡檢馬某勾結，施利市、蓄婦人，後二人同時背部發疽喪命的《孔氏談苑·華山道士》、寫女真統軍黑風大王駐紮後土祠時褻瀆神像，被大火嚇退，乃移營改祭，但士卒已死十之二三的《夷堅志·黑風大王》、寫某僧嗜酒不檢，一意狎遊，廿五歲得惡疾並長出驢尾，凡十載始斃的《夷堅志·普光寺僧》、寫一專為人加持水陸佛事之僧與旅店婦私通，食婦所烹鮮魚後回寺跌地而亡，背有鐵鞭痕的《湖海新聞夷堅續志·僧思魚食》等。

第五節　宋元的人神婚戀故事

宋元時期的人神戀情故事較多，但人神婚配故事較少。人神戀情故事，大都描述故事主角外出時與異性神靈之間發生的戀情，猶如塵世間人類的戀情一般，既有難能可貴的一夜情，又有長期幽會的戀情，不一而

足。不過，人神畢竟有別，最終不免分離，結局令人嘆惋。但人神之間的情愫卻永存於世。譬如，《夷堅支丁》卷二〈小陳留旅舍女〉：

> 黃寅，字清之，建安人。政和二年試京師，未到六十里，抵小陳留旅舍寓宿。夜將二鼓，觀書且讀，聞人扣戶聲，其音嬌婉，出視之，乃雙髻女子，衣服華麗，微笑而言曰：「我只在西邊隔兩三家住，少好文筆，頗知書。所恨墮於女流，父母只令習針縷之工，不遂志願。今夕二親皆出姻知家赴禮會，因乘間竊步至此。聞君讀書聲，歡喜無限，能許我從容手？」寅留與坐，即捻書冊玩誦，又索飲，具酒款接，微言挑謔，略不羞避，遂就寢。雞鳴而去，復約再會。往來幾半月，店媼訝其無故久留。其所親柳仲恭者，過而相遇，拉以同入都。女子已知之，倏來告別，携手而泣。寅發篋出銀五兩以贈。旦而行，可二十里，地名柳林子。見一廟神坐傍侍女，宛然是所遇者。詳視之，其色赧赧然若負愧之狀。紙裹墮側，銀在手中，初未嘗啟視也。

這則故事，稱頌應考書生旅途中與廟神侍女之間的戀情。他們雖是偶遇，卻一往情深，十分清婉、真摯，讓人久久不能忘懷。

這個時期的人神戀情與婚配故事，尚有寫館客龔某與天漢婦人相戀，有一夜溫存，臨別時所贈錦香囊因被人偷窺而再無香氣的《夷堅志·錦香囊》、寫靈顯王廟廡卒與一娼女相戀，現身與女歡好數宿，因犯禁獲罪流配，廟中偶人遂仆地的《夷堅志·永康娼女》、寫王生赴考時，所慕龍女假托某官眷屬與王結為夫妻，四五年間生二子，後遇雷雨乃失所在的《夷堅志·濟南王生》、寫旅醫盧生天晚求宿時，對廟神所化麗女心生愛慕，相與綢繆，有一夜之歡的《夷堅志·趙喜奴》、寫兵士王某與天王祠捧裝奩侍女相戀，共寢數月而羸瘠，王父擊碎女像後，王某掩面墮淚，逾旬而死的《夷堅志·建昌王福》、寫劉女有願與護國廟大王為偶，忽無病而卒，劉父遂塑女像於王右作為其夫人的《湖海新聞夷堅續志·廟神娶婦》、寫一士子遊湖湘間泊舟江畔時，水仙祠神女謊稱商婦與其相戀，有一段短暫情好的《輟耕錄·奇遇》等。

第二章 宋元的精怪故事

宋元時期精怪故事的發展、變化，不如同期的神異故事、鬼魂故事明顯。其內容主要包括人精婚戀、人精交誼、精怪為祟、鬥精滅怪等幾個方面。此類故事中的精怪，以動物精怪居多，計有狐、虎、蛇、蟒、犬、貓、羊、豬、猿、獺、狸、鼠、蜂、蟹、龜、鱉、蚯蚓、鸐雀、石鷹、白猿、魚鮫、蝦蟆等；此外尚有植物精怪槐、楊、桐、樟、榆、杉、牡丹、芭蕉、葛根等以及非生物精怪鼎、鈴、石、石獅、鐵鑽、鐵鉇、棺板、木偶、泥孩兒、木燈檠等。

第一節 宋元的人精婚戀故事

宋元時期的人精婚戀故事，其中的精怪以雌性為主，首推狐與蛇。與人互戀的蛇精，從唐代以來在民間故事裏面已逐漸增多，到了宋元更為突出。除此之外，在這個時期民間故事中與人有戀情的精怪，尚有犬、豬、虎、蟒、狸、蜂、蚯蚓、牡丹、土偶、燈檠等。

一、宋元的人精戀情故事

這個時期的人精戀情故事，大部分描述雌性精怪追求世間男子。儘管精怪多情專一，卻往往給戀人帶來禍害。這種戀情，顯然不可能持久。故事末尾，一般都以滅精絕怪告結束。不難看出，在此類故事裏面，各個精怪所具有的雙重性格——人性與妖性——大都得到了比較充分的表現。譬如，《夷堅支乙》卷二〈茶僕崔三〉：

> 黃州市民李十六，開茶肆於觀風橋下。淳熙八年春夜，已扃戶，其僕崔三未寢，聞外人扣門，問為誰，曰：「我也。」崔意為

主公，急啟開，乃一少年女子，容質甚美，駭曰：「娘子何自來？此是李家茶店耳，豈非錯認乎？」曰：「我是只左側孫家新婦，因取怒阿姑，被逐出，終夜無所歸，願寄一宵。」崔曰：「我受傭於人，安敢自擅。」女以死哀請，泣不肯去，崔不得已引至肆傍一隅，授以席，使之寢。久之，起就崔榻，密語曰：「我不慣孤眠，汝有意否？」崔喜出望外，即留共宿，雞鳴而去。繼此時時一來，崔以人奴獲好婦，愜適所願，不復詢究本末。一夕，女曰：「汝月得顧值不過千錢，當不足給用。」袖出官券十千與之。其後屢致薄助，崔又益喜。兄崔二者，素習弋獵，常出遊他州，忽詣弟處相問訊，寄寓旬餘，女不至。崔思戀篤切，殆見夢寐，乃吐情實告兄。兄曰：「此地多鬼魅，慮害汝命，宜速為之圖。」崔曰：「弟與之相從半年，且賴渠拯恤，義均伉儷，難誣以鬼也。」兄曰：「然知我至則斂跡，何邪？」崔曰：「正以兄弟妨嫌，於禮不可。」兄曰：「彼每至從何處出入？」曰：「入自外門，由樓梯而下。」兄是晚舍去，取獵具卷網數枚散布之。抵暮，乃俯伏於隱所。三更後，戛然有聲，急篝火照視，得一斑狸，長三尺，死焉。兄曰：「是物蓋惑吾弟者也。」為剝其皮而烹其肉。崔慘沮淒淚，不能勝情。異日獨處室中，覺異香馥烈，女已立燈下，大罵曰：「吾與汝恩意如此，兼數濟汝窘乏，何為輕信狂兄之言！幸吾是時未離家，僅殺了一婢，壞衫子一領而已。」崔遜謝，女笑曰：「固知非汝所為，吾不恨汝。」遂駐留如初，至今猶在。

此則故事中的狸女對茶僕用情深摯，不嫌其人地位卑下而慷慨相助，雖有變故卻不加怨恨，甚是難得。此則故事不採用悲劇結局，而讓有情者長相廝守，在人精戀情故事中亦不多見。

又如，《投轄錄·沈生》：

沈元用自言，與其從兄俱試南宮，共客長安。從兄貧不可言，每仰於元用。忽謂元用曰：「我偶一妓甚妙麗，約俱往見之。」元用驚曰：「兄窮困如此，何以致之？」兄曰：「我前日偶至某處，

有婦人忽招我入其家，自言娟也，款我甚厚，且令我與子俱來。幸同往也。」

元用從之，同至州東一委巷，中有小宅子一所，門宇甚卑陋，入戶則堂宇甚雄壯。婦人者人物真絕代也，置酒歡甚，因謂沈兄曰：「聞君未偶，他日中第肯以為汝家婦乎？吾家累千金，室無他人。君年亦長矣，使名門貴胄，未必能逮我之容與資也，幸君勿以自媒為誚。儻子文戰不利，吾亦當別為之圖，亦須痛飲而別。」且笑指元用曰：「君在傍知狀者也。」自是，沈兄凡客中用度，悉取給之，婦人亦略無倦意。元用亦時同造也。

榜出，元用奏名，兄不預。有日東下，約元用及一二客偕往。婦人者一見，大悵然，謂沈曰：「志願相違，乃復如此。今夕須盡歡，然後分袂。」擊鮮釃酒，合樽促席，婦人歌別離之詞以侑觴，酒酣揮灑不止。中夜忽狂風震地，門牖皆開，堂上燭滅，悄無人聲。與客呼婦人，並常使令者，皆不應。二三子各移坐席相近，戰慄而已。至曉，但見各坐一椅子，敗屋數間之下，向來所睹悉皆不見。亟走以問鄰近，皆曰：「此某氏之廢宅，久無人居矣，亦未始睹諸君子之往來也。」竟不知何怪。

在此則故事中，精怪所變女子待人淳厚，率真深情，卻有自己的追求和原則。她後來因與沈生無緣而別，使人不免為之惋惜。此則故事始終未交代這個可愛的女子是何精怪，給人們留下更多的想像空間。

這個時期的人精戀情故事，尚有寫孟三郎山澗飲水時見一婦人甚麗，追則失其所在，窮極幽遠而得紅牡丹一品的《可書・澗仙紅》、寫一行者與某寺九子母堂乳婢偶相戀，狎昵累月，主僧覺而碎土偶得一胎兒的《夷堅志・土偶胎》、寫古桐精與一女相戀，女家疑而伐桐，女驚呼數聲「桐郎」怪遂絕的《夷堅志・新城桐郎》、寫劉生與鄰家二狗精所變紅衫婦相戀，後鄰家撲殺二狗，發現其腹中有異的《夷堅志・劉狗麼》、寫二貢生入京時，與一女及婢有一夜情，次晨醒後發現在古楓林間，不知夜遇何妖的《夷堅志・史翁女》、寫青狐化為年輕寡婦與守門人相戀，共處逾月，後被人追捕現形而逃的《夷堅志・衢州少婦》、寫一娼女與白衣男子相處

三月，知其為大白蛇後重病一場，遂落籍賣與染肆為妻的《夷堅志·池州白衣男子》、寫祝子與鄰里牝豬所變仙女同宿半年，形軀日削，牝豬精因見憐而與祝子泣別的《夷堅志·蓬瀛真人》、寫芮某與蟒精相好，久而身體尫瘵，父母請道人滅蟒，芮始如夢方醒的《夷堅志·歷陽麗人》、寫虎精化美女與陳某綢繆一月，陳瘦極臥病，其兄依法師指點乃將虎女擊走的《夷堅志·香屯女子》、寫太學生張某與草木之妖相戀，久而贏瘵，道人勸其往浙東躲避，三載返回復同居，竟疾發而亡的《玉照新志·草木之妖》、寫孤男陳某與狐精相戀，日久感疾而卒，狐乃為陳哭喪的《湖海新聞夷堅續志·狐戀亡人》等。

二、宋元的人精婚配故事

　　這個時期人精婚配故事，描述的均為人類與精怪的不尋常婚姻。這樣的婚配，通過精怪（無論是有生命的動物精怪，還是無生命的器物精怪）變化為人形而得以實現。然而，正如人精戀故事一樣，其中變化為人形的精怪亦具有人性和妖性雙重性格。精怪的這種雙重性格，使此類故事充滿神秘性、奇特性。而此類人精之間的婚姻，大都不會白頭到老，婚後往往會出現這樣那樣的變故，導致分離，有的甚至帶來不幸。這些故事實際上是人世間某些婚姻狀況的一種曲折的反映，它們跟人精戀情故事一樣具有一定的現實性和社會意義。試看：

　　　　丹陽縣外十里間，土人孫知縣，娶同邑某氏女。女兄弟三人，孫妻居少。其顏色絕艷，性好梅妝，不以寒暑著素衣衫，紅直系，容儀意態，全如圖畫中人。但每澡浴時，必施重幃蔽障，不許婢妾輒至，雖揩背亦不假手。孫數扣其故，笑而不答。歷十年，年且三十矣。孫一日因微醉，伺其入浴，戲鑽隙窺之。正見大白蛇堆盤於盆內，轉盼可怖。急奔詣書室中，別設床睡，自是與之異處。妻蓋已知覺，才出浴，即往就之，謂曰：「我固不是，汝亦錯了。切勿生他疑，今夜歸房共寢，無傷也。」孫雖甚懼，而無詞可卻，竟復與同衾，綢繆燕昵如初。然心中疑憚，若負芒刺，輾轉不能安鎮

席，怏怏成疾，未逾歲而亡，時淳熙丁未歲也。張思順監鎮江江口鎮，府命攝邑事，實聞之。此婦至慶元三年，年恰四十，猶存。

《夷堅支戊》卷二，〈孫知縣妻〉

鄒氏，世為兗人。至於師孟，徙居徐州蕭縣之北白土鎮，為白器窯戶總首。凡三十餘窯，陶匠數百。一匠曰阮十六，稟性靈巧，每製作規範，過絕於人。來買其器者價值加倍。又只事廉且謹，師孟益愛之，遂妻以幼女。歷數歲，生男女三人。既皆長大，而阮之年貌儼不少衰，眾頗疑其異，謂非人類，雖師孟亦惑焉。唯妻溺於愛，無所覺。阮或出外，不持寸鐵，登山陟巇，渡水穿林；未嘗恐怖蛇虎。蕭沛土俗，多以上巳節群集郊野，傾油於溪水不流之處，用占一歲休咎，目曰「油花卜」。阮嘗同家人此日出遊，抵張不來山，見鹿鳴呦呦，意氣踴躍。及暮還舍，語妻曰：「我欲歸鄉省父母，暫與汝別。如要見我時，只來州城下寶寧寺羅漢洞伏虎禪師邊求我。」妻固留之，翩然而去。後二年，師孟攜家詣寶寧，設水陸齋，幼女憶阮，同母入洞，瞻伏虎像傍一土偶，以手加虎額，容色體態，悉阮生也。始知其前時幻變云。

《夷堅三志己》卷四，〈蕭縣陶匠〉

這兩則故事的相同之處是人與精怪的婚姻原本美滿，持續多年後才發現異樣，於是產生變故。其不同之處比較多，主要集中在精怪身上：一則故事的精怪為有生命者，變為婦女，一則故事的精怪為無生命者，變為男子；一則故事的精怪使配偶受驚嚇，成疾而亡，一則故事的精怪主動離去，並且為妻兒留下了念想。

這個時期人精婚配故事，尚有寫化作書生的蜜蜂與桃源一女子結成佳偶後，從此常引群蜂至女家，使女家以作蜜興盛，富甲里中的《誠齋雜記‧瘦腰郎君》等。

第二節　宋元的人精交誼故事

　　宋元時期的人精交誼故事，作品數量不少，大都描述並贊美世人與精怪之間的友情，包括相互同情，相互關心，相互幫助，知恩必報等，從不同的角度展示人世間珍視友誼的各種美德，對於改善人際關係，促進社會發展頗有裨益。這一類故事中的精怪，大部分是有生命活力的動植物，諸如狐、虎、猿、貓、槐、榆等，亦有少部分為無生命的東西、偶人，諸如鐮刀、偶像等。試看：

　　　平江人江仲謀，於府內飲馬橋南啟熟藥鋪。紹熙五年，又執一肆於常熟梅里鎮，擇七月十二日開張。前一夕，夢黃衣人聲喏，持文字一軸云：「相公令投下文字。」江問：「何等文書？」曰：「是鎮中人戶所居名次，望官人題上簿。」江許之，視黃衣一臂損爛出血。明日以語人，其鄰叟云：「相近錢知監宅東有一廟，鎮人爭往焚香，豈其神乎？」江即攜香酒致謁，見土偶駛卒，臂泥脫落，宛然昨夢所睹，蓋伏虎司徒廟也。立喚匠補治。旋夢來謝，且祝江勿用偽品藥雜於劑中，誤人服食，因而可積陰功。江感其說，收市良材，不惜價值，而所貨日增。

　　　　　　　　　　　　　　　　《夷堅支庚》卷四，〈伏虎司徒廟〉

　　　慶元三年，浮梁東鄉寺僧法淨，以暮冬草枯之際，令童行挈稻糠入茶園培壅根株，見林深處，一美女未及笄歲，長裙大髻，衣服光赫，兩丫鬟從於後，色貌妍麗，嘻怡含笑，斂袖前揖曰：「和尚萬福。」法淨應喏。既而思之曰：「此間四向無居人，山前谷畔縱有兩三家，其婦女皆農樵醜惡，豈得如是綽約華姿者？茲為鬼魅何疑！不可領略，以招蠱媚。」遂袖手掐印，誦楞嚴咒，大聲咄叱以威之。女嗚嗚大笑，斥法淨名曰：「和尚，你也好笑，縱然念得楞嚴神咒數百千遍，又且如何？我不是鬼，怕甚神咒。」淨曰：「汝是何妖孽，入吾園中，以容色作妖怪？我身為僧，披如來三事

之衣，日持佛書，齋戒修潔，雖鬼神魔幻，安可害我？汝速去！」
女曰：「兒實良人家，因隨眾出廝，迷踪到此，願和尚慈悲，指示
歸路，兒之幸也，何事以鬼物相待？」淨使從左方出，女又謝曰：
「所謂誤入桃源，更容閒有時霎。」乃穿踐叢薄中，不避荊棘。良
久，三人俱化為狐，嘷聲可怖。淨駭懼，執童行手，大呼而奔。徑
還舍喘臥，心不寧者累日。

《夷堅三志己》卷二，〈東張僧園女〉

這兩則故事藝術風格不同，情趣各異。前一則故事，以相互幫助來
展示人精交誼，描述開藥店者與廟中土偶均為人友善，前者為後者修補損
臂，體恤有加，後者知恩圖報，誘導前者廣積陰功，因以致富。後一則故
事，以調皮、逗趣來展示人精友情，將狐女天真可愛的形象與和尚又動情
又警惕的心態描繪得相當鮮活、相當逼真。

這個時期的人精交誼故事，尚有寫某秀才讚嘆城中一棵老槐樹生命力
旺盛後，深夜槐精化為楚楚動人女子前來致謝的《夷堅志・徐五秀才》、
寫孟某暫居城南驛，其人夜讀見如白貓怪物自高突走示變，全家急追乃免
屋塌傷亡的《夷堅志・城南驛》、寫村民張四將一發聲小鐮供入神堂，因
其能預言休咎而門庭若市，其家賴以小康的《夷堅志・南山獨騎郎君》、
寫一猿數擒醫者於石室為老猿治腹痛，以黃白物相贈，使醫者大富的《夷
堅志・猿請醫士》、寫吳嫗二更時被抬去為虎接生，後有二虎送豬、牛
肉至其門作為酬謝的《湖海新聞夷堅續志・虎謝老娘》、寫榆木精化作老
醜婦常出入一官吏廚間，與群婢為伴，家人見而不以為怪的《湖海新聞夷
堅續志・榆木為怪》、寫項家常得到自稱「太公」之妖幫助，項妻有孕思
食呼之即至，後項妻生一冬瓜狀物欲溺之，「太公」搶走又送白金二笏的
《異聞總錄・太公》等。

第三節　宋元的精怪為祟故事

宋元時期的精怪為祟故事，內容主要集中在三個方面，即精怪作亂擾
民、精怪誘惑奸淫和精怪害人奪命，受害者大多數是社會上弱勢群體的成

員。這些故事中的精怪，乃是人世間邪惡勢力的化身。眾多的作品，從各種不同的角度揭露、控訴和譴責它們的諸多劣跡和罪行，具有較強的社會性和批判力量。

一、宋元的精怪作亂擾民故事

這個時期的精怪作亂擾民故事，大多描寫形形色色的精怪四出進行搗亂，欺詐盜竊，胡作非為，干擾世人正常生活，給僧俗民眾乃至衙中官吏帶來各種痛苦和不幸。試看：

> 信州永豐縣管村，皆管氏所居。淳熙七年秋，有怪興於某秀才家，幻變不常，或為男子，或為婦人，拋擲磚石，占據堂宇，污穢床席，毀敗什物，不勝其擾。喚巫師驅逐弗效，又命道士醮禳，復邀迎習行法者，各盡術追究，雖即日稍若暫息，迨去則如初。前後若是者屢矣。管益患之，乃多萃道流，設壇置獄，劾治甚峻，群怪不為動，屬聲詬罵於室中曰：「汝幾個村漢，討錢足了。我不怕汝！」皆知其不可為，相與謝去。久之，化一美女，夜造僕夫寢處，欲加炫惑。僕知為魅也，而庸奴貪色，竟留與接。凡歷數夕，極綢繆婉變之款，然終慮其致禍，陰磨利刃以待之。迨復至，盡力斷其首，攜出外，呼告眾曰：「我已殺鬼！」管氏之人爭來觀看，蓋一大狸也。
>
> 《夷堅支乙》卷一，〈管秀才家〉

> 咸淳甲戌冬，有二男子貴官會於杭州三橋，請路歧人[1]祗應，云是張府姻事，先議定不許用黃鐘宮曲調。路歧人曰：「在何處？」曰：「在江陰無錫縣界。」路歧人曰：「事在幾時？」曰：「在今夜。」路歧人曰：「此間相去五百餘里，又日暮，如何可到？」應曰：「汝等皆臥舟中，我自撐去。」
>
> 眾從之，舟行如飛。經長安、崇德、蘇秀、吳江，約二更，上岸至一大府第，路歧人如約奏樂，見坐客行酒人皆短小，燈燭焰

---

[1] 路歧人：宋元時各種民間演藝人的俗稱。

中國民間故事史——宋元篇

066

青，既而幽暗。至四更無飲饌，人飢且怒，因奏黃鐘官。坐客與行酒人皆驚，亦有止者。樂人不顧。須臾黑風一陣，人與屋俱亡，但見一大樹滿天星宿。

　　因犬吠，投人家問之，人曰：「此間有樟樹精，能惑人，汝被惑矣！」天明，果一大樟樹也。二男子乃樹近廟中二使，其餘皆其廟神也。

　　　　　　　　《湖海新聞夷堅續志》後集卷二，〈精怪門‧樟精惑人〉

　　這兩則故事中的作亂者，一為動物精怪，一為植物精怪。它們為非作歹，甚為猖狂，甚至達到無所不用其極的地步。但是，只要世人敢於與其爭鬥，不怕挫折，持之以恒，精怪們最終不會有好下場。

　　這個時期的精怪作亂擾民故事，尚有寫夜間妖鬼怪物在山寺窗外毆鬥呼叫，並將啟戶出溺客奪去，唯獨畏懼誦經寺僧的《青瑣高議‧董遭遘》、寫弓手夏生被老狐誣告入獄，後得平反，母狐化美女出沒縣丞廳堂，害死縣丞父子的《夷堅志‧宜黃老人》、寫一狐化作婦人邀劉醫生去家為其夫療疾，所診治者乃一杉骸，使劉罹患心病的《夷堅志‧劉師道醫》、寫狐、蛇二精皆化作女子到姜家做侍妾，相互攻訐，惹是生非，但均未逃脫厄運的《夷堅志‧姜五郎二女子》、寫自稱「華二哥」之妖物每夜呼於相州街市，家家聞而驚恐，半年乃絕的《陶朱新錄‧華二哥》、寫州倉失米數十石，使三四十人被誣，經道士行法方知係江畔石鷹竊去的《湖海新聞夷堅續志‧石鷹竊米》、寫老狐化為道人將三女嫁與某家三子，後被識破為犬所斃，某家家道遂衰落的《湖海新聞夷堅續志‧狐精嫁女》等。

二、宋元的精怪誘惑奸淫故事

　　這個時期的精怪誘惑奸淫故事，大都描寫各類精怪（大多為雄性）變化為俊男靚女，來到世間尋覓「獵物」，施展各種手段勾引對方，恣意奸淫，使對方受到折磨，給對方及其家人帶來巨大的傷害。當其敗露之後，往往被受害人家擊走，甚至被撲殺。試看：

鄱陽近郭數十里多陂湖，富家分主之。至冬日，命漁師竭澤而取。旋作苫廬於岸，使子弟守宿，以防盜竊。紹興辛酉，雙港一富子守舍。短日向暮，凍雨蕭騷，擁爐塊坐。俄有推戶者，狀如倡女，服飾華麗，而遍體沾濕，攜一㡓來曰：「我乃路岐散樂子弟也，知市上李希聖宅親禮請客，要去打窠地。家眾既往，我獨避雨，趕趁不上。願容我寄宿。」富子曰：「舍中甚窄，只著得一小床。若留汝過夜，我爺娘性嚴，必定嗔責。李宅去此不遠，早去尚可及。」女懇祈再三，雜以笑謔，進步稍前，子毅然不聽。徐言：「既不肯教我宿，只暫就火烘衣，俟乾而行可乎？」許之。子登床，女坐其下，半卸紅裙，露其腕，白如酥。復背身挽羅裙，不覺裙裏一尾出。子引手拈杖擊之，成一狐而走。衣裳如蛻，皆污泥敗葉也。

《夷堅支庚》卷七，〈雙港富民子〉

南劍州尤溪縣人璩小十，於縣外十里啟酒坊，沽道頗振。只駐宿於彼，惟留妻李氏及四男女兩婢在市居。每經旬日，則一還舍，然遍暮必反。紹熙四年八月，夜且二更，璩擊戶而入，攜酒一壇。李問之：「爾既歸來，何必沖夜？豈不防路次蛇虎不測乎？」璩曰：「我既薄醉思汝，又念家間乏人看覷。坊內僕使自足用，故抽身且來宿臥，不曉便行矣。」泊就枕，歡洽異於常時。自是，輒用此際來，門不關扃以待之。至十二月，李懷妊。明年三月，璩歸，訝妻腹大，謂之曰：「我經歲不曾共汝同衾枕，何由有孕？汝實與誰淫奸？速言之！」李曰：「從去年八月，汝夜夜將酒來共飲，兒女慶奴各得一盞。酒盡然後登床，天未明即去。有如不信，請逐一問之。」眾言並同。璩不能質究。呼坊僕王八，使李詢夫行止。王云：「十郎未嘗離本坊。」李曰：「然則酒餅是誰將到？」王云：「今夜若復來，但留下餅，卻俟來日審實。」已而又至。璩別命僕韓二同王八再驗之。適見主公與主母對酌，認其衣裳形貌，言笑舉動，真無少異。二僕唱喏罷，急走詣酒坊。璩十正彷徨燈下，

以須音耗。僕告之。璩曰：「一段精怪，我也理會不得。」即磨淬利刃，秉炬而趨。語二僕曰：「隨我去，如誤殺了人，我自承當，不以累爾。」及家時，已三更後，令王八先剝啄。李氏飲席猶未竟，隔扉問何為，曰：「十郎教我送牛肉來。」既得入，璩揮刀刺著男子，殺之。化作白猿，凡重七十斤。李娩身，生一小猿，搦死之，棄於荒野。

《夷堅三志己》卷二，〈璩小十家怪〉

　　這兩則故事，一則寫狐女雨夜勾引守宿青年而不能得手，後被擊走；一則寫猿變為男主人長期騙奸主婦而使其懷孕，暴露後立即被殺死。這些精怪淫猥成性，任意胡為，給民眾帶來苦痛，無論它們如何狡詐，都逃脫不了失敗的下場，受到應有的懲處。

　　這個時期精怪誘惑奸淫的故事，尚有寫一白晰農婦春日挑擔往田間送飯時，被蛇妖纏繞奸淫，數日乃去，使其生病逾年的《夷堅志‧蛇妖》、寫周女被一貓精迷惑，周父請賣面翁作法驅妖，方使一切復常的《夷堅志‧周女買花》、寫一士人請人行天心法令奸污其妻之龜精伏罪，並且送入海中，其妻遂得安寧的《夷堅志‧明州學堂小龜》、寫一巨蛇化為男子來奸周妻遭拒，竟繞周妻數匝，請人誦大悲咒始將蛇妖驅走的《夷堅志‧余干民妻》、寫農夫鮑大外出後，楊樹精與狐精輪流到其家奸宿，鮑大伐樹、平穴後其妻遂無恙的《夷堅志‧楊樹精》、寫一坐館先生被蝦蟆精騙去與其女成婚，使之身沒塘中，幸為主人搭救免難的《湖海新聞夷堅續志‧蝦蟆為精》、寫白蚯蚓精化為美少年每夜來與某女共寢，使其未婚而孕，其父母探知實情，乃撲殺妖精以絕其患的《湖海新聞夷堅續志‧蚯蚓為妖》等。

三、宋元的精怪害人奪命故事

　　這個時期的精怪害人奪命故事，敘寫精怪的所作所為均以殘害世人，奪走其性命為目的，用心險惡，而且往往都能得逞。故事中害人奪命的精怪，既有有生命的動植物，又有無生命的器物，甚至還有動物的鬼魂。它

們無不對人世的生活、生存構成威脅。此類故事，意在提醒世人，對於形形色色的害人精應當有所警惕，切不可麻痺大意，否則很可能鑄成大錯，帶來無法挽回的損失。試看：

慶元元年五月，湖州南門外，一婦人顏色潔白，著皂弓鞋，踽踽獨行，呼賃小艇，欲從何山路往易村。既登舟，未幾即偃臥，自取葦席蔽其上。舟才一葉，展轉謦欬必相聞，而寂然無聲。舟人訝焉，舉席視之，乃見小烏蛇，可長尺許，凡數千條，蟠繞成聚，驚怛流汗，復覆之。凡行六十里，始抵岸步，扣舷警之。奮而起，則儼然人形，與初來時不少異。腰間取錢二百，償雇直。舟人不敢受，婦問其故，曰：「我適見汝如此，哪敢接錢。」笑曰：「切莫說與人，我從城內來此行蛇瘟，一個月後卻歸矣。」徐行入林中，數步而隱。彼村居人七百家，是夏死者殆半。初，湖、常、秀三州，自春徂夏，疫癘大作，湖州尤甚，獨五月少寧，六月復然，當是蛇婦再還也。籲可畏哉！沈清臣女嫁閩帥詹元善，老嫗來福州說此。

《夷堅支景》卷二，〈易村婦人〉

宣和中，鄉人董秀才在州學。因如廁，見白衣婦徘徊於前。問其故，曰：「我菜園中人也，良人已歿，藐然無所歸。」董留與語，且告以齋舍所在。至夜遂來並寢。未幾得疾，同舍生咸知之，以白教授。教授造其室，責之曰：「士人而為異類所憑，何至此？」扣其所有，曰：「但嘗遺一袒服。」取視之，穢而無縫。命投諸火，遣諸生蹤跡焉。一老圃曰：「向者小兒牧羊，一牝羊墜西廊井中，不可取。今白衣而出，豈其鬼歟？」呼道士行法咒，以黑豆投於井，怪乃絕，不至。然董亦死。

《異聞總錄》卷一，〈白衣婦〉

這兩則作品，故事背景均為宋代（一為南宋，一為北宋）。作品中的精怪都以婦人的面目出現，其目的都是要置人於死地。相比之下，前者一則的妖孽危害更大——死於疫癘者不計其數，讓人觸目驚心！

這個時期精怪害人奪命的故事，尚有寫鼎精變為無足美婦，被一士人招為婢妾，頗得其家憐愛，居一年士人幾為其害死的《夷堅志・無足婦人》、寫趙某夫妻收留的一個自稱受後母虐待之婦，實為魚鮫精，竟將趙某害死於溪中的《夷堅志・趙良臣》、寫在陽臺驛一帶出沒的婦人係虎精所變，經常啖食人畜，引起莫大恐慌的《夷堅志・陽臺虎精》、寫蕉精化為綠衣女與館客陳某狎昵同寢，歷百日陳某即憔悴龍鍾，抱病而歿的《夷堅志・蕉小娘子》、寫趙某妻得疾常啖生肉，與夫別室寢處，三婢皆被其吮血絕命，後化虎而去的《夷堅志・趙不易妻》、寫西湖鱉精化作白衣少婦、獺精化用雙鬟麗女與周某結親，欲將其害死的《鬼董・二水魅》、寫每夏洛中有號稱「黑漢」之熊妖昏夜入室為患，婦女小兒常被其抓傷的《陶朱新錄・黑漢》、寫寡婦張婆兒夜間變為狸貓偷吃小孩，日間變為白驢偷吃麥苗，後被人識破而打死的《湖海新聞夷堅續志・婦變狂驢》等。

第四節　宋元的鬥精滅怪故事

宋元時期的鬥精滅怪故事，數量非常多。故事裏面敘述的各種鬥精滅怪事件，往往由於精怪強姦婦女、入室搗亂、使人致病等等，激起世人憤恨，才對其採取措施，進行還擊。而世人抗爭的結果，或者使其被降服，不再為非作歹；或者將其消滅，永絕後患。

這個時期的鬥精滅怪故事，以消滅蛇精、虎精、狐精最為常見。其中，具有代表性的作品如：

> 崇仁縣農家子婦，頗少艾，因往屋後暴衣不還，求之鄰里及其父母家，皆不見，遂詣縣告。縣為下里正，揭賞搜捕，閱半月弗得。其家在巴山下十里，山絕高峻。樵者負薪歸，至半嶺，望絕壁岩崖間若皂衣人擁抱婦人坐者，疑此是也，置薪於地，尋登道攀援而上。稍近，兩人俱入穴中。穴深不可測。樵歸報厥夫，意為惡子竊負而逃者，時日已夕，不克往。至明，家人率樵至其處偵視，莫敢入。或云：「穴深且暗，非人所能處，殆妖魅所為，宜委諸巫覡。」聞樂安詹生素善術，亟招致之。詹被髮銜刀，禹步作法，先

擲布巾入，須臾，青氣一道如烟，吹巾出。又脫冠服擲下，亦為氣所卻，詹不得已，裸身持刀，躍而下。穴廣袤如數間屋，磐石如床，婦人仰臥，大蛇纏其身，奮起欲鬥。詹揮刀排墮床下，挾婦人相繼躍出。婦色黃如梔，瞑目垂死。詹為毒氛熏觸，困臥久乃蘇，含水噀婦，婦即活。歸之，明日始能言。云：「初暴衣時，為皂袍人隔籬相誘，不覺與俱行，亦不知登山履危，但在高堂華屋內與共寢處，飢則以物如餳與我食，食已即飽，心常迷濛，殊不悟其為異類也。」鄉人共請詹盡蛇命，詹曰：「吾只能禁使勿出，不能殺也。」乃施符穴口鎮之，自是亦絕。

《夷堅丁志》卷二十，〈巴山蛇〉

　　偽蜀末利州路有二客負販雜貨，往葭萌市鬻之。山程巇嶮，竹樹荒涼。時雨初霽，日將暮，去市十五里餘，蓁林高樹上有人云：「虎過溪來，行人迴避。」二客慌忙選得一樹高枝葉蔽人形處登之。逡巡有二虎迭來攫躍，或作人聲曰：「人在樹上。」一虎曰：「我須上樹取之。」虎欲相及，二客悸慄，以拄杖舂之。虎叫曰：「刺著我眼。」遂下樹，號呼而逸。

　　至曙，行人稍集，遂下樹赴葭萌市征之所有，一婦報云：「任攔頭[2]夜來醉歸，刺損雙眼，不來檢稅。」二客相顧私語，眾怪而問之，因說夜來以拄杖舂損虎眼，是斯人偽為虎劫路耶？眾言：「此處近有二虎且暴，四遠村莊犬彘駒犢殆將食盡。」市人遂相率持杖往攔頭家驗之。

　　才及中路，遇一虎。虎畏人多，惶怖奔逃，越山哮吼而去。眾至任攔頭家，窺其籬隙之內，但見攔頭倮形而坐，兩目流血，呻吟不已。眾乃叱之，以杖擊笆籬，其攔頭驚忙，踉蹌曳一尾突門而出，目無所見，撞落深坑，吼怒拏攫，為眾人棒及大石斃之，遂舁入市。向先見之虎，即攔頭妻也。

《茅亭客話》卷八，〈葭萌二客〉

---

2 攔頭：宋時稽察來往商旅的小吏。

陽曲北鄭村中社鐵李者，以捕狐為業。大定末，一日張網溝北古墓下，繫一鴿為餌，身在大樹上伺之。二更後群狐至，作人語云：「鐵李鐵李，汝以鴿賺我耶？汝家父子驢群相似，不肯做莊農，只學殺生，俺內外六親，都是此賊害卻。今日天數到此，好好下樹來，不然，鋸倒別說話。」即聞有拽鋸聲，大呼：「揸鑊煮油，當烹此賊！」火亦隨起。

鐵李懼不知所為，顧腰惟有大斧，思樹倒則亂斫之。須臾天曉，狐乃去，樹無鋸痕，旁有牛肋數枝而已。鐵李知其變幻無實，其夜復往。未二更，狐至，泣罵俱有倫。李腰懸火罐，取卷爆潛爇之，擲下樹，藥火發猛作大聲。群狐亂走，為網所罥，瞑目待斃，不出一語，以斧椎殺之。

《續夷堅志》卷二，〈狐鋸樹〉

這三則故事，都具有情節曲折，描述生動的特點。第一則故事，寫農人請巫師搭救其妻，將引誘、奸淫其妻之蛇精鎮壓在穴中，永不得出；第二則故事，寫變為小吏夫妻之二虎精敗露後，或者逃走，或被擊斃；第三則故事，寫群狐欲恐嚇捕狐人，反被捕狐人撲殺。這些故事都說明，在敢於抗爭的世人面前，再凶惡、再狡詐的精怪也會被制伏。

這個時期涉及蛇精、虎精、狐精的鬥精滅怪故事，尚有寫數卒夏日值宿於蓬萊閣，中夜有紅裳女子來坐張某腹上，張奮起捽之忽然不見，手中有狐毛滿把的《睽車志・紅裳女子》、寫高某所買美妾乃是野狐精，寒食節強其掃墓，出去後見獵人戰慄，被二犬咬死的《夷堅志・玉真道人》、寫白蛇精禍害同州軍民，宰相女婿前往請張天師作法，除掉了蛇精及其子孫的《夷堅志・同州白蛇》、寫一虎精化為靚女與陳某同宿逾月，陳尪悴至極，其孿生兄弟見狀乃請法師將虎精擊走的《夷堅志・番屯女子》、寫一蛇妖化為風流士與織紗匠妻偷歡，丈夫請巫師作法斫蛇，其妻始得平復的《夷堅志・程山人女》、寫二少女以柴杖、瓦石擊二狐精所變紅衣婦，並與其父兄一道追逐，使二狐精落荒而逃的《夷堅志・黃陂紅衣婦》等。

這個時期的鬥精滅怪故事，除了出現蛇、虎、狐三種精怪外，還涉及

犬、羊、鼠、狸、猴、蟹、蜘蛛、蝦蟆、蚯蚓、楊樹、葛根等動植物精怪和土偶、石獅、石磨、鐵鑽、棺板等無生命精怪。其中，具有代表性的作品如：

汀漳間，有古驛多怪。嘗有士人獨宿西廂，乙夜，見群鼠自梁栱間緣壁下地，莫知其數。固已異之，俄又見數鼠，共挈一物，若小箱篋然，置地。發之皆袍幘之屬，競取服之。儼如唐裝，冠履皆備。既而遞為進趨揖遜之狀。士人素有膽氣，拊床叱之曰：「鼠輩敢爾擾人！」殊不驚避。遽起，取席下白梃亂擊之。倉卒間，誤觸燈滅，益盡力撾擊。俄而寂然。明旦視床前死鼠滿地。揚州教官陳德明光宗說。

《睽車志》卷二，〈古驛鼠怪〉

金華縣郭外三十里間陳秀才，有女，美容質。擇婿欲嫁，而為妖祟所迷獲，不復知人。其家頗富贍，不惜金幣，招迎師巫，以十數道士齋醮符法。凡可以禳治者靡不至，經年弗痊。其鄰張生，亦士人也。夜聞女歌呼笑語，密往窺之，門外一石獅子，高而且大，乃躡其背而立。女忽怒，言曰：「元不干張秀才事，何為苦我。」張生愕然，知必此物為怪，將以明日告陳。而陳氏謂張有道術，清旦，邀至入視。張不言昨夕事，但誦乾元亨利貞。生曰：「吾用聖人之經，以臨邪孽，如將湯沃殘雪耳。」因語陳曰：「吾見君家石獸，形模獰惡，此妖所由興也。宜亟去之。」陳即呼匠鑿碎，輦而投諸水，女遂平安。

《夷堅支庚》卷三，〈陳秀才女〉

陝西某縣一老嫗者，住村莊間，日有道流乞食，與之無吝色。忽問曰：「汝家得無為妖異所苦乎？」嫗曰：「然。」曰：「我為汝除之。」即命取火焚囊中符篆。頃之，聞他所有震霆聲，曰：「妖已誅殛，才逌其一，廿年後汝家當有難，今以鐵簡授汝，至時

亟投諸火。」言訖而去。

自是久之，嫗之女長而且美。一日，有曰大王者騎從甚都，借宿嫗家。遣左右謂曰：「聞嘗得異人鐵簡，可出示否？」蓋嫗平日數為他人借觀，因造一偽物而以真者懸腰間不置也。遂用偽獻，留不還，謂曰：「可呼汝女行酒。」以疾辭。大王怒，便欲為奸意。嫗竊思道流之說，計算歲數又合，乃解所佩鐵簡投酒灶火內。既而電摰雷轟，烟火滿室。須臾平息，擊死獼猴數十，其一最鉅，疑即向之逃者。所齎隨行器用，悉繫金銀寶玉。赴告有司，籍入官庫。

《輟耕錄》卷六，〈鬼贓〉

以上三則故事，有兩則鋒芒指向動物精怪，一則鋒芒指向無生物精怪。三則故事的立意不同，藝術風格亦有差異。第一則故事輕鬆詼諧，描述的是群鼠擾人的鬧劇，嘲諷鼠類亦迷戀官位、權勢，讓人忍俊不禁。第二則故事嚴謹平實，不但揭示出抗爭的艱巨性，而且說明動腦筋、重調查對於取勝至關緊要。第三則故事曲折而富於變化，強調除怪的長期性、艱巨性，提醒世人務必具有長遠的觀念，同時還提醒世人在抗爭中善用智謀更為奏效。

這個時期的鬥精滅怪故事，尚有寫黃狗怪讓鄉女未婚而孕，黑狗怪將種田少婦帶到山中淫樂，後來均被打殺的《夷堅志・二狗怪》、寫一朱衣怪常出沒於王家新屋，請來狗屠追殺之，將地下枯蟹砸碎投水，遂得安處的《夷堅志・王德柔枯蟹》、寫一狸妖常拋瓦石擊壞酒樓罌甕，主酒務小吏擒殺之遂得安寧的《夷堅志・段祥酒樓》、寫漳州一壯士不畏妖孽，將到其家作祟之二青蟆精殺而烹食之，妖怪乃絕的《夷堅志・漳州食蠱蟆》、寫徐某行天心法替人捉鬼怪，使被鐵鑽精附體之張翁女兒獲救的《夷堅志・徐十三官人》、寫村民李某醉歸時縛住強坐鞍橋之棺板精，到家後將其劈碎火焚的《夷堅志・周三郎》、寫夏夜石磨精常以大頭無肢體、手足之怪異模樣現身於劉某庭院，令其家人驚駭，後掘地碎磨，精怪乃絕的《夷堅志・劉十二》、寫紅蜘蛛精先後使某家二女一死一傷，其家乃請法師遣將發符，讓雷神擊斃此妖的《湖海新聞夷堅續志・法誅蛛

怪》、寫寺中土偶與周妻私通，晝夜皆至，其夫請法師誅怪，使之為神捉去的《湖海新聞夷堅續志・法誅土偶》、寫蔡木匠醉歸聞二鬼對話，得知某女重病乃葛根精所致，遂至其家掘而煮啖之，女即痊癒的《輟耕錄・葛大哥》等。

第三章　宋元的鬼魂故事

　　宋元時期的鬼魂故事，較唐宋時期的鬼魂故事豐富，其藝術成就也超過宋元時期的神異故事和精怪故事，在這個時期的幻想故事中最為耀眼。這個時期的鬼魂故事涉及面甚廣，內容相當多，主要有人鬼戀情、人鬼親情、人鬼友情、還陽再生、鬼魂復仇、鬼魅為祟、鬥鬼驅鬼等幾個門類。在此類故事裏面，鬼有善惡之分，其行為亦有好壞之分。這個時期的鬼魂故事中的鬼魂，以積德行善的善鬼居多。懲惡揚善是這個時期鬼魂故事的主調。這個時期收錄鬼魂故事的著作很多，《夷堅志》、《睽車志》、《鬼董》、《湖海新聞夷堅續志》、《異聞總錄》等書收錄的鬼魂故事尤為出色。

第一節　宋元的人鬼戀情、親情和友情故事

　　宋元時期的此類故事，從戀情、親情與友情三個視角來表現人鬼之間的各種情愫，曲折地描述了這個時期世人感情生活的幾個重要方面，表現世人對各種感情生活的追求和期盼。

一、宋元的人鬼戀情故事

　　宋元時期的人鬼戀情故事，以描述青年男女之間跨越生死界限的執著的情愛為核心內容。人鬼戀情的主角，大多為女鬼。她們有著各種不同的身份，諸如縣尉亡妻、通判亡女、郡倅亡女、令長亡婦、知縣亡女、太守妾亡靈、產婦亡靈、縊婦鬼魂、娼女鬼魂、少婢亡靈……。而與女鬼相戀的對象，亦有多種不同身份，諸如士人、官吏、官吏之子、武將、僧人、商販、銀匠、畫工……，而以士人較為常見。此類故事的結局，有喜劇，有悲劇，而以悲劇結局為多，無疑是當時的現實的一種反映。此類故事有

不少思想內容和藝術魅力都居上來的佳作，富有激情和感染力，為這個時期的鬼魂故事增色不少。以悲情結局的人鬼戀情故事，比如：

乾道中，江西某官人赴調都下，因遊西湖，獨行疲倦，小憩道傍民家。望雙鬟女子在內，明艷動人，寓目不少置，女亦流眄寄情，士眷眷若失。自是時時一往，女必出相接，笑語綢繆，挑以微詞，殊無羞拒意，然冀頃刻之歡不可得。既注官言歸，往告別，女乘間私語曰：「自與君相識，彼此傾心，將從君西，度父母必不許，奔而聘志，又我不忍為，使人曉夕勞於寤寐，如之何則可？」士求之於父母，啗以重幣，果峻卻焉。到家之後，不復相聞知。

又五年再赴調，亟尋舊遊，茫無所睹矣。悵然空還，忽遇之於半塗，雖年貌加長，而容態益媚秀。即呼揖問訊，女曰：「隔闊滋久，君已忘之耶？」士喜甚，扣其徙舍之由，女曰：「我久適人，所居在城中某巷。吾夫坐庫務事，暫繫府獄，故出而祈援，不自意值故人，能過我啜茶否？」士欣然並行。二里許，過士旅館，指示之，女約就彼從容，遂與之狎。士館僻在一處，無他客同邸。女曰：「此自可栖泊，無庸至吾家。」乃攜手入其室。留半歲，女不復顧家，亦間出外，略無分毫求索，士亦不憶其有夫，未嘗問。

將還，議挾以偕逝，始斂衽蹙顰曰：「自向來君去後，不能勝憶念之苦，厭厭感疾，甫期年而亡。今之此身，蓋非人也，以宿生緣契，幽魂相從，歡期有盡，終天無再合之歡。無由可陪後乘，慮見疑訝，故詳言之。但陰氣侵君已深，勢當暴瀉，惟宜服平胃散以補安精血。」士聞語驚惋良久，乃云：「我曾看《夷堅志》，見孫九鼎遇鬼亦服此藥。吾思之，藥味皆平平，何得功效如是？」女曰：「其中用蒼術去邪氣，上品也，第如吾言。」既而泣下。是夜同寢如常，將旦，慟哭而別。暴下服藥，一切用其戒。後每為人說，尚淒悵不已。予族侄圭子錫知其事。

《夷堅支甲》卷六，〈西湖女子〉

高密王蕚，少美豐采。嘗日晚倚門，見一婦人從西來，將入郭，姿色殊絕，年可十八九。明日出門，又見之。如此數四，日暮輒來。王戲問之曰：「家在何處？暮來此。」女笑曰：「兒家近在南崗，有事湏至郭耳。」王試挑之，女遂欣然，因留宿，甚相親狎。明旦辭去，數夜輒一來，後乃夜夜來宿。王謂女曰：「家既近，許相過否？」答曰：「家甚陋，不堪延客。且與亡兄遺女同居，不能無嫌疑耳。」王遂信之，寵念轉密。左右一婢，亦有美貌，常以自隨其後，雖在晝日，亦復不去。王問曰：「兄女得無相望乎？」答曰：「何湏強預他事如此。」

　　後一夜來，色甚不悅，啼泣而已。王問之，曰：「兒本前高密令女，卒殯於此。今家迎喪，明日當去。」王既愛念，不復嫌疑，乃便悲悵，問：「明日當至何時？」曰：「日暮耳。」

　　明日臨別，女以一金縷玉杯及玉環一雙留贈。王以綉衣答之，揮淚而別。王於南崗視之，果有近喪發槻，女顏色不變，粉黛如故。見綉衣一篋在棺中，而失其所佩玉杯及金環，家人方覺有異。王乃前具陳之，兼示之玉環與杯。皆捧之怨泣曰：「女先嫁為任氏妻。任無行，見薄，父母憐念，呼令歸家而死。」因問曰：「兄女是誰？」曰：「家中三郎女，十歲病死，亦殯其旁。」婢亦棺中木人也。其貌正與從者相似，王乃臨柩悲泣而別。左右皆傷感。後念之，遂恍惚成疾，久乃方瘉，每思輒忘寢食也。

《鬼董》卷二，〈高密令女〉

　　這兩則故事雖說具體描寫，包括雙方的身份、相遇場合、幽會情景、亡靈狀況等等各不相同，但都是以永決告終，而且雙方用情無不至深至厚，十分感人，讓讀者、聽眾久久不能忘懷。

　　此類悲劇結局的人鬼戀情故事，尚有寫童銀匠為張舍人打銀時，一自縊少婦亡靈前來與童共飲同寢達月餘，當其暴露身份後立即現身而滅的《夷堅志・童銀匠》、寫一女鬼與某僧私相歡好，久而使某僧病篤，後被土地神趕走的《夷堅志・天寧行者》、寫畫工黃生旅居時與主家縊婦鬼

戀，留連半年病重乃還鄉，女鬼悔悟不再追逐的《夷堅志・郎岩妻》、寫某寺主僧慕悅高氏婦畫像，其亡靈竟前來與僧共寢處，半月後緣盡遂絕的《夷堅志・高氏影堂》、寫錢生遊學時與自稱「張相公夫人」之女鬼相處多日，後被驚散，竟臥於古冢之中的《夷堅志・張相公夫人》、寫士人某與知縣女亡靈結親並生一子，後訪女墓，女挾兒遁出走絕跡的《夷堅志・南陵仙隱客》、寫某縣令喪偶後竟與前縣尉亡妻幽魂燕好，其夫遠來迎回亡妻柩遂別的《鬼董・新昌令》、寫晁某所悅里中少婦忽來與其共被，未明乃去，褌間留有血跡，後知其因產而死的《異聞總錄・鬼求共被》、寫某嫗亡女幽靈與郭銀匠相戀，為嫗覺察乃出逃，年餘亡女被一道人拘押，遂與郭某泣別的《異聞總錄・郭銀匠》等。

這個時期的人鬼戀情故事，亦有不是悲劇結局的作品，內容各有不同，讀來往往饒有興味。比如：

> 余干鄉民張客，因行販入邑，寓旅舍，夢婦人鮮衣華飾求薦寢。迨夢覺，宛然在旁，到明始辭去。次夕方闔戶，燈猶未滅，又立於前，復共臥，自述所從來曰：「我鄰家子也，無多言。」經旬日，張意頗忽忽。主人疑焉，告曰：「此地昔有縊死者，得非為所惑否？」張秘不肯言。須其來，具以問之。略無羞諱色，曰：「是也。」張與之狎，弗畏懼，委曲扣其實，曰：「我故倡女，與客楊生素厚。楊取我資貨二百千，約以禮昏我，而三年不如盟。我悒悒成瘵疾，求生不能，家人漸見厭，不勝憤，投縊而死。家持所居售人，今為邸店，此室實吾故栖，尚眷戀不忍舍。楊客與爾同鄉人，亦識之否？」張曰：「識之。聞移饒州市門，娶妻開邸，生事絕如意。」婦人嗟唶良久，曰：「我當以始終托子，憶埋白金五十兩於床下，人莫之知，可取以助費。」張發地得金，如言不誣。
>
> 婦人自是正晝亦出，他日，低語曰：「久留此無益，幸能挈我歸乎？」張曰：「諾。」令書一牌，曰「廿二娘位」，緘於篋，遇所至，啟緘微呼，便出相見。張悉從之，結束告去。邸人謂張鬼氣已深，必殞於道路，張殊不以為疑。日日經行，無不共處。既到家，徐於壁間開位牌。妻謂其所事神，方瞻仰次，婦人遂出。

妻詰夫曰：「彼何人斯？勿盜良家子累我。」張盡以實對。妻貪所得，亦不問。同室凡五日，又求往州中督債，張許之。達城南，正渡江，婦人出曰：「甚愧謝爾，奈相從不久何？」張泣下，莫曉所云。入城門，亦如常。及就店，呼之再三不可見。乃亟訪楊客居，則荒擾殊甚。鄰人曰：「楊元無疾，適七竅流血而死。」張駭怖遽歸，竟無復遇。臨川吳顏周舊就館於張鄉里，能談其異，但未暇質究也。

《夷堅丁志》卷十五，〈張客奇遇〉

温州監郡某一女及笄未出室，貌美而性慧，父母之所鍾愛者。以疾卒，命畫工寫其像，歲序張設哭奠，常時則庋置之。任滿，偶忘取去。新監郡復居是屋。其子未婚，忽得此，心竊念曰：「娶妻能若是，平生願事足矣。」因以懸於臥室。一夕見其下，從軸中詣榻前敘殷勤，遂與好合。自此無夜不來。逾半載，形狀羸弱，父母詰責，以實告。且云至必深夜，去以五鼓，或賣佳果啖我，我答與餅餌則堅卻不食。父母教其此番須力勸之。既而女不得辭，為咽少許。天漸明竟不可去，宛然人耳，特不能言語而已。遂真為夫婦，而病亦無恙矣。

《輟耕錄》卷十一，〈鬼室〉

　　這兩則作品，均不以悲劇收尾，然而其意蘊各不相同。前一則作品寫故事主角張某因愛而與亡女相互信任，亡女委張以重托，張最終得以幫助心上人報仇雪恨。後一則作品寫故事主角因愛而跨越生死界限，使心上人死而復生，與其永結同心。這兩則人鬼戀情故事都充滿溫馨，顯示出愛情的力量，無不給讀者、聽眾留下難忘的印象。

　　此類並非悲劇收尾的人鬼戀情故事，尚有寫郡倅亡女與一士人相戀，亡女日久漸蘇，士人遂開棺將其救出，結為夫妻的《睽車志·馬氏女》、寫一鬼仙與主簿表弟齊生相好逾年，別後齊生戰死，鬼仙又多次幫助主簿一家的《夷堅志·縉雲鬼仙》、寫胡生與前通判亡女相愛而共寢處，為其父母發現後設法使此女永留人間，乃配為佳偶的《夷堅志·胡氏子》、寫

王生與前任縣令女亡靈相戀，分別後得知王赴考途中有難，女當即趕來相助的《續夷堅志‧京娘墓》等。

二、宋元的人鬼親情故事

宋元時期的人鬼親情故事，內容涉及家庭生活的許多方面，而以鬼魂育兒護子、夫妻情分、關心家事較為常見。在此類故事中以親人出現的鬼魂，計有亡妻、亡妾、亡夫、亡父、亡母、亡故親翁等，以女性亡靈居多。此類故事，通過亡靈的言行舉止真切地表達世人對於至親骨肉的一片深情，令人感到無比溫存，有的作品甚至催人淚下。

以育兒護子為內容的人鬼親情故事，譬如《睽車志》卷三〈李大夫妾〉：

> 汴河岸有賣粥嫗，日以所得錢置蚯筒中，暮則數而緡之，間得楮錫二，驚疑其鬼也。自是每日如之，乃密自物色買粥者。有一婦人青衫素裌襠，日以二錢市粥，風雨不渝。乃別貯其錢，及暮視之，宛然楮錫也。密隨所往，則北去一里所。闃無人境，婦人輒四顧入叢薄間而滅，如是者一年。忽婦人來謂嫗曰：「吾久寄寓比鄰，今良人見迎，將別嫗去矣。」嫗問其故，曰「吾固欲言，有以屬嫗。我李大夫妾也，舟行赴官至此，死於蓐間，槁葬而去。我既掩壙，而子隨生。我死無乳，故日市粥以活之，今已期歲。李今來發叢，若聞兒啼必驚怪，恐遂不舉此子，乞嫗為道其故，俾取兒善視之。」以金釵贈而別，俄有大舟抵岸，問之則李大夫也。徑往發叢，嫗因隨之，舉柩而兒男啼，李大夫駭懼，因為言，且取釵示之。李諦視，信亡妾之物，乃發棺取兒養之。李知縣明仲說。

這一則作品，以質樸的語言敘述一個既有幾分神秘，又很讓人揪心的年輕亡婦養育嬰兒的故事，藝術氛圍濃郁，讀來催人淚下。須當指出的是，這一則作品乃是我國古代一個著名的民間故事類型——鬼母育兒型故事的成型之作。其所包含的亡婦購食哺子、丈夫開棺取兒等故事類型核，

在南宋、元、明、清時期以及現當代的各種異文中，一直保留下來，具有很強的藝術生命力。

這個時期的此類故事，尚有寫姚氏婦喪命逾月，其亡靈竟返家給嬰兒哺乳的《鐵圍山叢談・亡婦乳兒》、寫軍卒妻生子未周歲而歿，每夜命均回家乳子，卒生疑以刀斫之，方知果為亡妻的《睽車志・亡妻乳子》、寫鄉人蔣某夜歸至水濱時，一白衣人邀其同浴，蔣某亡母趕來制止，立即將其背至對岸的《夷堅志・蔣保亡母》、寫某人亡靈現身，告誡其妻改嫁之後夫不得虐待三個兒子的《夷堅志・籌洋村鬼》、寫亡母至貢院向閱卷官求情而使其子上榜，其子為官後得以將雙親靈柩送歸故里的《夷堅志・楊教授母》、寫小手工業者李某亡故不久，便回家促醫人下藥，使其重病倆女因而得救的《夷堅志・李大哥》、寫未產而亡之婦常抱嬰兒到近街買餅，世人覺察追之，乃遺子隱沒的《夷堅志・宣城死婦》、寫未產而歿之婦常現身買餅，其夫知而開墳，將坐在亡婦足上食餅之嬰兒抱回家撫育的《夷堅志・鬼太保》、寫姑蘇某賣餅人發現一婦所付之錢為冥幣後，使官府往啟其冢，家中小兒長大後與常人無異的《南墅閑居錄・鬼官人》等。

以表現夫妻情分和關心家事為內容的人鬼親情故事，例如：

> 政和初，冀州客次中。或言某官之家有異事，語未畢，而某官者至。因自言某之妻生一男一女而死，某既再娶矣。一日，亡妻忽空中有聲，如小兒吹叫子狀，三二日輒一至。某問之曰：「君亦有形乎？」曰：「有之。」即見形，如平生，敘舊感泣，然近人輒引去，常相距十許步。因謂曰：「昔為夫婦，今忍不相親？」於是相與坐堂中。某起執其手，則堅冷如冰鐵，妻勃然掣手去。後五日乃復來，慍曰：「前日遽驚我，何耶？」某再三謝，竟不可近。久之，後妻忽夢其先祖云：「汝夫前妻為怪，乃陰府失收耳，今已召捕且獲。」後數日果絕。
>
> 《清尊錄・亡妻還家》

> 楊昊字明之，娶江氏少艾，連歲得子。明之客死之明日，有蝴蝶大如掌，徊翔於江氏旁，竟日乃去。及聞訃，聚族而哭。其蝶復

來繞江氏，飲食起居不置也。蓋明之未能割戀於少妻稚子，故化蝶以歸爾。

《癸辛雜識》前集，〈化蝶〉

　　這兩則故事，均以展示陰陽兩隔之夫妻間難捨難分的情感為內容。但兩者存在明顯的差異——不但故事主角的性別不同，而且作品的氛圍也有差別。相比之下，前一則故事比較生活化，後一則故事更富有浪漫情調。

　　這個時期的此類故事，尚有寫王某亡魂在陰府司職，因感謝親家翁善待其女，設法讓其免死於橋塌的《青瑣高議・吳大換名》、寫一亡妻幽魂每夕歸家與丈夫共寢，並欲帶走小兒，舉家爭奪方能留下的《夷堅志・陳王猷子婦》、寫丈夫某鄭續弦時，亡妻返家盤問，求得諒解並相約十年後再會的《夷堅志・鄭峻妻》、寫某文士省親投宿時與亡妻重逢，甚為繾綣，住十日不忍別離，竟怏怏病故的《夷堅志・睢佑卿妻》、寫甘氏出門尋夫，竟淪落風塵而歿，其夫病癒歸家時遇甘氏亡魂，不勝感慨的《夷堅志・鄒九妻甘氏》、寫王某赴任時乳婢亡夫向其索妻，次晨乃見乳婢屍浮水面的《玉照新志・乳婢亡夫》、寫一被主母虐死婢妾忽歸而雜處於群婢中，與往昔無異，主母死乃得以專房，主人死遂不見的《陶朱新錄・死婢復歸》、寫耿氏所買婢子係某人亡妻，竟與其夫相認，共敘別意，其夫訟耿氏後此婦隨即消失的《異聞總錄・耿氏婢》等。

三、宋元的人鬼友情故事

　　宋元的人鬼友情故事，涉及人鬼之間友善示好，救助幫襯，懷舊念故等，大都內容健康，以弘揚中華民族的傳統美德為題旨，對於淨化世人生存空間，改善人際關係，促進社會發展頗有裨益。這類故事裏面與世人友善的亡魂，有男性亦有女性，身份各異，代表著形形色色的社會成員，藉以反映出各個社會層面的生活，甚為有趣。

（一）以友善示好為內容的人鬼友情故事

　　此類人鬼友情故事，作品較多，具有代表性的作品如：

姜七家對面有空屋一所，相傳鬼魅占處，無人敢居。姜賃為客房，以停貯車乘器仗。常見一女子，曉夕循繞往來，客浸米在盆，則為淘洗；炊火造飯，則為置薪。飯畢，又為滌器收拾。問其何人，不肯言，終日未嘗發聲。一客乘醉，悅其盛年白晰，欲擁抱之。微笑而不答。值夜，亦前後行遊，或推戶入客舍，及出，則掩之。未嘗與人作禍。程三客者，古田人，平昔食素，持穢跡咒有功。目睹其事，謂他人曰：「安有鬼物公然出現而得寧貼者？我當去之。」乃潛結法印誦咒。女斂袂侍立，聽至百遍，拊掌大笑而退。父老云：「此女祟出沒今二三十年，屢經術士法師攝治，只是大笑暫隱，不過百日，依然如初云。」

《夷堅三志己》卷二，〈姜店女鬼〉

永嘉項家為邪神所據，時有一物，人形而蓬首，出沒其家，自呼曰「大公」。項以為常，不為怪異。凡有所求，只於廚間呼大公，物則隨至。項妻有孕，想齋饅頭食，遂叫大公一聲，至二更餘，捧一層蒸饅頭而來，蒸氣尚暖。越數日，人傳七尺渡頭人家設水陸齋，失了饅頭一層。後項婦生一子如冬瓜狀，無眉目，但有口能乳，方欲溺之，忽聞大公空中作聲曰：「子不可溺，權以乳哺，當有以謝。」逾兩月，項婦方抱子在床，忽大公置白金二笏於床，奪抱此子而去，後其怪亦息。

《湖海新聞夷堅續志》後集卷二，〈怪異門‧鬼偷饅頭〉

這兩則故事，都具有比較生活化的特色。其故事主角，一為女鬼，一為男鬼，不論形象是否怪異，均與人為善，時時以實際行動幫助世人，而不加害於人，頗為可愛。

這個時期此類人鬼友情的故事，尚有寫一士人閑步至岳祠，遇一婦人以銅絲香合相贈，後知其為趙通判亡妻的《睽車志‧趙倅亡妻》、寫卜六因竊母物被逐出，於荒野遇年輕女鬼贈以三縑，讓其賣錢還母的《夷堅志‧許家女郎》、寫一自縊小童亡魂在山寺作祟，常常偷酒食贈與借宿之閩僧，閩僧乃勸其為善的《夷堅志‧處州山寺》、寫一鬼常與借居主人田

某飲酒唱和，又借其後堂為少子完婚，後為田家遠行人報平安的《鬼董·田達誠》、寫一小妾被正室捶死後倒埋於太原學廟旁，其鬼魂常入齋舍與人戲語，卻不為祟的《續夷堅志·玉兒》、寫宋朝宰相某出鎮福州道，在武夷山沖佑觀聽到一鬼仙對其吟詩而多有感悟，遂進章引退的《湖海新聞夷堅續志·鬼仙謁相》、寫傅某處館時每夜均有二婢幽魂送糧餅至，後館主偵伺之，則不復現身的《異聞總錄·二婢送餅》、寫兩淮戰事平息後，二士子在維揚投宿時遇善鬼遣僕馬為其送行的《異聞總錄·山陽二士子》等。

（二）以救助幫襯為內容的人鬼友情故事

此類人鬼友情故事，作品亦比較多，具有代表性的如：

> 饒州景德鎮湖田市，乃燒造陶器處也。有宋二者，以淳熙十六年十月建水陸道場。民董生，操舟在河下，出觀闍黎攝召，見兩鬼立於岸，共說張婆家女子因吃糍糕被噎而死，氣尚未斷，可去救他性命。其一曰：「誰向前？」一曰：「只我兩個同去。」張婆者，與宋二鄰居，女名婆兒，噎死未久，須明日殮送。方守尸悲哭，忽聞擊戶聲，問為誰，曰：「我是河裏住人陳曾二也。」張曰：「何故以深夜相過？」曰：「知道婆兒不幸，但扶策起坐，將笞箒拍打背三下，糕便落腹，可活矣！」張謝曰：「荷爾教我。」乃啟門，欲邀入飲以酒，了無所見。試用其法，不食頃，女腹如雷鳴，即時安好。迨曉，尋訪陳曾二，蓋七年前溺河而死者。鬼未受生，猶惻隱存心如是。張婆乃命僧為薦拔之。
>
> 《夷堅志補》卷十七，〈湖田陳曾二〉

洪州州學正張某，天性刻薄，老而益甚，雖生徒告假，亦靳固不與。學官給五日，則改為三日；給三日則改為二日。他皆稱是，眾憾之。有張鬼子者，以形容似鬼得名，眾使偽作陰府追鬼，以怖張老。鬼子慨然曰：「願奉命。」然弄假須似真，要得一冥司

牒乃可。眾曰：「牒式當如何？」曰：「曾見人為之。」乃索紙，以白礬細書，而自押字於後。是夜詣州學，學門已扃，鬼子入於陳間，眾駭愕。張老見之，怒曰：「畜生，何敢然！必諸人使爾夜怖我。」笑曰：「奉閻王牒追君。」張老索牒，讀未竟，鬼子露其中，有兩角橫其首。張老驚號即死。鬼子出立於庭，言曰：「吾真牛頭獄卒，昨奉命追此老，偶渡水失符，至二十年懼不敢歸。賴諸秀才力，得以反命。今弄假似真矣。」拜謝而逝。陳正敏《遯齋閑覽》記李安世在太學，為同舍生戲以鬼符致死，與此頗同，然各一事也。

《異聞總錄》卷一，〈張鬼子〉

這兩則表現人鬼友情的故事，各有其側重點。前一則故事主要突出救助的題旨，作品中的鬼魂具有惻隱之心，儘管自己尚未托生，卻主動撞上門去挽救一少女的性命，令人感佩。後一則故事主要突出幫襯的題旨，作品中的鬼魂智慧過人，善於隨機應變，在幫助他人的行動中達到自己的目的，不能不讓人嘆服。

這個時期此類人鬼友情的故事，尚有寫一被捶死之婢托夢向某官投訟，因得安葬並薦佛事，婢復現身夢境致謝的《墨莊漫錄‧吳伴姑》、寫士子魯某省試之考卷有誤，得太常吏相助改正，後往吏家酬謝時方知其為鬼的《睽車志‧亡吏取卷》、寫朱某乳母客死異鄉，托夢請朱某內弟往僧庵出柩火化，將其骨灰送回故里安埋的《夷堅志‧朱氏乳媼》、寫蜀州錄事參軍某將一被活埋小妾之枯骨重新裝殮入葬，次日其鬼魂特來鳴謝的《夷堅志‧蜀州女子》、寫某秀才曾贈為盜營卒二疋絹，營卒死後助其赴試中舉，任縣宰後又助其捉拿群盜的《陶朱新錄‧營卒報恩》、寫李木匠入山造屋時有鬼來助其伐木，李誤以為精怪而呼神，此鬼乃長嘯而去的《湖海新聞夷堅續志‧鬼助伐木》、寫二十多輩求渡卒登岸時與錢，令漁人既喜且訝，後見錢皆紙灰，始悟其為鬼的《異聞總錄‧鬼卒求渡》等。

（三）以懷舊念故為內容的人鬼友情故事

此類人鬼友情故事，作品較少，具有代表性的作品如：

明州醫者俞正臣說：其鄉里士人王某，當科舉之歲，欲往山間習業。得證果寺，絕幽邃，無車馬喧。遂謁僧，假一室寓止。寺僅有僧行三四輩，嘗盡往十里外民家誦經殯死。王獨處，迨夜半，滅燈將就寢，聞人叩戶，即延入，蓋舊友也。王見其來，甚喜曰：「正爾孤寢，而逢故人，可謂幸會。恨寺眾皆出，無由炷燈煮茶，殊失主禮。」客謝曰：「不必爾。吾自不合冒夜行，無處托宿，能見容足矣。」王留之同榻。劇談良久，微笑而言曰：「有一事不免以實告，幸勿怖。」問：「何為？」曰：「我死已歷年。今夕之來，願有所托。」王駭曰：「如是，則我乃與鬼語，那得為便！」曰：「無傷也。吾非為怪惑，但有禱於君。吾亡後，妻即改嫁。稚子懦弱，殆無以食。吾生時積館舍所贏白金二百兩，埋於屋下某處，願為語吾兒，發取以治生。切勿令故妻知。冥漠之中，當思所報。」遂長揖而別。王方幸其去，而暗中隱隱見其人固在床，展轉不敢寐。俄天明，亟趨出，值寺僧及喪家人至，云：「夜來十念畢，舉尸欲殮，只空衾在地，遍處尋索弗得。」王引入室，視床上人，乃新死者也。王惴恐未已，急徒歸。而訪友家，呼其子，果如言得銀。予頃聞張定叟說嵊縣山庵事略相類，豈非傳者誤其郡邑乎？然其末絕不同，姑復書之，以廣異述。

《夷堅支丁》卷六，〈證果寺習業〉

這則表現人鬼友情的故事，感情十分真摯。亡友信賴故人而有所托請，故人不辜負亡友的信賴，及時實現其意願讓讀者、聽眾也感到欣慰。這則作品，很會營造鬼故事的氛圍，在具有幾分神秘感和恐怖氣息的描述中，揭示出兩位老友之間至深的情誼，而不受陰陽有別的影響。

這個時期此類人鬼友情的故事，尚有寫張某鄉友病死於外地，夢其前來作別，醒後遂將其火化並安葬的《夷堅志‧張端愨亡友》、寫范某偶遇亡故數年之兩老友，請喝酒時店家只見范某向空中拱揖，並不知二客所在的《夷堅志‧范十五遇鬼》等。

不難看出，這個時期的人鬼戀情、親情、友情故事，皆圍繞「情」字生成故事情節，然而重點各不相同：人鬼戀情故事，在跨越生死界限的青

年男女之間展開，其情感具有明顯的私密性和排他性；人鬼親情故事，在跨越生死界限的夫妻、父子、母子、婆媳、祖孫、翁婿之間展開，既有二人的，亦有多人的，關係有別於戀人，在一個較為富有變化的空間展示親情；人鬼友情故事，在跨越生死界限的朋友之間展開，著力稱頌友誼，涉及的社會生活面更為廣闊，人物身份更加多種多樣。

第二節　宋元的鬼魂再生與鬼魂復仇故事

一、宋元的鬼魂再生故事

宋元時期的鬼魂再生故事，包含誤捉放還、增壽還陽、誦經再生等內容，以揚善懲惡為題旨，較為生動地表現了世人的善惡觀念、感情傾向。儘管其中的不少作品，不免帶有某些迷信色彩和宗教說教意味，但在當時仍然具有一定的教育意義，對於社會進步不無裨益。

在這個時期的鬼魂再生故事中，涉及誤捉放還內容的作品最多，包括業已誤捉和即將誤捉的故事在內。此類故事，通過誤捉放還，曲折地反映了當時的某些社會生活狀況和世人的感情願望，其中有不少作品頗為耐人尋味。譬如，《夷堅甲志》卷十三〈黃十一娘〉：

> 福州侯官縣黃秀才女十一娘，立簾下觀人往來。一急足直入曰：「官追汝。」女還房，即苦心痛死。經日復生，曰：「追者與我俱行數十里，忽有恐色，曰：『吾所追乃王十一娘，誤喚汝。今見大王，但稱是王氏，若實言，當捶殺汝。』我強應之。至官府，見三人鼎足而坐。中坐者乃我父也。望我來，即憑軒問曰：『汝何為來此？』曰：『正在簾內，為人追至。及中途，則言當追王十一娘而誤追我，戒我不得言。』父還坐，謂東向者曰：『所追王氏，今誤矣。』曰：『公何以知之？』曰：『此吾女也。』東向者即命吏閱簿，顧曰：『果誤矣。』又笑曰：『王法無親，今日卻有親。』皆大笑，乃放我還。」

這則作品，講述一個因我國東南一帶的方言「王」、「黃」同音而引起的誤捉故事。那個鬼卒因為懼怕受罰，便將錯就錯，脅迫受害人謊稱王氏，甚為卑劣。所幸受害人的亡父在陰府審案，乃得將其放還。而人世間不知有多少冤假錯案，因無幸遇，竟永無平反之日，豈不令人嘆惋！

又如，《鬼董》卷三〈沖浦民〉：

> 吳江縣之北，聚落曰沖浦。民白晝見黃衣卒來逮捕，曰：「官喚汝治殺人事。」民自念未嘗殺人，拒之不可，禱之不聽，遽前捽其胸。回視僕床上，方知已死。乃哀叩之，問何事？卒曰：「丈人訟汝殺妻。冥府不可欺，宜以實對。」
>
> 洎至官曹，聳官據案坐，皂衣隸雁鶩行立。呼民來前，取婦翁訟牘示之。民不識字，吏為之讀，言嘗殺三妻，最後者己女也。民曰：「三妻誠有之，然死非殺也。」官曰：「果何如，當直言，此非爛漫所也。」民言長者以瘵亡，次以蠱脹亡，三當丁亥水災，廬舍漂沒，無所得食，死於餒耳。民有子六七歲，母亡復繼死。」官又問汝子何由死？民曰：「亦以饑疾，問可知也。」吏引三妻洎子至。官三問之，如民言，乃大怒曰：「老物以死誣人，當反坐。」索大械搴婦翁，兩鬼曳往獄中。遣民歸，過廡下，有青衣人坐誦經，呼曰：「若憶我乎？」民識其比鄰錢道人，以焚死矣。視其臍足有焦灼痕，而其旁金幣山積。錢曰：「平生誦《金剛般若經》，藉經力不墮惡道。然口其文而心有他屬，又不解義趣，故雖富足而不能超升。」民曰：「若然，何為死於火？」錢曰：「方春漑田，必取淤泥糞之，殺裸蚌多矣，能無及此乎？豈特以火死。今猶兩股日被焚灼，但藉經故痛似可忍，又須臾即休。不然殺生，以一償一，業果不可量也。」
>
> 又轉曲廊，列巨釜煮湯沸涌數尺，卒漉取析骸，鋪板木上，水嘆皆起成人，可認者三四人，皆里屠也。相對號泣，言殺業不可追悔。盡語各家為造經像。又少進，空庭中縶者甚眾，鄰有兼並善訟伯里者，亦在縶中。與語莫不應，形狀亦不大了了。疑而叩諸吏。吏曰：「是未死，獨一魂先縶此。他日壽盡，乃案罪耳。」出門，聞哭聲，蓋已死再宿，心尚暖，故未斂，猛即其尸遂活。

此則作品帶有一些迷信色彩，這在當時毫不足怪。它實際上是從一個特定的視角來反映處於社會底層的平民百姓深重苦難，寫得相當具體，相當生動，不失為一則比較有分量的鬼魂再生故事。

這個時期的誤捉放還為故事，尚有寫進士唐某被誤捉至地府，放還時主官囑其轉《法華經》為報的《隨手雜錄・誤捉還陽》、寫某婦被誤捉，為在冥府做官之舅父所救，乃讓其誦《金剛經》還陽的《隨手雜錄・七娘還魂》、寫鄭某因同名誤捉放還，在陰間曾見各種為惡者受罪，還陽後越發積德行善的《夷堅志・鄭鄰再生》、寫地府以害死五子罪走王氏，當知有誤時立即放還，而捉走害死五子婦的《夷堅志・雲溪王氏婦》、寫趙某妻重病，夢二童子來告其將死，遂撤去粥藥，後又夢二童來稱有誤，乃得安癒的《夷堅志・趙彥珍妻》、寫俞某暴病昏迷，忽然醒寤，稱其被鬼卒捉走後發現有誤，及時放還的《夷堅志・節性俞齋長》、寫一農嫗被雷殛，少頃復蘇，稱唯聞「錯了」遂再生的《山居新話・雷來復蘇》等。

在這個時期的鬼魂再生故事中，還有其他各種內容的作品，如行孝增壽還陽、積善增壽還陽、誦經增壽還陽等。這些故事大多有一些迷信色彩，或者帶有一定的宗教說教意味，人們在接觸它們時是不難感受的。譬如：

> 平輿南函頭村張老者，以捕鵪為業，故人目為鵪鶉。年已老，止一兒，成童矣，一旦死。翁嫗自念老無所倚，號哭悶絕，恨不俱死。明日欲埋之，又復不忍，但累磚作丘，入地一二尺許，云：「吾兒還活。」人笑其癡，而亦有哀之者。
>
> 三日復墓，慟哭不休，忽聞墓中呻吟聲，翁嫗驚曰：「吾兒果還魂矣！」撤棺磚，曳棺木出，昇歸其家。俄索湯粥，良久，說：「初，為人攝往冥司，兒哀訴主者：『爹娘老可念，乞盡餘年，葬送畢，死無所歸恨。』冥官頗憐之，即云：『今放汝歸，語汝父，能棄打捕之業，汝命可延矣。』」其父聞此語，盡焚網罟之屬，挈兒入寺供佛。
>
> 寺有一僧呂姓者，年未四十，儀錶殊偉，曾上州作綱首。張童即前問僧：「師亦還魂耶？」呂云：「何曾死？」張童言：「我在

冥中引問次，見師在殿角銅柱上，鐵繩繫足，獄卒往來以棓撞師腋下，流血淋漓。及放歸時，曾問監卒：『呂師何故受罪？』乃云：『他多脫下齋主經文，故受此報。』」呂聞大駭，蓋其腋下病一漏瘡，已三年矣，兒初不知。呂遂潔居一室，日以誦經為課，凡三年，瘡乃平。趙長官親見之。

《續夷堅志》卷一，〈張童入冥〉

　　龍泉萬壽宮道士潘夢庚，平生有道行。一日浴罷倚窗寄傲，恍如醉夢，身到一所，若世之官府，官吏整肅，兵戟森嚴。至門首，見瀆田季鑄寫曰：「此陰府也。知宮安得至此？」俄有一卒曰：「大王願見道士。」掖至庭下，王端冕中坐，面黑多胡，真凡間所畫閻羅王也。王曰：「你平生誦《度人經》及《九天生神章》，祭煉有功，幽沉獲福，壽延一紀。吾所追者，吉州龍泉潘應庚也，於汝無預，速歸故鄉。」

　　出門至通衢，見一判官攜簿按轡，從者十餘人，呵殿而至。方側身迴避，偷視之，乃鄉人郭浩堂知丞也。因長揖曰：「知丞何得至此？」答曰：「我在世公平正直，不欺於心，王命擢為掌祿判官，陰陽異路，機不敢泄。知宮既得旨延壽，放還故家，宜速回，若更少緩，則身非己有。」辭退，忽有青衣推入坑水中，醒來但覺汗雨遍身，其瞑目已兩日矣。嗣是愈謹戒律，誦《度人經》，卒享高壽。

《湖海新聞夷堅續志》後集卷一，〈道教門‧祭煉有功〉

　　第一則作品，由兩個還陽再生故事串連而成，用入冥之張童貫穿其間。顯而易見，第一個故事是主體，通過張童復活來表彰行孝、敬老的品德，同時宣揚戒殺生的信條。第二個故事則寫和尚脫經受罰，以善惡對比的方式來傳播宗教觀念，教化世人。後一則作品描述道士崇教誦經、祭煉有功，因而增壽十二年，得以還陽再生。其間又穿插郭知丞公平正直，在陰府得為掌祿判官的故事，使崇教誦經的思想觀念越發深入人心。應當看到，這兩則作品儘管都具有某些說教意味，但是並不能掩蓋其中的有益意涵。它們在流傳的過程中，無疑會產生一定的積極影響。

這個時期的鬼魂再生故事，尚有寫張女死後因行孝延壽十二年，遂借河東某女屍身還陽的《青瑣高議・張女二事》、寫靳某妻被五通神奪命，其夫訟於城隍祠終得借屍再生，與家人團聚的《睽車志・靳妻再生》、寫彭、周、李三異姓兄弟同時亡故，彭某因平日扶危濟困，積德行善而增壽二紀還陽的《夷堅志・彭六還魂》、寫錢某被捉至地府審案，審畢經苦苦哀求遂得放還陽世的《夷堅志・錢瑞反魂》、寫耿氏所買侍婢實為他人亡妻，因還陽出走而被販賣，竟引出官司的《夷堅志・耿愚侍婢》、寫張家一婢自縊後，主家求神乃得復甦，自言為紫衣、綠衣二神搭救的《夷堅志・張婢神像》、寫陳通判長女被已故祖父嫁與漳州大廟大王為姿，乃氣息奄奄，家人請道士持法招之，始得送回復甦的《夷堅志・陳通判女》、寫盧某之從叔兩度入冥府，每次盧某均焚香誦經，呼叔名不息，叔因得還陽的《鬼董・盧仲河救從叔》等。

二、宋元的鬼魂復仇故事

宋元時期的鬼魂復仇故事，作品數量非常多，遠超過同期其他鬼魂故事。其內容相當豐富，描述被害喪命冤魂向贓官、污吏、盜匪、凶徒、高利貸者、誣告者、淫僧、惡婦等討還命債，以報其濫殺無辜、誣告奪命、畏罪滅口、圖財害命、霸產謀殺、逼債殺人、被虐致死的各式各樣的冤仇。其中，大多為社會紛爭，也涉及家庭矛盾，從各種不同的角度揭發官府、豪門的罪惡，暴露社會的陰暗面，表達出世人的不滿和憤慨，大都具有較強的思想價值和社會意義，在這個時期的鬼魂故事中非常突出。

（一）描述冤魂報濫殺無辜仇恨的故事

此類鬼魂復仇故事，作品大多較為精彩，譬如：

> 福州福清人李元禮，紹興二十六年為漳州龍溪主簿，攝尉事，獲強盜六人。在法，七人則應改京秩，李命弓手冥搜一民以充數，皆以贓滿論死，李得承務郎，財受告，便見冤死者立於前，悒悒不樂。方調官臨安，同邸者扣其故，頗自言如此。亟注泉州

同安縣以歸。束擔出城，鬼隨之不置，僅行十里，宿龍山邸中，是夜暴卒。

《夷堅丁志》卷二，〈李元禮〉

閩人黃大夫者，少筮仕作邵武尉，獲強盜七人捕送郡。或疑以為非真者，黃力執其說，竟殺之，用賞更秩，然終身以為慊。中年後事鬥甚謹，遂示形於雲間，如是有歲矣。既老病於家，鬥日益近。洎至晚景，遂入其室，熟視之非鬥也，乃七人披髮者，血淋其身。自云：「即邵武冤者，前以君福氣方盛，雖每現形，終未敢近。今君祿將謝，吾將子辨前事於冥間耳！」黃恐仆地，猶能語其子而卒。

《投轄錄·黃大夫》

這兩則故事的發生地均在福建，其中草菅人命，濫殺無辜的都是掌管一縣逐捕盜賊、維持治安的縣尉（前一則係由主簿兼任縣尉），他們官位不高，卻可以置人於死地。他們一個將平民充當強盜拿去送死，一個竟將七名疑犯當作強盜殺害，為了一己私利而製造血淋淋的冤案。最後冤死者前來索命，讓這這些傢伙都遭到了報應，一個個暴死。

這類冤魂的報濫殺無辜仇恨的故事，尚有寫李某為吏凶橫，雪夜酗酒擊殺平民，三年後冤魂前來索命，竟驚懼而死的《夷堅志·李辛償冤》、寫戶部侍郎蔡某主事鄆州時枉殺五百降盜，後被奪命在地府受刑的《夷堅志·蔡侍郎》、寫通判祖某因疑慮而妄殺一無辜者，後乘船回家時得報，受驚暴亡的《夷堅志·祖時丞》、寫王某在劍南州濫殺無辜，使一家四口被戮，後冤鬼前來訴冤，向其索命的《夷堅志·孫道士》、寫惡棍楊五將郡吏方某打傷致死，方向閻王告狀後與二鬼一道捉楊五歸案的《夷堅志·方禹冤》、寫一老嫗冤魂投書判案官，訴其子為藍某殺害分屍，令藍某被捉伏刑的《湖海新聞夷堅續志·鬼雪子冤》等。

（二）描述冤魂報誣告奪命仇恨的故事

此類鬼魂復仇故事，作品不太多，具有代表性的作品如：

建昌南城近郭南原村民寧六，素蠢樸，一意農圃。其弟婦游氏，在儕輩中稍腴澤，悍戾淫溢，與並舍少年奸。寧每側目唾罵，無如之何。游嘗攘雞欲烹，寧知之，入其房搜索，得雞以出。游遽以刀自傷手，走至鄰舍大呼曰：「伯以吾夫不在家，持隻雞為餌，強脅污我。我不肯從，懷刀欲殺，幸而得免。」寧適無妻，鄰人以為然，執詣里正赴縣獄。獄吏審其情實，需錢十千，將為作道地。寧貧而嗇，且自恃理直，堅不許。吏傅會成案，上於軍守戴顒，不能察，且謂閭閻匹婦而能守義保身，不受陵逼，錄事參軍趙師景又迎合顒意，鍛練成獄奏之。寧坐死，而賜游氏錢十萬，令長吏歲時存問，以旌其節，由是有節婦之稱。郡人盡知寧冤，而憤游氏之濫。竟以與比近林田寺僧通，為人所告，受杖，未幾抱疾，見寧為祟，遂死。時淳熙四年六月也。其後顒為提點刑獄延璽劾罷，趙贓敗去官，軍縣推吏，一死一黜，皆相去年歲間耳。

《夷堅支甲》卷五，〈游節婦〉

　　大定末，武清人趙士詮商販西京，每過白登，多宿張孝通家，其妻私焉。孝通知，陰圖之。一日，乘士詮醉，與其子定國繼殺之，投尸野中。士詮久不歸，子來白登訪之。孝通先與店戶白忠友有仇，私告趙子云：「汝父去向，白忠友宜知之。」趙子訴官，官繫忠友訊掠，不勝苦楚，雖已誣服，而獄終不決。

　　明昌初，白妻訴於朝，朝差賈公守謙往廉之。賈密訪縣人，人有言一異事云：張孝通及其子驅一騾往某處，憩於道旁樹下，騾逐草而逸，定國怒鞭之，騾忽人語云：「你殺趙客，更來打我。」父子相顧失色。他日，孝通婦汲水飲騾，騾又語云：「你殺人，卻冤白家。」孝通父子恐語泄，謀殺之以滅口，而縣人無不知者。

　　賈公以是歸報，朝廷隨差刑部員外孫某馳驛至縣，收孝通父子，一問即承，人知神理之不可誣也。賈公仕至右丞。

《續夷堅志》卷四，〈張孝通冤報〉

這兩則作品既有相似之處，又有明顯的差異。其相似之處在於：兩則作品的誣告者和被誣者均為村民，而且都經過官府審問，造成惡劣影響，誣告者最終得到了報應。其差異之處在於：前一則作品之審案官吏昏憒而且諂上，因而製造出雙料冤假錯案，不但處死被誣者，而且把淫亂的誣告者封為「節婦」，非常具有諷刺意味。後一則作品不但遇上一個清官來查處誣告案，而且出現騾作人語的怪事，得以真相大白，神異色彩較為濃郁。

這類冤魂報誣告奪命運仇恨的故事，尚有寫二秀才因誣告抗金家族而當上縣令與縣丞，後為眾冤鬼追殺，皆發病死的《夷堅志・宿遷諸尹》、寫一被誣老兵冤死後訴於東岳行宮，使誣告者馮某及其女婿先後病歿得報的《夷堅志・馮資州》、寫一被誣枉死者投生到彭屠家，長大後操刀殺死真凶趙宅門子的《湖海新聞夷堅續志・託生報仇》等。

（三）描述冤魂報復圖財害命仇恨的故事

此類鬼魂復仇故事，作品較多，具有代表性的作品如：

> 封丘縣東富村吳德家小兒牧羊於野，一日為人殺，奪其衣，莫得其人。家為童作齋七，忽有小童坐於靈席上，食其所享祭物。家人驚問其故，兒曰：「汝家之童，常時與我戲於野。童曰：『我家人今日有聚會，共汝同去。』我與之同來，方食，外有哭聲而入者，童指曰：『彼殺我也，吾怕之，不欲見。』乃去。」詢其所指者，乃童之姨婿也。由是吳德訟於官，求其人殺之贓驗明白，遂狀罪焉。

> 《青瑣高議》後集卷四，〈羊童記〉

> 定裏丘村王胡，以陶瓦為業，明昌辛亥歲歉，與其子王生者就食山東。一日，有強寇九人，為尉司根捕急，避死無所，就此家藏匿。以情告云：「我輩金貝不貲，但此身得免，願與君父子平分之。」王因匿盜窯中，滿室壞瓦，尉司兵隨過，無所見而去。胡父子心不自安，且利其財，乘夜發火，不移時熏九人死，即攜金貝還鄉。

數年，殖產甚豐，出鄉豪之上。泰和中，王生禮五台，將及與善鎮，恍惚中有所見，驚怖墮馬，遂為物所憑，扶舁至其家。生口作鬼語，瞋目怒罵云：「尉司追我輩已得脫，中分貨財，足以致富，便發噁心，都將我燒死。尋之數年，乃今見汝，償命即休。」時或持刀，逢人亂斫。其家無奈，召道士何吉卿驅逐之。

　　何至作法，鬼復憑語辯訴。何知冤對，非法籙可制，教以作黃籙超度，或可解脫。胡陳狀齋壇，吐露情實，人始知其致富之由。大建一祠，日夕祈禱，生未幾竟死。

《續夷堅志》卷四，〈王生冤報〉

　　這兩則故事，一則情節較簡略，一則情節較曲折，規模各不相同。前一則故事的凶手為小貪財者，他獨自殺一人而奪其衣；後一則故事的凶手係大貪財者，他們父子倆殺九人而奪大量財物。故事結尾，殺人者均受到懲處，只不過前一則乃被動復仇，由被害人的玩伴代其揭發，從而導致凶手伏罪；而後一則卻是九個冤魂追尋凶手，借其口進行控訴，讓其償命。

　　這類冤魂報濫殺無辜仇恨的故事，尚有寫李某殺人奪財棄屍而走後，冤魂迫使李將其安葬，並令李入獄自絞而死的《洛陽搢紳舊聞記・洛陽染工見冤鬼》、寫一鹽商被劫身亡，其鬼魂返家讓妻子去告官，使強盜落網被誅的《夷堅志・方客遇盜》、寫一婦人冤魂兩度現身向提點刑獄周某訴冤，因而讓殺人奪財凶手被正法的《夷堅志・水上婦人》、寫陳某收債時被害，多次托夢要妻子前往告官，終使凶手受到法辦的《夷堅志・陳泰冤夢》、寫曹某為奪財殺死十二客商，四年後終於被眾冤鬼捉走的《夷堅志・燕僕曹一》、寫陳某殺藥商並奪走一船生藥，歸後自開藥店，每開一個藥包均見藥商之頭在內，竟被駭死的《湖海新聞夷堅續志・冤鬼現形》、寫某父子殺投宿商而奪其財，數年後冤鬼投生為牛，發狂將其觸死的《湖海新聞夷堅續志・牛報宿冤》等。

（四）描述冤魂報畏罪滅口仇恨的故事

　　此類鬼魂復仇故事，作品亦較少，具有代表性的作品如：

福州人王純，字良肱，以通直郎知建州崇安縣。方治事，食炊餅未終，急還家，即仆地死。死之二日，眾僧在堂梵唄，王家小婢忽張目叱僧曰：「皆出去，吾欲有所言。」舉止語音與良肱無異。遂據榻坐，遣小史招丞簿尉，丞簿尉至。錄事吏亦來，婢色震怒，命左右擒吏下，杖之百，語邑官曰：「殺我者，此人也。吾力可殺之，為其近怪，故以屬公等。吾未死前數日，得其一罪甚著，吾面數之曰：『必窮治汝！』其人忿且懼，遂賂庖人置毒，前日食餅半即覺之，蒼黃歸舍，欲與妻子語，未及而絕。幸啟棺視之，可知也。」丞以下皆泣，呼匠發之，舉體皆潰爛為黑汁。始詰問吏，吏頓首辭。服，並庖人皆送府。府以其無主名，不欲正刑，密斃之於獄。邑中今為立廟，曰王通直祠云。

《夷堅乙志》卷三，〈王通直祠〉

信州吏人張顯祖，為獄院推級。鞫大辟罪，囚家富，略以千緡，使方便脫免。會理掾廉明不可囑。張貪厚賄，既不肯舍，且慮其復索取，陰諭獄卒斃之，而告其家曰：「案卷已盡翻換，無奈暴亡。」囚家置不問。張用所獲，委甥侄經營販易，所向稱遂。於是謝吏役，益治生，浸成富室，惟恨無子。忽生男，少而俊慧，才十歲，能作舉子三場文，稱為神童。十八登科甲，父母視如掌上珠。意之所欲，悉聽之，無論所費。後二年，赴調注泉州教授，在都城留戀聲色，又飽酒無算，極其花柳博塞之娛。蕩析家資，十七七八。臨之官，得羸疾，困臥半載，醫療禱祝，囊橐一空。迓兵及門而卒。父母痛割，祈死不能。既殮三日，揭帛拊其面，則形容一變，乃為昔日所殺之囚。張感悟前過，不復追憶，但鬱結無生意。未及累月，與妻相繼下世，一門遂絕。

《夷堅支癸》卷三，〈張顯祖治獄〉

這一類故事大多與官府和審案有關係，揭露性很強。此二則故事的殺人滅口者均係縣衙裏面的小吏——前一則故事為縣衙中掌管文簿的屬吏錄事吏，後一則故事為縣衙中掌管刑獄的屬吏獄院推級；而被害人則各

不相同——前一故事為掌握凶犯重要罪行將要進行懲處的縣令（其人以通直散騎侍郎身份出任縣令），後一則故事為以重賂請求凶犯為其脫死罪的富囚，而他們之所以要鋌而走險，都是為了不使自己的罪行得以暴露。結果，他們非但沒能掩蓋住罪行，由於冤魂顯靈而使其受到懲處，下場十分可悲。

這類冤魂報畏罪滅口仇恨的故事，尚有寫一寡婦與僧宣淫，事洩乃將婆母與二婢害死，後罹疾驚呼「婆母、二婢笞我」而亡的《夷堅志·劉氏冤報》、寫楊某二兒竊走送京珍寶，其父畏罪逼死艄工，艄工亡魂向東岳帝訴冤使楊某得報喪命的《夷堅志·楊靖償冤》等。

（五）描述冤魂報巧取豪奪仇恨的故事

此類鬼魂復仇故事，作品同樣不太多，具有代表性的作品如：

> 瀘州合江縣趙市村民毛烈，以不義起富。他人有善田宅，輒百計謀之，必得乃已。昌州人陳祈，與烈善。祈有弟三人，皆少，慮弟壯而析其產也，則悉舉田質於烈，累錢數千緡。其母死，但以見田分為四。於是載錢詣毛氏，贖所質。烈受錢，有幹沒心，約以他日取券，祈曰：「得一紙書為證，足矣。」烈曰：「君與我待是耶？」祈信之。後數日往，則烈避不出。祈訟於縣，縣吏受烈賄，曰：「官用文書耳，安得交易錢數千緡而無券者？吾且言之令。」令決獄，果如吏旨。祈以誣罔受杖，訴於州、於轉運使，皆不得直。乃具牲酒詛於社。夢與神遇，告之曰：「此非吾所能辦，盍往禱東嶽行宮，當如汝請。」既至殿上，於幡帷蔽映之中，屑然若有言曰：「夜間來。」祈急趨出。迨夜，復入拜謁，置狀於几上，又聞有語曰：「出去。」遂退。時紹興四年四月二十日也。如是三日，烈在門內，黃衣人直入，捽其胸毆之，奔迸得脫，至家死。又三日，牙儈一僧死，一奴為左者亦死。最後，祈亦死。少焉復蘇，謂家人曰：「吾往對毛張大事，善守我七日至十日，勿殮也。」祈入陰府，追者引烈及僧參對，烈猶以無償錢券為解。獄吏指其心曰：「所憑唯此耳，安用券？」取業鏡照之，睹烈夫婦並坐受祈錢

狀。曰：「信矣。」引入大庭下，兵衛甚盛。其上袞晃人，怒叱吏械烈。烈懼，乃首服。主者又曰：「縣令聽決不直，已黜官。若干吏受賕者，盡火其居，仍削壽之半。」烈遂赴獄，且行，泣謂祈曰：「吾還無日，為語吾妻，多作佛果救我。君元券在某櫝中。又吾平生以詐得人田，凡十有三契，皆在室中錢積下，幸呼十三家人並償之，以減罪。」主者又命引僧前，僧曰：「但見初質田時事，他不預知也。」與祈俱得釋。既出，經聚落屋室，大抵皆囹圄。送者指曰：「此治殺降者、不孝者、巫祝淫祠者、逋誑佛事者，其類甚眾。自周秦以來，貴賤華夷悉治，不擇也。」又謂祈曰：「子來七日矣，可急歸。」遂抵其家而寤。遣子視縣吏，則其廬焚矣。視其僧，荼毗已三日。往毛氏述其事，其子如父言，取券還之。是夕，僧來擊毛氏門，罵曰：「我坐汝父之故被逮，得還，而身已焚。將何以處我？」毛氏曰：「業已至此，惟有為□作佛事耳。」僧曰：「我未合死，鬼錄所不受，又不可為人，雖得冥福，無用也。俟此世數盡，方別受生，今只守爾門，不可去矣。」自是，每夕必至。久之，其聲漸遠，曰：「以爾作福，我稍退舍，然終無生理也。」後數年，毛氏衰替始已。

《夷堅甲志》卷十九，〈毛烈陰獄〉

　　焦務本，陳州人名田足谷，而於閭里間，放博取利，積之滋多，漁奪人子女，或遭苦脅至死，皆怨之刻骨。乾道初，帥僕隸貨金帛於潁昌，道由萬壽。日將暮，欲訪佳邸店寓止，得一新旅舍，問其人曰：「我屢經過，未有此店，今是誰家產業？」曰：「潁昌趙參政府所建，方月餘爾。」焦喜而就宿，主人置饌，又置酒，為禮勤篤。至秉燭，復出男女婢僕數十人，列於前。焦舉目顧盼，大抵相識。俄合詞噪罵曰：「汝尋常在鄉里賒貸，以米粟麻麥，重紐價錢。用勢凌逼，使我輩擠陷死地，冤痛莫伸，投訴泉下，聚集於斯以伺汝。緣汝壽限尚有一年，直俟命終，追赴陰府，今日聊紓憤懷。」於是群行毆擊，手足傷折不能起。諸僕亦遭箠打，所載之物，蕩無孑遺。向之屋室俱不見，但丘墟莽莽而已。呻吟徹曉，路

人為雇牛車載以歸，明歲果卒。

《夷堅三志己》卷三，〈潁昌趙參政店〉

這兩則故事，一則寫報以欺詐手段霸占田產之仇，一則寫報放高利貸逼死人之仇，它們都有不少值得關注之處。前一則故事，以較為細緻的手法描述塵世間官場腐敗，辦案不公，使怙惡者逍遙法外，含冤者只好寄希望於冥府；東獄行宮主官不但令欺詐者伏罪，而且懲處了贓官，讓人感慨繫之。值得提及的是，前一則故事裏面的冥府審案時作為作憑證的「業鏡」——從中可以「睹（毛）烈夫婦並坐受（陳）祈錢狀」——與今天的錄像有幾分相似，足見古人的想像力非同尋常。後一則故事，描述的是遭苦脅至死者冤魂的復仇行動，構思巧妙，很有想像力和感染力，無疑也是此類故事中的一篇佳作。

這類冤魂的報巧取豪奪仇恨的故事，尚有寫富戶陸大郎吞沒僧人產業，僧人含恨亡故後投生為陸子，將其家產蕩盡的《睽車志·小大郎》、寫丁某霸占親家陸某財產，陸某氣死後與丁對質，其人仍不認賬，竟讓其人仆地而斃的《夷堅志·丁陸兩姻家》等。

除了上述內容外，這個時期的鬼魂復仇故事還有報虐待喪命仇恨、報嫌隙致死仇恨的作品。報虐待喪命仇恨的故事，譬如寫趙氏性慘酷，將小妾馨奴殺死，並分屍而埋，馨奴投訴岳帝，親往其家找趙氏復仇的《夷堅志·趙氏馨奴》、寫張某派人殺死通奸事敗之僕婢於發配途中，二人冤魂復仇，使張某得疾暴卒的《夷堅志·張通判》。報嫌隙致死仇恨的故事，譬如寫通判賈某被與其不和之知州趙某毒死後，到陰府告狀，讓趙某生病而亡的《夷堅志·賈成之》、寫臨安府胥時某與一寺僧有故怨，借機打擊並將其氣死，後得報七竅流血而歿的《鬼董·府胥得報》。

這個時期的鬼魂復仇故事，亦有倡導罪孽深重者悔過認錯，採取必要的方式進行補救，從而化解仇恨，求得寬恕，以免冤冤相報，無窮無盡。試看《夷堅丙志》卷七〈安氏冤〉：

> 京師安氏女，嫁李維能觀察之子，為祟所憑，呼道士治之，乃白馬大王廟中小鬼也。用驅邪院法結正斬其首，安氏遂蘇。越旬日

復作,又治之。祟憑附語曰:「前人罪不至殊死,法師太不恕。」
須臾考問,亦廟鬼也,復斬之。後半月,病勢愈熾。道士至,安氏
作鬼語曰:「前兩祟乃鬼爾,法師可以誅。吾為正神,非師所得
治。且師既用極刑損二鬼矣,吾何畏之有?今將與師較勝負。」道
士度力不能勝,潛遁去。李訪諸姻舊,擇善法者拯之。才至,安氏
曰:「勿治我,我所訴者,隔世冤也。我本蜀人,以商賈為業。
安氏,吾妻也。乘吾之出,與外人宣淫,伺吾歸,陰以計見殺。冤
魄栖栖,行求四方,二十有五年不獲。近詣白馬廟,始見二鬼,言
其詳,知前妻乃在此。今得命相償,則可去,師無見苦也。」道
士曰:「汝既有冤,吾不汝治。但曩事歲月已久,冤冤相報,寧
有窮期?吾今令李宅作善緣薦汝,俾汝盡釋前憤,以得生天,如
何?」安氏自床趨下,作蜀音聲喏,為男子拜以謝。李公即命載錢
二百千,送天慶觀,為設九幽醮。安氏又再拜謝,欻然而蘇。李舉
家齋素,將以某日醮。前一夕,又病如初。李大怒,自詣其室譙責
之。拱而言曰:「諸事蒙盡力,冥塗豈不知感?但明日醮指,當與
何州何人,安氏前生為何姓,前日失於稟白,今如不言,則功德失
所付矣。」李大驚異,悉令道所以然。又曰:「有舍弟某,亦同
行,乞並賜薦拔,庶幾皆得往生。」李從其請,安氏遂無恙。安氏
之姊嫁趙伯儀。伯儀居湖州武康,為王盼說。

　　除此之外,這一類故事尚有寫某商將同舟一富商殺害而奪其巨資,
遂成大富,後將富商亡魂託生之子養大,任其揮霍而不加殺害,又別置田
宅,以釋冤仇,以免冤冤相報的《湖海新聞夷堅續志‧冤報和解》等。
　　當然,在此類鬼魂仇故事中,並非所有的死者都值得同情,他們的復
仇行為都值得讚揚。最主要是看死者是不是無辜的受害者。《夷堅甲志》
卷十七〈姚仲四鬼〉具有一定的代表性:

　　姚仲,始為吳玠軍大將,嘗與敵人戰,小衄,吳欲誅之。仲
曰:「以裨將四人引軍先退,故敗。」吳召四將斬之而釋仲。後數
歲,仲領兵宿山驛,見四無首人,皆長二尺許,捫於庭曰:「我輩

敗事當死，然公不言則可全。今皆死，故來索命。」仲曰：「向者
奔北，我自應以軍法行誅。既屈意相貸，而少師見責，我若不自
明，則代汝曹死矣。」四人曰：「當時之退，但擇一人先遁者足
以塞責，何至是！」仲無以對。四鬼漸喧勃欲上。忽有白鬚老人出
於地，亦長二尺餘，詰之曰：「汝等敗軍，伏法乃其分，安得復
訴！」叱去之。應聲而沒，老人亦不見。人以是知仲之必貴。又十
年，以節度使都統興元軍。

不難看出，與敵軍交戰之時，「引軍先退」，造成兵敗的四位副將，
被曾任川陝宣撫副使、釋檢校少師的南宋初年著名抗敵將領吳玠處斬，他
們完全是罪有應得的，無冤可言。四個無頭鬼找告發他們的姚將軍索命，
並不在理。這一則故事寫土地神現身將其叱去，充分反映出民眾的愛憎。

第三節　宋元的鬼魅作祟與驅鬼鬥鬼故事

宋元時期的鬼魅作祟故事、不怕鬼故事、驅鬼鬥鬼故事，數量較多。
其中出現的，大都是到處為非作歹的壞鬼、惡鬼。此類鬼魅，有男有女，
有老有少，或單個出現，或多個出現，無不與世人為敵。正如故事所展示
的那樣，英勇果敢、善良正直的人們對壞鬼、惡鬼的態度，一是毫不畏
懼，二是奮起與之爭鬥，用聰明、智慧將其制伏。

一、宋元的鬼魅作祟故事

這個時期的鬼魅作祟故事，內容比較豐富，涉及鬼魅作亂、詐騙、淫
猥、布疫、奪命等。作祟的鬼魅絕大多數是為非作歹的惡鬼，亦有少數鬼
魅例外，他們並不是惡鬼，而是值得同情的受害者亡靈。

（一）鬼魅作亂故事

這一類故事，主要寫鬼魅破壞世人生活秩序、干擾誦經敬神、引誘世
人幹壞事等。譬如《夷堅志補》卷十七〈青州都監〉：

宣和間，陝西一武官為京東路分都監，官舍在青州。到任逾歲，忽見照壁後一大青面鬼倨坐，其頭高拄屋棟，武人膽勇不懼，取弓矢射之，中其腹。笑曰：「著。」又射之，曰：「射得好！」連二十發，矢集其軀如猬毛，鬼殊不動。俄二小鬼挾都監母從房出，畏或傷害，乃舍弓箭奪救之，呼諸子僕妾為助，了無一應。回視照壁下，則一家人盡死，疊屍地上，每身帶一箭，皆適所射者。老幼二十口，唯母子二人存，驚痛幾絕。廳吏走報府，府帥遣僚屬來視，咸怪愕無策，但為買棺收殮。留一宿，將出殯，偶啟便室取物，見一家聚坐其中，元不死，渾如夢寐。扣其始末，昧無知覺，於是揭棺，乃各貯箕帚桶杵之類耳。急徙他所，而空厥居。

這則故事篇幅不長，卻非常生動形象地揭示出鬼魅採取各種手段進行搗亂，干擾人們的正常生活，給世人帶來驚駭與痛苦的場景，在同類作品中頗為突出。

又如，《夷堅乙志》卷十七〈滄浪亭〉：

姑蘇城中滄浪亭，本蘇子美宅，今為韓咸安所有。金人入寇時，民入後圃避匿，盡死於池中，以故處者多不寧。其後韓氏自居之，每月夜，必見數百人出沒池上，或僧，或道士，或婦人，或商賈，歌呼雜沓，良久，必哀嘆乃止。守宿老卒方寢，為數十人舁去，臨入池。卒陝西人，素膽勇，知其鬼也，無懼意，正色謂之曰：「汝等死於此，歲月已久，吾為汝言於主人翁，盡取骸骨，改葬於高原，而作佛事救汝，無為守此滯窟，為平人害，何如？」皆愧謝曰：「幸甚！」舍之而退。卒明日入白主人，即命十車徙池水，掘污泥，拾朽骨，盛以大竹簣，凡滿八器，共置大棺中，將瘞之。是夕又有一男子，引老卒入竹叢間曰：「餘人盡去，我猶有兩臂在此，幸終惠我。」又如其處取得之，乃葬諸城東，而設水陸齋於靈岩寺。自是宅怪遂絕。

在這則故事中，造成住宅不安的鬼魂，都是被金兵殘害僧道、百姓的亡靈，他們的不幸遭遇非常值得同情。當他們的遺骨被安埋，又給他們做

水陸道場後，再沒有鬧鬼的事情發生了。

此類鬼魅作亂的故事，尚有寫一僧人被鬼物抬去講經，天明後發現置身於豬圈中，方知受侮的《江鄰幾雜志・鬼物請講》、寫一舊時王公住宅所埋被殺婢眾多，常鬧鬼使人生病，住者只得徙出的《夷堅志・光祿寺》、寫某死於非命之客僧常現身僧堂為怪，一行腳僧入住後叱之乃去的《夷堅志・廬山僧鬼》、寫一女鬼常至住處戲弄郡守館客，形影不離，遠走他鄉始得脫身的《夷堅志・蜀州紅梅仙》、寫無為軍指使李某迎新郡守時為上百孩兒鬼圍攻，幸有土地相救乃得返回的《夷堅志・李遇與鬼鬥》、寫某官外出時忽有鬼來報其侍妾遭棰自經，遣僕還家方知被鬼耍弄的《異聞總錄・妄鬼假托》等。

（二）鬼魅詐騙故事與鬼魅淫猥故事

這兩類故事，或描述鬼魅進行詐騙活動以謀取各種好處，或描述鬼魅與世人淫亂造成不良影響，無不受到指責和打擊。譬如：

> 徐州人竇公邁，靖康中買一妾，滑人也。未幾，虜犯河北，妾父母隔闊不相聞，憂思之至，殆廢寢食。忽僵仆於地，若有物憑依。乃言曰：「某，女之父也。遭兵亂，舉家碎。於賊，羈魂無所歸。欲就此女丐食，而神不許，守竇氏之門歲餘矣。土地憐我，今日始得入。」竇氏曰：「汝不幸死，夫復何言？吾令汝女作佛事，且具食祭汝，汝亟去。」許諾，妾即蘇。竇氏如所約，陰與之戒，勿令妾知。又再歲，其父乃自鄉里來，初未嘗死也。前事蓋黠鬼所為以竊食云。
>
> 《夷堅乙志》卷三，〈竇氏妾父〉

> 景德鎮貧民朱四，其妻張七姐，慶元三年五月初夜如廁，聞有呼之者。張應曰：「誰人喚我？」曰：「葉七也。」張問：「是何處人？」曰：「只在近鄰舍，何故不相識？」張曰：「夜已向深，似不當到此。」葉曰：「見爾家貧乏，有見錢一貫，特用相助。」張喜，接錢還室，葉亦去。明夜又來扣門，復致錢五百。自後，夕夕如是，積所得幾十千。經半月，遂通衽席之好。及六月，又以衣

服冠梳及銀釵與之。巷內程百二妻，因過朱氏，認得張頭上釵及所著冠衣皆其物也，謂為盜，擬執搦告官，報集里舍皆至。張云：「係是葉七哥日前送來與我者，了不知其故。」程妻亦念張七姐不曾來我家，難以疑他作賊。且詢葉七來歷形狀，張悉從實備告之，眾皆愕然。有鄰老張二云：「其人已死二十餘年，葬在宋家東司籬外。吾聞此鬼在外迷惑人，前後非一。今子孫久絕，試共發壙驗之。」眾曰：「喏。」即舉，板已朽爛，而僵尸不損。凡諸家先所失物，多有在其側者。乃焚其棺而投諸水中。

《夷堅三志己》卷九，〈葉七為盜〉

　　這兩則故事，一則寫鬼魅謊稱他人老父亡靈而騙取法事與祭品，一則寫鬼魅以所盜財物作誘餌而姦淫女婦，無論長短，都描繪得比較具體生動，頗有揭露性和感染力，後一則的藝術性更高一籌。

　　此類鬼魅詐騙、淫猥的故事，尚有寫一鬼魅謊稱外逃之詹某亡魂以哄騙詹家為其燒紙錢，待詹某返回方知上當的《夷堅志‧詹小哥》、寫一惡鬼冒充土地神來請武官劉某助其殺鬼，竟將其全家大小三十多口殺死的《夷堅志‧劉崇班》、寫一女鬼冒充年少貌美之僕妻與士人周某歡狎，當周某得知道真相後，竟一病月餘的《夷堅志‧王通判僕妻》、寫一女鬼謊稱逃避暴力婦人，強迫腳夫程某在旅店中與其同寢，程回家後竟病死的《夷堅志‧黟縣道上婦人》等。

（三）鬼魅奪命故事

　　這一類故事數量較多，又可分為一般性鬼魅奪命故事和倀鬼奪命故事兩個部分。

　　一般性鬼魅奪命故事，主要寫鬼魅以迷惑、驚怖、生啖、布疫等手段奪取民眾性命，在世間製造各種痛苦和不幸。試看：

　　　樂平耕民植稻歸，為人呼出，見數輩在外，形貌怪惡，叱令負擔。經由數村疃，歷洪源、石村、何沖諸里。每一村必先詣社神所，言欲行疫，皆拒卻不聽。怪黨自云：「然則獨有劉村劉十九

郎家可往爾。」遂往；徑入趨廡下客房宿，略無飲食枕席之具。明旦，劉氏子出，怪魁告其徒曰：「擊此人右足。」杖才下，子即仆地。繼老嫗過之，令擊左足，嫗僕如前，連害三人矣。然但守一房，不浪出，有偵者密白：「一虎從前躍而來，甚可畏。」魁色不動，遣兩鬼持杖待之，曰：「至則雙擊其兩足。」俄報虎斃於杖下。經兩日，偵者急報北方火作。斯須間焰勢已及房，山水又大至。怪相視窘懾，不暇取行李，單身亟奔。怒耕民不致力，推墮田坎中。蹶然起，則身乃在床臥，妻子環哭已三日。鄉人訪其事於劉氏，云：「二子一婢，同時疫困。」呼巫治之，及門而死。復邀致他巫，巫懲前事，欲掩鬼不備，乃從後門施法，持刀吹角，誦水火輪咒而入，病者即日皆安。予於乙志書石田王十五為瘟鬼驅至宣城事，頗相類。

　　　　　　　　　　　　　　　《夷堅丁志》卷十五，〈劉十九郎〉

　　太原王垂與盧收友善，嘗乘舟商於淮浙。至石門驛旁，見一婦人立樹下，容色殊麗，負一錦囊，乃弭棹伺之。婦人果問曰：「船何適，可容寄載否？妾夫病在嘉興，今欲看之，足痛不能行。」二人曰：「諾。」遂攜囊而上，居船之首。

　　垂善鼓琴，以琴挑之。婦人粲然，既而稍輕合，其語諧慧，辨不可言。是夕與垂會船前，收竊以慕夜深。收探囊中物，視之滿囊骷髏耳。收大駭，知是鬼矣，而無音達垂。

　　既而天明，婦人暫登厓。收告垂，大懾曰：「計將安出？」收曰：「宜伏篁下。」如其言。頃間婦人來，問王垂安在？收紿之曰：「適上岸矣。」婦人乃委收而追垂，於是棄囊於岸，并棹倍行數十里外，不見來，夜藏鬧處。半夜，婦人直至船中。婦人頭白，面有血腥，穢不可言，乃拽垂頭咬垂。二人因大呼，眾船皆助，遂失婦人所在。明日得紙梳一枚於席上。垂數月而卒。

　　　　　　　　　　　　　　　　　《鬼董》卷四，〈二友遇鬼婦〉

　　杭州北關門外廁舍，常有人死尸溺於溷池，莫曉其由。一日鄰舍見數人衣冠楚楚入廁，久之不出，殊切怪之。再後又有往者，

亦久不出，遂跡其後視之，則前數人死於涸池，後入者亦墮其中，但未死耳，急行拯救。久之，始能言，口：「旦上有人持簡相招赴宴，但見亭館高潔，鼓樂喧闐，即不知為廁舍也。」鄰為告官拆除，其後祟方絕。

《湖海新聞夷堅續志》後集卷二，〈怪異門·廁鬼迷人〉

這三則故事，分別揭露鬼魅以散布瘟疫、捕捉噬噬、幻覺迷惑等手段奪取世人的性命，並且都能得逞，令讀者、聽眾無不感到厭惡和憤怒。這三則故事雖出處不同，篇幅長短有別，但都寫得比較生動，注重細節描繪和氣氛渲染，使人猶如身臨其境，頗有表現力。

此類一般性鬼魅奪命故事，尚有寫一民婦被惡鬼誘至一土室囚禁數載，人形枯黑如臘，被發現送回家月餘乃歿的《陶朱新錄·民家失婦》、寫一鬼冒充小妾來與某太守嬉玩，睡覺時忽變為青黑面鬼將太守驚嚇致死的《夷堅志·燕子樓》、寫田某被一朱髮青軀鬼抓至西湖畔欲生咬，幸被一老叟和一僧人搭救方免於難的《夷堅志·馬將軍田俊》、寫吳妻婚後數年忽悍戾食生肉，一日竟化為厲鬼食一鹿，被追擊不知去向的《鬼董·劉氏》、寫半夜有鬼扣醫門求治，一醫未開門，一醫為其開門，開門者竟中風而卒的《湖海新聞夷堅續志·鬼扣醫門》等。

伥鬼奪命故事，主要寫為虎役使的伥鬼引虎食人，對世人構成很大的威脅。人們則與其抗爭，盡可能減少損失。試看：

長慶中有處士馬極，與山人馬紹相會於衡山祝融峰之精舍。見一老僧，古貌龐眉，體甚魁梧，舉止言語殊亦樸野。得極來，甚喜。及倩極之僕持錢往山下市少鹽酪。俄亦不知老僧之所向。

因馬紹繼至，乃云在路逢見一虎食一僕，食訖，即脫斑衣而衣禪衲，熟視乃一老僧也。極詰其服色，乃知己之僕也。極大懼。及老僧歸，紹謂極曰：「食僕之虎，乃此僧也。」極視僧之口吻尚有餘血殷然。

二人相顧而駭懼，乃默為之計。因紿其僧云：「寺井有怪物，可同往觀之。」僧方窺井，二人並力推入井中，僧墜，乃虎形也。於是投之以巨石而虎斃於井。

二人者急趨以圖歸計。值日已薄暮，遇一獵者張機，道旁而居棚之上，謂二人曰：「山下尚遠，群虎方暴，何不且止於棚上。」二人悸慄，相與扳援而上，寄宿於棚。及昏暝，忽見數十人過，或僧或道，或丈夫或婦女，有歌吟者，有戲舞者。俄至張機所，眾皆大怒曰：「早來已被二賊殺我禪師，今方追捕，次又敢有人張機殺我將軍。」遂發機而去。二人聞其語，遂詰獵者，「彼眾何人也？」獵者曰：「此倀鬼也。乃疇昔嘗為虎食之人。既已鬼矣，遂為虎之役使，以為前導。」

二人遽請獵者再張機。方畢，有一虎咆哮而至。足方觸機，箭發貫心而踣。逡巡向之諸倀鬼奔走卻回，伏虎之前，號哭甚哀，曰：「誰人乃殺我將軍也！」二人者乃厲聲叱之曰：「汝輩真所謂無知下鬼也。生既為虎之所食，死又為虎之所役。今幸而虎已斃，又從而號哭盡哀，何其不自省之如此邪！」忽有一鬼答之曰：「某等性命既為虎之所啗食，固當拊心刻志以報冤。今又左右前後以助其殘暴，誠可愧恥而甘受責矣。然終不知所謂禪師將軍者乃虎也。」

悲哉，人之愚惑以至於此，近死而心不知其非宜乎沉沒於下鬼也。

《漁樵閑話‧倀鬼》

成都人楊起，字成翁。政和中，與鄉人任梟同入京赴省試。出散關下，行黃花右界中，此地素多寇，不敢緩轡。馬瘏僕痛，正暑倦困，入道旁僧舍少憩。長廊闃寂，不逢一僧，兩客即堂上假寐。楊睡未熟，一青衣童，長二尺，面色蒼黑，自外來，持白紙一幅，直至於傍，欲以覆其面。相去尺許，若人掣其肘，不能前。童卻立咨嗟久之，掩泣而去。楊以為不祥，灑淚自悼，亦不敢語人。是夕，泊村店中，方就枕，童亦至。徑造梟側，以所攜紙蒙之，退而舞躍，為得志洋洋之態，梟不覺也。明日，行三十里間，逢清溪流水，二人往濯足。畢事，楊先登，梟方以滌蕩為愜，未忍去，忽大聲疾呼，楊回首視之，已為虎銜去矣，始知所見蓋倀鬼云。楊是年登科。

《夷堅丙志》卷三，〈黃花倀鬼〉

這兩則故事的篇幅殊異，但都頗為精彩。前一則故事以曲折的情節揭露倀鬼引虎的危害性。它先寫倀鬼幫助偽裝成老僧之虎食人，以血淋淋的事實展現倀鬼的可惡可恨，又以往哭被誅惡虎來展現倀鬼的可恥可悲，對倀鬼做了全面的描繪和剖析，以期達到使世人警覺的目的。後一則故事雖然短小，卻寫得較為細緻。它揭示以青衣童子面目出現之倀鬼，為老虎食人事先物色對象和採取迷幻手段，從而讓老虎得逞，實在令人瞋目。

此類倀鬼奪命故事，尚有寫得到二小兒倀鬼相助，黑虎將采笋村婦咬得身無完膚，幸為家人所救的《夷堅志・師姑山虎》、寫林醫生被老嫗倀鬼騙至東岳廟前引虎欲食之，幸有警覺竟逃過此劫的《異聞總錄・醫士與倀鬼》、寫數倀鬼領虎至楊氏子寢處之貯草屋，灶君出神兵驅虎使楊氏子得救的《異聞總錄・灶君驅虎》等。

二、宋元的不怕鬼故事

這個時期的不怕鬼故事，大都描述故事主角或者正直大膽，或者幽默無畏，精神面貌絕佳，在遇到各色鬼魅之時均泰然處之，無所畏懼，往往令鬼魅望而生畏，不得不退避三舍。譬如：

> 兖州萊蕪人王直夫，雖出於田家，而賦性剛介，不媚鬼神。每妻子疾病，但盡力醫療，凡招神禬禳之事，皆所不為也。黨友或勉之，則曰：「死生有命，富貴在天。吾平生立志，不可易也。」虜正隆元年之春杪，變怪驟興，正晝鬼見形於中庭，窺戶嘯梁，移床徙釜，歌笑馳走，百端千態。舉室怖駭，寢食不安。直夫毅然不動，呼長幼戒之曰：「無以異物置疑而畏之。吾曹人也，肖天地真形，稟陰陽正氣。彼陰鬼耳，烏能干陽？汝輩宜安之，勿過憂怯。」家人意少定。一日，端坐堂上，見巨魅身長七尺，高冠大帶，深衣朱履，拱立於前。直夫了不動色。魅斂袂言：「王翁真今日正人，某等固已敬服，猶謂色屬內荏，故示怪以相撼，而翁若不見不聞，自是無敢循舊態矣。」竦揖而沒。
>
> 《夷堅支丁》卷九，〈王直夫〉

南恩州陽春縣，即古春州，有異鬼栖於主簿廨。能白晝形見，飲食言笑如生人，尤惡人言其狀，言之即肆擾。主家苦之，旦必拜，食必祭，奉事唯謹。有班直為巡檢，初到官，簿招與飲，語及奇事，因詢此怪。未及對，鬼已立於巡檢後。簿色變起立。巡檢覺有異，引手捽之。鬼不勝，仆於地。巡檢且捽且毆。鬼顧簿哀鳴求救。簿力為請，乃得脫。其家畏其遷怒，終夕弗敢寐。到晚寂然無聲。啟戶見壁間大書曰：「為巡檢粗人，不足較，且去。」自此遂絕。

《異聞總錄》卷四，〈巡檢捽鬼〉

　　這兩則故事刻畫故事主角勇敢無畏的性格，都採用了對比法與襯托法。前者以家人怖駭與其人進行對比，後者以主家敬畏與其人對比，更顯現出其人不怕鬼的膽氣。而前者以鬼魅的色屬內荏，後者以異鬼哀鳴求救，來襯托故事主角，使其敢於藐視鬼魅、敢於捽毆鬼魅的威嚴與勇猛性格更為鮮明。

　　這個時期的不怕鬼故事，尚有寫某人素滑稽，見山鬼自天窗垂下一足，乃戲曰：「若果神通，更下一足」，鬼遂收足而去的《夷堅志・宜興民》、寫趙某入鬧鬼僧房枕劍而臥，女鬼來時遽起抱之，俄頃化烟霧散去的《夷堅志・郭籤判女》、寫王某所買之宅多鬼，派兵、僕守夜均遭其擾亂，王親往呵叱乃得平寧的《夷堅志・小巷小宅》、寫錢某省親時群鬼夜間將其連床抬出，錢不以為意，竟自鼾臥，群鬼無計可施而退的《夷堅志・錢真卿》、寫張某不畏鬼神，嘗半夜入鬼魅出沒之圃亭鼓琴，使被鬼物所祟少婦得救的《異聞總錄・張粹父》、寫曾領兵之程某一夕見二鬼婦至床前而略無怖心，令其為己摩腰，久而熟睡，及寤竟無所見的《異聞總錄・程昌禹》等。

三、宋元的驅鬼鬥鬼故事

　　宋元時期的驅鬼鬥鬼故事，數量不少，大都描述有膽有識者與為害世人的鬼魅進行較量，將其趕走或制伏，使其無法得逞。此類故事，主要包括勇鬥求代覓替鬼魂和勇鬥其他害人惡鬼兩個部分。

（一）勇鬥求代覓替鬼魂故事

這個時期勇鬥求代覓替鬼魂的故事，描述各種善良正直而富有同情心者發現水鬼、縊鬼等鬼魅將尋找替代者時，毅然採取有效手段與其抗爭，讓其無法達到目的，從而及時地挽救了他人的性命。比如：

> 杭城外北新橋，某翁枕流居焉。有葡萄七架，時旱，翁勤灌漑，獨盛，宿架下以防盜。忽二三鬼出水面，賀得替曰：「明午方巾白衫自北而至者，是也。」及期，翁株坐以俟，果有方巾白衫者大笑入水，急救之。
>
> 是夕，鬼詬曰：「吾經數十年，剛得替，而汝奪之。吾將殺汝！」取淤泥、瓦礫亂擲，翁悵懼而入，又擊戶。黎明，葡萄無子遺矣。蓋盜詐鬼軀身以載也。噫，移此智以遷善，誰能禦之。
>
> 《隨隱漫錄》卷三，〈覓替被奪〉

> 鄒直清居饒州上巷。其妹赴姻戚家集，中夕歸，兩轎僕留宿於外。其一鄭四者，見人來招與出遊，卻之曰：「適方荷轎還，甚倦，且夜已過半，更遊何處耶？」客強之不可。怒罵而去。鄒猶未寢，訝其紛擾，出視，無所睹。須臾，聞籬上逾越喧囂聲，疑必其僕被水浸溺，急挽救之。既蘇，言一壯鬼呼我出，怒不肯往，力牽去，手鱗皺如粗松樹皮，不可執觸，直到水濱，持我兩腳擲下。設非救者至，定不免。鄒命守之，通夕不寐。明夜，復聞十餘人繞屋叫呼。一鬼拊膺哭曰：「又壞我十二年矣，苦哉苦哉！」鄭僕亦無他。
>
> 《異聞總錄》卷四，〈轎僕得救〉

這兩則作品，敘寫的都是與覓替溺死鬼對抗的故事。所不同的是，前一則作品的溺死鬼覓替為被動等待型，比較沉穩；後一則作品的溺死鬼覓替為主動出擊型，顯得急切。它們不論姿態如何，一旦不能得逞，便凶相畢露，對施救者進行報復。可是它們未能逃脫失敗的命運，最終都悻悻然離去。兩則故事的結尾都頗為有趣。前一則作品以一個盜賊裝鬼偷走老翁

葡萄的小曲折收尾，表現了施救者捨己為人的品格，富有幽默感。後一則作品以溺死鬼叫苦不迭收尾，與其先前粗野放肆形成鮮明對比，亦頗滑稽。

　　這個時期勇鬥求代覓替鬼魂的故事，尚有寫董太尉率眾將連年淹死人之水井封口，僅容下桶汲水，淹死鬼乃連連叫苦的《錢氏私志‧吳山大井》、寫包氏僕人程三能歷覽鬼物，一日持杖擊走瞪目拖舌縊鬼，使其無法覓替，遂搭救了廚下婢女的《夷堅志‧包氏僕》、寫一針工夜聞鬼語後，次日乃往救在濠中洗浴者，水鬼無法覓替竟擲瓦礫大罵的《續夷堅志‧溺死鬼》等。

（二）勇鬥其他害人惡鬼故事

　　這個時期勇鬥其他害人惡鬼的故事，其中出現的鬼魅，是除溺鬼、縊鬼外的各色惡鬼，諸如瘟鬼、厲鬼、怨鬼、淫鬼等。當其在世間作祟，給善良的人們帶來驚擾、災禍，甚至以死亡威脅之際，故事主角奮起抗擊，將其趕走，甚至將其消滅。比如：

　　　　平江常熟民朱二，夜宿田塍守稻，有女子從外來，連三四夕寢昵，體冷如冰。知其非人，遍村落測之，了無蹤跡。密以布被縫作袋，欲貯之於中。女已知之，是夜至舍外悲泣。朱問故曰：「汝設意不善，我不復來矣。」朱曰：「恐此間風冷病汝，故欲與同臥其間，無他意也。」乃入宿袋中。過夜半，朱詐言內逼，遂起，負袋於肩以行。女號呼求出，朱不應。始時甚重，俄漸輕。到家舉火視之，已化為杉板。取斧碎之，流血不止。明夜，扣門索命，久乃已。右五事皆新安胡侗說。

　　　　　　　　　　　　　　　《夷堅丙志》卷十二，〈朱二殺鬼〉

　　　　王右司仲澤，少日住棣州學，廚人告言：「一婦人鬼，每夜來攪擾，不得睡。」澤言：「今夕若復來，汝捽其衣大叫，我輩往視之。」其夜果來，其人把其臂不放，因大叫，諸生持燈往視之，乃一古棺板，焚之而怪遂絕。仲澤說。

　　　　　　　　　　　　　　　《續夷堅志》卷二，〈棣州學鬼婦〉

這兩則故事都比較短小,一則故事發生在田間,一則故事發生在學府,背景各異,但其中危害民眾的鬼魅均以婦女形象出現,它們或淫穢迷人,或攪亂擾民,在人們反擊之下無不原形畢露,被斧劈或者被焚燒,都不會有好下場。

這個時期勇鬥其他害人惡鬼的故事,尚有寫某縣廨多鬼出為怪,一女鬼欲捉弄醉歸縣令,反被其人役使,竟憤然離去的《陶朱新錄‧鬼擲扇》、寫金四夜出遇鬼而將其背走,當鬼化為老鶴後乃縛而焚之的《夷堅志‧金四孤鬼》、寫一織紗人月夜與鬼同行,見其下頷與胸連在一起,遂舉刀砍之,竟令其消失不見的《夷堅志‧無頷鬼》、寫社神與一瘟鬼擊鬥,迫使其化牛逃走,是歲瘟疫流行,獨此地安然無事的《夷堅志‧景德鎮鬼鬥》、寫陳某住妹家多鬼怪之樓,夜間大聲叱走為祟女鬼,鬼怪遂絕的《夷堅志‧陳如塤》、寫孫某一夜奮拳猛擊灶下蓬頭鬼,次日將其隱沒處掘得的一具遺骨棄諸野外的《夷堅志‧孫儔擊鬼》、寫一方丈欲以寺中三怨鬼嚇走求宿道人,道人竟使三怨鬼被征服而絕跡的《夷堅志‧光山雙塔鬼》、寫徐某好勇尚氣節,去橋上擊潰殺人厲鬼而使當地寧貼的《夷堅志‧徐咬耳》、寫一鬼物化為美女勾引新州官之子,被其人捉住後竟變為棺板,焚之鬼魅遂絕的《夷堅志‧鄂幹官舍女子》、寫章某夜擊來食妾屍之女鬼,晨見殯所如故,但被擊鬼魅之血仍留墻上的《鬼董‧章翰擊鬼》等。

第四章　宋元的寫實故事

　　宋元時期的寫實故事，在隋唐五代時期寫實故事的基礎上有了較大的發展，不但拓展了創作題材，使作品的內容更為豐富，包含有案獄故事、官吏故事、盜賊故事、諷刺故事、家庭故事、俠義故事、美德故事、奇遇故事、僧道故事、騙子故事、動物故事、詩對故事等門類，所反映的生活面更為廣闊，並且具有愈發貼近民眾、愈發貼近生活的特色。

第一節　宋元的案獄故事

　　宋元時期的案獄故事，是這個時期寫實故事當中數量較多、相當突出的一個門類。其內容涉及偵破命案、製造冤案、平反冤獄、處理家庭紛爭與社會糾葛等。內中數量甚多亦較為精彩的是破命案、平冤獄與處理社會糾葛三大類故事，而以偵破命案故事最為突出。

一、宋元的偵破命案故事

　　這個時期偵破命案的故事，大都講述審案官吏通過調查、訪問、觀察、分析來偵破各種棘手的命案。其描寫的側重點各不相同，有的側重描述案發過程，有的側重描述偵破過程，往往具有情節曲折，引人入勝的特點。

　　偵破命案的故事，以描述案發過程為側重點的作品，譬如，《清尊錄‧大桶張氏》：

　　　　大桶張氏者，以財雄長京師。凡富人以錢委人，權其子而取其
　　　　半，謂之行錢。富人視行錢，如部曲¹也。或過行錢之家，設特位置

---

¹ 部曲：家僕。

酒,婦女出勸,主人皆立侍,富人遜謝,強令坐,再三,乃敢就位。

張氏子年少,父母死,主家事,未娶;因祠州西灌口神歸,過其行錢孫助教家。孫置酒數行,其未嫁女出勸,容色絕世,張目之曰:「我欲娶為婦!」孫惶恐不可,且曰:「我公家奴也,奴為郎主丈人,鄰里笑怪。」張曰:「不然,煩主少錢物耳,豈敢相僕隸也。」張固豪侈,奇衣飾,即取臂上古玉條脫與女,且曰:「擇日納幣也。」飲罷去。孫鄰里交來賀曰:「有女為百萬主母矣。」

其後張別議婚,孫念勢不敵,不敢往問期;而張亦恃醉戲言耳,非實有意也。逾年,張婚他族,而孫女不肯嫁。其母曰:「張已娶矣。」女不對,而私曰:「豈有信約如此,而別娶乎?」其父乃復因張與妻祝神回,並邀飲其家,而使女窺之。既去,曰:「汝見其有妻,可嫁矣!」女語塞,去房內蒙被臥,俄頃即死。父母哀慟,呼其鄰鄭三者告之,使治喪具。

鄭以送喪為業,世所謂「仵作行」者也。且曰:「小口死,勿停喪,即日穴壁出瘞之。」告以致死之由。鄭辦喪具,見其臂有玉條脫,心利之,乃曰:「某一園在州西。」孫謝之曰:「良便。」且厚相酬,號泣不忍視,急揮去,即與親族往送其殯而歸。

夜半月明,鄭發棺欲取條脫,女蹶然起,顧見鄭曰:「我何故在此?」亦幼識鄭,鄭以言恐曰:「汝之父母,怒汝不肯嫁而念張氏,辱其門戶,使我生埋汝於此。我實不忍,乃私發棺,而汝果生。」女曰:「第送我還家。」鄭曰:「若歸必死,我亦得罪矣。」女不得已,鄭匿他處以為妻,完其殯而徙居州東。鄭有母,亦喜其子之有婦,彼小人不暇究所從來也。積數年,每語及張氏,猶忿恚欲往質問前約。鄭每勸阻防閑之。

崇寧元年,聖端太妃上仙,鄭當從御輦至永安。將行,囑其母勿令婦出遊。居一日,鄭母晝睡,孫出僦馬,直詣張氏門,語其僕曰:「孫氏第九女欲見某人。」其僕往通,張驚且怒,謂僕戲己,罵曰:「賤奴,誰教汝如此?」對曰:「實有之。」乃與其僕俱往視焉。孫氏望見張,跳踉而前,曳其衣且哭且罵。其僕以婦女不敢往解,張以為鬼也驚走。女持之益急,乃攣其手,手破流血,推僕地

立死。儌馬者恐累也，往報鄭母。母訴之有司，因追鄭對獄具狀，已而園陵復土，鄭發冢罪該流，會赦得原。而張實推女而殺之，該死罪也，雖奏獲貸，猶杖脊，竟憂畏死獄中。時吳栻顧道尹京有其事云。

《投轄錄·玉條脫》與此相同，文字略有出入。這則故事，以絕大部分的篇幅描述因作為定親之物的玉手鐲而引出的一樁命案的由來，寫得具體、生動地揭示出北宋時期由於金錢、等級引發的社會悲劇，具有一定的藝術感染力。《醒世恒言》卷十四〈鬧樊樓多情周勝仙〉、《二刻拍案驚奇》卷二十五〈徐茶酒乘鬧劫新人　鄭蕊珠鳴冤完舊案·正話〉、《龍圖公案》卷六〈紅牙球〉等明代通俗小說都受其影響。

又如，《鬼董》卷二〈雅守金燭〉：

> 秦檜專柄時，雅州守奉生日物甚富，為橡燭百餘，范精金為之心，而外灌花蠟，他物稱是。使衙前某與卒十輩持走都下。至鄂州之三山遇暴雨，休於道旁草舍。主人書生也，寠甚，方冬猶絺葛，臥牛衣中。蹙然曰：「雨甚，日向暮，屋漏不可居，恐敗官物去。此荒徑里許，客舍甚整，盍往憩。」眾俾遵以往。
>
> 至則果有民居焉，其人姓魚氏，見客喜，出迎燂湯治飯，問所以來。婦側聞之，摘語其夫：「此持太師壽禮，必厚齎可圖也。」夫曰：「吾寧能敵十夫哉？」婦解囊示之。婦能貨藥，常為淫尼蕩女輩殺子，故蓄毒甚多。遂取殺鼠藥，和諸毒，並置酒中而飲之。中夜藥發，皆忽然不知人事，獨衙前者飲少不能毒。魚運金擊之，十卒併命。他物悉藏瘞，獨不知燭中有金，不甚惜，姑置榻下。
>
> 會生納婦，以兩炬與之，生持歸，堅不可燃。刮視而金見，遂數數乞燭於魚。魚疑焉，取餘燭視之。婦大悔懼，夜誘書生夫婦殺之。徙居漢陽，為米商。小人驟得志，買婢以居。妻曰：「致爾富，我之謀也。今疏我耶，且告之。」魚內不樂，又嘗持珠花與娼，娼始疑其蠢而富及。得花葉下有雅守姓名，以示他客。客告娼，持告之郡，遂夫婦皆磔於市。

這則故事，亦以絕大部分篇幅描述多起命案的由來，故事性強，頗為吸引讀者、聽眾。故事裏面書生夫婦死於非命，單氏夫婦被處以車裂酷刑，皆因貪財所致。前者可悲，後者可恨，足以讓世人引為鑒戒。

這個時期以描述案發過程為側重點的偵破命案故事，尚有寫李某殺人亡命他鄉，因買柱杖而捲入一樁命案，被送官受拷問，其罪遂敗露的《夢溪筆談‧李遙伏法》、寫村儈某因使用被害人的一根繩索而暴露其謀財害命罪行，乃伏刑於市的《夷堅志‧江陵村儈》、寫年輕樵夫掘墓破棺使富家女復生，與之成親，後女因故墜樓身亡，樵夫事泄被處死的《夷堅志‧鄂州南市女》、寫某官乘舟赴官，其妻一再以黃銅器冒充金器誇富，使舟師、篙工心動而殲其全家，沉屍水中，後事泄均被處死的《夷堅志‧金沙灘舟人》等。

偵破命案的故事，以描述偵破過程為側重點的作品，譬如，《夢溪筆談》卷十二〈官政二‧園井屍案〉：

> 張杲卿丞相知潤州日，有婦人夫出外，數日不歸。忽有人報某園井中有死人，婦人驚往視之，號哭曰：「吾夫也！」遂以聞官。公令屬官集鄰里，就井驗是其夫與非。眾皆以井深不可辨。請出屍驗之。公曰：「眾者不能辨。婦人獨何以知其為夫？」收付所司鞫問，果奸人殺其夫，婦人與聞其謀。

這則故事不長，卻將審案者進行認真調查、分析從而破案的過程呈現出來，簡潔而不失生動，甚為難能可貴。

又如，《夷堅支癸》卷一〈薛湘潭〉：

> 薛大圭禹玉，本河東簡肅公之裔，為人倜儻俊快，不拘小節，而深負吏材，淳熙中為湘潭令。新牧王宣子侍郎臨鎮，詣府參謁。時湘鄉縣有富家女子，夜為人戕於室，迨曉，父母方覺之，但屍在地而失其首。告於都保，訴之郡縣，歷數月不獲凶身。府招諸邑宰宴集，坐間及此事，薛奮請效力。

乃假吏卒數十輩，枉道過彼縣境。每一程減去五人或十人，唯留四卒荷轎，殊不曉其意。漸近女家，下而步行。遇三四道人聚野店，各有息氣竹拍，從而求之。且脫巾換其所戴緇巾，解衫以易布道袍服，與錢兩千。薛多能鄙事，遂獨身前進，戒從者曰：「緩緩相隨，視我所向，俟拋息氣出外，則悉趨而集。」望路次小民舍，一老媼在焉。入坐，將買酒，媼曰：「此間村酒二十四錢一升耳，我家卻無。」薛取百錢，倩買二升。媼利其所贏，挈瓶去。少頃，得酒來，與媼共飲。媼喜甚，獻熟牛肉一盤。酒酣，薛云：「村居安靜，想住得好。」媼曰：「正為一件公事，連累無限平民，我兒子也遭囚禁。」問何事？曰：「某家小娘子，與東家第三個兒郎奸通，後來卻被殺了，砍去頭，埋於屋背樹下。此郎日前累次手殺人，凶惡無比。他有錢有勢，更不到官。鄉人怕他如虎，都不敢說。」

　　薛徐徐詢其姓氏狀貌居止，逕造之，唱詞乞索。兩後生與之十錢，棄於地曰：「何得相待如此？」增至五十及百錢，皆擲之曰：「我遠遠到來，須要一千足陌，若九百九十九錢，亦不去。」兩生蓋凶子之兄也，疑為異人或有道之士，遜言慰謝。凶子在內窺見，忿怒不能忍，趨出，擬行拳。薛就門擲竹拍，從卒爭赴，遂執之。凶子咆勃，薛批其頰曰：「汝殺了某家女子，卻將頭埋樹底，罪惡分明，如何諱得？我是本縣捕盜官，那得拒抗？」子無語，即縛往，發地取頭，送於府。鞫治伏辜。宣子嘉賞無已，率諸台交薦，因改京秩。《涑水記聞》所載向文簡雪僧冤事，亦以一媼言云。

　　如果說上一則故事描述破案過程較為簡略的話，那麼這一則故事則描述得較為詳細，包括主事者率吏卒深入其地；化裝進行訪問，瞭解真實案情；去該家查看，捉拿凶手，找出罪證等等，最終偵破了此樁延宕數月的無頭女屍案。在古代偵破命案的故事中，這無疑是一篇頗有分量的佳作。

　　這個時期以描述偵破過程為側重點的偵破命案故事，尚有寫一主審官在審案過程中，從某甲雞鳴時往家呼某乙竟呼其妻看出破綻，因而破了一樁奪財殺人案的《北窗炙輠錄・一言決獄》、寫某官根據額有繫巾痕，

從而偵破一行止不明僧人乃是殺僧取其祠部戒牒凶手的《涑水記聞‧勘殺人賊》、寫某知州見囚者似有冤情，守者氣不直，進而偵破命案，使真凶伏誅的《揮麈前錄‧守者殺人》、寫某縣尉根據弓手兩日前從該村歸來面有爪痕而屍體手爪有血，進而偵破命案，捉住凶犯的《揮麈後錄‧當聲縛凶》、寫某縣尉宿海上七日得遇害二漁家兄弟浮屍，使仇家伏法，為老嫗申冤的《折獄龜鑑‧仇家伏法》、寫端州知府據死者傷痕查出疑犯中左撇子凶手，將其正法的《折獄龜鑑‧左手殺人者》、寫長葛主簿根據被害人所藏買布單目及木印，在布行中查出布商，進而捉住凶犯的《續夷堅志‧王子明獲盜》、寫一縣尉得到信息後至某處以學藝為名，與妖巫婆接觸，終於偵破了三年疑案，使其伏法的《湖海新聞夷堅續志‧妖巫斷首》等。

二、宋元的平反冤獄故事

　　這個時期平反冤獄的故事，大都描述為各種命案而引出的冤獄平反昭雪的過程。此類故事裏面被誣蒙冤者的身份多種多樣，有富戶，有平民，有出家人，有俗家人，男女老少，士農工商，各不相同。他們被誣陷無不受到很大打擊，有的幾乎被折磨致死，有的甚至因此命喪黃泉。而冤獄平反昭雪之時，往往是誣告陷害他人者受到懲罰之日。這些故事讓讀者、聽眾看到，天網恢恢，疏而不漏，罪犯可以得逞於一時，但終究要得到嚴辦，絕沒有好下場。譬如，《夷堅丙志》卷五〈蘭溪獄〉：

　　　　蘭溪祝氏，大家也，所居去縣三十里。一子甫冠，頗知書。宅之側鑿大塘數十畝，秋冬之交水涸，得枯骸一具於岸邊樹下，莫知所從來。鄰不敢隱，聞之里正。先是有道人行丐至祝氏，需索無厭，祝怒驅使出。語不遜，祝毆之。道人佯死，祝蒼黃欲告官，迫夜未果。道人知不可欺，遂謝罪去。里正夙與祝氏訟田有隙，遂稱祝昔嘗捶人至死，今尸正在其塘內，以白縣。縣宰信以為然，逮下獄。凡證左胥吏訟其冤者，宰悉以為受賕托，愈加繩治，笞掠無虛日。祝素富室，且業儒，未嘗知官府事，不勝慘毒，自誣服。其母慮不得免，迎枯骨之魂歸家，焚香致禱，日夕號泣。且揭榜立賞，

募人捕真盜。縣獄具，將上之郡矣，前所謂行丐者在鄂岳間，欲過湘，南陟衡岳，夢人告曰：「子未可遽行，翌日將有來追者。」寤而異之。及明，別與一道流相遇，市酒共飲。問其從何來，有何新事，曰：「吾從婺州來，到蘭溪時，聞市人籍籍談祝家冤事。」因具語之。丐者矍然曰：「詐之者我也。我坐此罪，固已得譴於幽冥。今彼縈圄圖，死在旦暮，我不往直之，則真緣我以死，冤債何時竟乎？」乃強後來者與俱東，兼程抵婺，自列於縣。縣宰猶謂其不然，疑未決。已而它邑獲盜，訊鞫間，自言本屠者，嘗賒買客牛，客督直甚急，計未能償，潛害客，乘夜置尸祝氏塘中云。祝於是始得釋。

這是一則被動平反冤獄的故事，敘寫當命案發生時，里正公報私仇，誣告祝氏為殺人凶手，使其入獄，竟誣服。所幸當年佯死之道人良心發現，及時從外地趕來作證，加之真凶被捉，祝氏始得無罪放還。

又如，《夷堅志補》卷五〈湖州薑客〉：

湖州小客，貨薑於永嘉，富人王生，酬直未定，強秤之。客語侵生，生怒，毆其背，仆戶限死。生大窘，禱祈拯救，良久復蘇。飲以酒，仍具食，謝前過，取絹一匹遺之。還次渡口，舟子問何處得絹，具道所以，且曰：「使我一跌不起，今作他鄉鬼矣！」時數里間有流尸，無主名，舟子因生心，從容買其絹，並丐筠籃。客既去，即運篙撐尸至其居，脫衫褲衣之，走叩王生門，倉皇告曰：「午後有湖州客人過渡，云為君家捶擊垂死，云有父母妻子在鄉里，浼我告官，呼骨肉直其冤，留絹與籃為證，不旋踵氣絕。絹今在是，不敢不奉報。」王生震怖，盡室泣告，略以錢二百千，舟子若不得已者，勉從其請，相與瘞尸深林中，翌日徙居，不知何所屆。點僕聞其故，數數干求，與者倦矣，而求者未厭，竟詣縣訴生。下獄，不勝拷掠，以病死。明年，薑客又至，訪其家，以為鬼也，罵之曰：「向者汝邂逅仆絕，繼而無他，卻使我家主死於非命，今尚來作祟邪！」客引袖怪嘆曰：「我去歲幾死，賴君家救

活，蒙賜絹，賣與渡子，遽歸矣。今方齎少土儀，以報大德，何謂我死為鬼乎！」王子哀慟，留客止泊，而執故僕訴冤，索捕舟子，得於天臺窮壑中，遂皆斃於獄矣！乃吳子南說。

這則平反冤獄故事，較上一則更為悲愴、淒涼。故事中的兩個惡人——一個為處心積慮製造命案假象以此訛詐富人的舟子，一個為乘人之危進行敲詐並使主人下獄致死的點僕，都沒有好下場。他們最終受嚴懲，皆死於獄中。而那個薑客登門致謝，則是冤獄得以平反、惡人受到懲處的轉機。

這個時期平反冤獄的故事，尚有寫某豪民曝衣時失新潔裘服，計其資值不下數千，告官後竟將鄰人問罪，長吏查明丟失衣物為牛所啖，乃還鄰人清白的《南唐近事・失衣冤案》、寫同州一推官復審富民家女奴逃亡案時，使錄事製造之冤案得以平反，搭救了主人一家的《涑水記聞・推官之賜》、寫一州吏誤認為拴被殺女之驢者為凶手，因許州司理參軍某置疑而避免錯殺，其後乃將真凶捉拿歸案的《能改齋漫錄・微司理幾誤殺人》、寫縣牒尉薛某查清因蜈蚣毒致使寡居婆婆喪命案，還孝順村婦以清白的《夷堅志・營道孝婦》、寫強盜自斫右臂以誣被搶者殺人，絳州知州某根據傷口下重上輕以及該人為左撇子，使誣者伏罪的《折獄龜鑑・誣者引服》、寫某知州聞一弓手見血衣不自取以為功，知必有奸，乃審出真盜，破了殺人盜案的《折獄龜鑑・指盜有奸》等。

三、宋元的其他案獄故事

這個時期的其他案獄故事，大都與民事訴訟相關，通過處理家庭矛盾、社會糾紛、偵破盜案等，鞭撻邪惡，主持正義，保護弱勢群體，對於淨化世風、改善人們的生存環境具有一定的作用。試看：

張詠鎮杭州，有訴者曰：「某家素多藏，某二歲而父母死。有甲氏贅於某家，父將死，手券以與之曰：『吾家之財，七分當主於甲，三分吾子得之。』某既成立，甲氏執遺券以析之。數理於官，

中國民間故事史——宋元篇

122

咸是其遺言而見抑。」咏嗟賞之，謂曰：「爾父大能。微彼券，則為爾患在乳臭中矣。」遽命返其券而歸其資。

《國老談苑》卷二，〈返券析資〉

侍郎尹洛，賈者有銀數十兩為同行所盜，訟至官，事跡甚明而盜者抵諱莫伏。二賈者紛辯不已。侍郎得其情，令吏搜檢盜者身，無所獲，得一鎖匙而已。即當時押下，吏莫能曉。公潛令人往盜者家，詐以其意貴匙開篋取銀，盜家誠其事，付納。公後令引二賈至，問訟者曰：「爾銀若干，包以何物，有別記驗否？」賈歷言無不中者。即面付銀還，盜者抵罪，眾始服其神。

《過庭錄・巧破盜銀案》

馬裕齋知處州，禁民捕蛙。有一村民犯禁，乃將冬瓜切作蓋，刳空其腹，實蛙於中，黎明持入城，為門卒所捕。械至於庭。公心怪之，問曰：「汝何時捕此蛙？」答曰：「夜半。」「有知者否？」曰：「惟妻知。」公追其妻詰之，乃妻與人通，俾妻教夫如此。又先往語門卒以收捕意，欲陷夫於罪，而據其妻也。公窮究其罪，遂置妻並姦夫於法。

《行營雜錄・捕蛙民》

這三則案獄故事，一為審理家產糾紛案，一為審理偷盜案，一為審理案中案，通過不同的故事情節，塑造出一個個精明的審案官。這些故事裏面的審案官，閱歷豐富，才智過人，善於處理各種棘手的案件。從以上三則故事可以看到，他們或者使難於處置的家產紛爭得到妥善解決，或者使不易偵破的案件迎刃而解，或者在他人不易覺察的疑竇中發現問題，進而破了隱蔽的姦情與罪惡，每一樁案件都處置得非常精當。由此也不難窺見，審案官吏在審理案件中的作用是何等重要。他們的優劣，直接關乎審案的成敗。

這個時期的其他案獄故事，尚有寫某官經過調查、分析，將因償怨而割人牛舌者判罪的《國老談苑・割牛舌者伏罪》、寫一縣令譎稱盜者摸神

鐘必有聲，遂從眾人裏面捉住不敢摸鐘盜賊的《夢溪筆談・摸鐘辨盜》、寫陽翟令通過觀察、分析而定瞽姥兒媳不孝罪，並且為被誣童子脫罪的《可書・瞽姥捫地與童子負草》、寫一縣令通過用詞不當而識破偽證，使某醫奪子陰謀不能得逞的《北窗炙輠錄・審假父案》、寫一縣令從錢文皆久遠年號，並無近歲一錢，乃將窖錢判給宅主而不予借居者的《北窗炙輠錄・以文判錢》、寫某總轄以驚懼者必無唾之特點，令其徒偵破遣猢猻由天窗入室行竊之土庫盜竊案的《談藪・土庫盜案》、寫某總轄見衣著若巨商者以雙手捧盂飲水而識破盜魁面目，使其落網的《談藪・識盜魁》等。

第二節　宋元的官吏故事

宋元時期的官吏故事，包括清官廉吏的故事、貪官污吏的故事、其他官吏的故事幾個門類。

一、宋元的清官廉吏故事

這個時期有關清官廉吏的故事，大都通過懲惡鋤奸、扶貧濟困等事跡來展示故事主角為人正直，辦事清廉，體恤百姓，富有正義感和同情心的道德品質和精神風貌，往往給讀者、聽眾留下較深的印象。試看：

> 餘杭縣吏何某，自壯歲為小胥，馴至押錄，持心近恕，略無過惡。前後縣宰，深所倚信。又兼領開拆之職，每遇受訟牒日，拂旦先坐於門，一一取閱之。有挾詐奸欺者，以忠言反復勸曉之曰：「公門不可容易入，所陳既失實，空自貽悔，何益也？」聽其言而去者甚眾。民犯罪，麗於徒刑，合解府，而顧其情理非重害，必委曲白宰，就縣斷治。其當杖者，又往往諫使寬釋。置兩竹筒於堂，擇小銅錢數千，分精粗為二等，時擲三兩錢或一錢於筒中。諸子問何故，曰：「吾蒙知縣委任，凡幹當一事了，則投一錢，所以分為二者，隨事之大小也。」子竟不深曉。迨謝役壽終，始告之曰：「爾曹解吾意乎？吾免一人徒罪，則投一光錢於左筒：免一杖

罪及論解一訟，則投一麤錢於右筒，宜剖而觀之。」兩筒既破，皆
充滿無餘地。笑而言曰：「我無復遺恨。如陰騭可憑，為後人利多
矣。」遂卒。後十年，其子伯壽登儒科。紹興中，位至執政，累贈
其父太子師。

《夷堅支癸》卷一，〈餘杭何押錄〉

　　荊南有妖巫，挾幻術為人禍福，橫於里中，居郡縣者莫敢問。
吳興高某為江陵宰，積不能堪，捕欲杖之，大吏泣諫，請勿治，且
掇奇禍。高愈怒，捽吏下與巫對杖之二十，巫不謝，嘻笑而出。才
食頃，高覺面微腫，攬鏡而視，已格格浮滿，僅存兩眼如綫大。遽
呼吏，詢巫所居，約與偕往。吏以為必拜謁謝過，乃告其處。經
馳馬出門，行三十餘里，薄暮始至，蕭然一敗屋也。巫出迎，高
叱從卒縛諸柱，命以隨行杖亂捶，凡神像經文等悉發之。巫偃然自
若。後入其室，獲小笥，破鑰觀之，□（囷）蓐包裹數十重，得木
人焉，又碎之。始有懼色，然毆掠無完膚矣。高面平復如初，執以
還。明旦，入府白曰：「妖人無狀，某不惜一身為邦人除害。懼語
泄必遁去，故不暇先言。今治之垂死，敢以告。」府帥壯其決，諭
使盡其命而投之江。

《夷堅丙志》卷二十，〈荊南妖巫〉

　　這兩則故事所刻畫的都是縣級地方官吏。前一則故事細緻、具體地描
述一個縣衙胥吏何押錄（押錄係押司與錄事的合稱）在崗位上所做的各種
好事，數十年如一日，從不懈怠，主要突出了其人辦事認真、心地善良的
性格特徵。後一則故事以濃墨重彩描述一個縣令嫉惡如仇，不顧個人安危
剷除橫行鄉里的妖巫，保一方百姓平安，主要突出其人果敢無畏，富有犧
牲精神的性格特徵。兩則故事塑造的人物形象各不相同，但都令人感謝佩
服，有較高的藝術性。
　　這個時期有關清官廉吏的故事，尚有寫餘杭遇荒年饑民多犯鹽禁，
某太守不重罰饑民而讓其以私鹽自活的《儒林公議・饑民犯鹽禁》、寫袁
州司理參軍胡某從當死盜七人中發現二人係被脅者，並使其免死的《折獄

龜鑑‧被脅者免死》、寫某州官吏邀功欲將傳妖法民眾處死，侍御史審案止誅首謀數人而讓餘者皆活的《折獄龜鑑‧止誅首謀》、寫某歲遇到饑饉時，捕獲良民為盜者十餘人，縣令某悉裁其贓而使眾人皆不得死的《折獄龜鑑‧良民為盜裁其贓》等。

二、宋元的貪官污吏故事

這個時期有關貪官污吏的故事，大都從不同方面揭露官場腐敗和某些官吏貪贓枉法、窮奢極欲、草菅人命等罪行，給予無情的批判和鞭笞，從而真切地表達出世人的激憤之情。試看：

　　紹興八年，臨川王大夫珹為饒州安仁宰。一吏老而解事，因受差治獄，因乘間白云：「獄訟實公家要務，蓋有不幸蒙冤者，有罪戾幸脫者。某昔少年不謹，親手殺人，幸用詐得免，既經兩三次霑恩，言之無傷。某舊與一巨室女淫通，久而外間藉藉，女父母痛加棰責，遂斷往還。嘗竊往訪，逆相拒絕，當時不勝忿，戕之而歸。故父在縣作押錄，與某言：『汝奸狀著聞，豈應逃竄，貽二親之禍！且密藏汝刀，吾執汝告官，但隨問便伏，切勿抵諱，空招楚辱，無益也。』乃共埋刀於床下。某既坐獄，父求長假出外，謂家人云：『我不見此子受刑，今浪跡他郡，須已論決始還耳。』即日登途，到南康軍，適司理勘一大辟，其事將結正。父詢推司所居及平日嗜好，都人言：『夫婦皆愛賭博，每患無對手。』父使同行一客，委曲達意，以多資善戲誘之。喜而延入室，自昏達旦，主人敗二百千，先償其半，約明日取餘。及期索逋，無以應，父笑曰：『本欲博塞為歡，錢何足校！』悉返昨所得。推司感悅致謝。俄反饋以百千，不知所為，疑未敢受。父曰：『有一事浼君，吾一子不殺人，而橫罹囹圄，緣凶身不獲，無由自明。聞此獄有囚當死，願以此項加之，是於囚罪無所增，而吾兒受再生之恩，為賜不淺。』推曰：『此易事耳，如其教。』某初困訊鞫時，供刀所在，而索之不見，不知父已徙瘞於社壇下，由是獄不可成。已而南康移文會本

縣，縣具以報，某遂得釋以出。今將四十年，追咎往愆，殊用震
竦。以是觀之，可以照他獄之枉濫不一而足也。」

《夷堅志補》卷六，〈安仁佚獄〉

朱中直府判為池之青陽簿老吏言：紹興初，有縣丞夫婦，皆年
三十而無子，令吏輩求嬰兒為嗣，不數日輒死。又求之，數年內凡
失十餘子。最後一子死，棺殮就焚，其本生父母來視之，循其體兩
股微熱，復視之，陰囊已破去雙腎矣。哭告於官，追丞家人劾治，
具得其狀。乃丞用道人授房中之術，用嬰兒腎入藥，偽為求嗣，實
為藥資。案成，丞死於獄，不克正其罪。

《談藪‧殺嬰奇案》

　　這兩則故事所暴露的貪官污吏罪行，皆觸目驚心，無不令人髮指。前
一則故事用第一人稱口吻講述故事，揭發一胥吏執法犯法，用卑劣手段收
買上級主管官員而使真凶無罪被釋；後一則故事揭發某縣丞迷戀道人所授
房中術，竟偽為求嗣，殺男嬰取其睪丸入藥，奪走十多個嬰兒性命後才敗
露。這些官吏如此肆無忌憚，足以說明當時官場腐敗達到何種地步。
　　這個時期有關貪官污吏的故事，尚有寫張某貪酷，其入覲時州人謂
「渠伊必不復來」，某歸乃徵「渠伊錢」，明年又入覲，州人惟道路相目
捋鬚為慶，某歸又徵「捋鬚錢」的《江南餘載‧渠伊錢與捋鬚錢》、寫一
奸佞當國時賣官鬻爵至有定價，時語稱「三千索，直秘閣，五百貫，擢通
判」的《曲洧舊聞‧賣官定價》、寫郎官欲勾引某朝士家一妓，竟中計被
撻，裸體逃出的《睽車志‧郎官被撻》、寫金兵南侵時壽春一通判降敵卻
冒領功勞，升為本郡守，事泄受懲身亡的《夷堅志‧馬識遠》、寫沈某多
有年資與功勞，卻受吏部一官員阻撓，對其行賄後方得升遷的《夷堅志‧
沈大夫磨勘》、寫某候兵與南豐主簿所寵家奴私通，欲將主簿毒死，因故
方得免的《夷堅志‧南豐主簿》、寫某邑宰因預借違旨被罷官，一妓慧黠
謳《漁家傲》嘲諷其人的《行都紀事‧妓嘲邑宰》、寫一漕府小吏督運時
狎遊群妓，輕薄太甚，群妓不堪忍受，乃施藥使其陰縮小若閹官的《輟耕
錄‧狎娼遭毒》等。

三、宋元的其他官吏故事

這個時期有關其他官吏的故事，所描寫的對象為清官、贓官以外的其他官吏。它們從不同的視角展示這一類官吏的思想言行、生活狀態等，使這個時期官吏故事的內容得以拓展和充實，讓讀者、聽眾的視野更為開闊。試看：

> 劉伯宣為宣慰司同知，去官日泊北關外俞碗盞家之別室。一夕，為偷兒盜去銀匙箸兩副及毛衫布海青共三件。次日幾無可著之衣。其家即欲經官捕盜。伯宣不許。因自於門首語其鄰曰：「此輩但知為盜，而不知吾乃窮官人也，所有之物不過如此。萬一見獲，遂壞此生。銀匙箸入其手亦不願得，但衣服頗覺相妨，仍見還可也，幸相體此意。」人皆笑其迂。越再宿，忽得一麓於屋後空地，視之，毛衫衣布皆在焉。劉公一言信及穿窬，非一日之積也。
>
> 《癸辛雜識》續集卷下，〈伯宣被盜〉

這是一則很有特點的故事，它善於捕捉一些有表現力的細節，用以揭示故事主角——一位窮官生活困窘的狀況以及其人的迂闊性格，頗為風趣。

這個時期有關其他官吏的故事，尚有寫陳某富於資產，致仕後既不嗜學又杜絕賓客，種真珠千餘顆於小圃中，記顆俯拾，周而復始的《南唐近事‧陳繼善》、寫沈某未赴殿試時無意中購得一曆書而觀之，後遷對策問歷數，竟一一對答，乃擢進士第一的《投轄錄‧沈元用》、寫一致仕高官命太守黥噬殺其鹿之犬主，幕官巧使太守僅以犬償鹿命的《隨隱漫錄‧犬不識字》、寫一縣丞拜謁鄉大夫，此醒彼睡，彼醒此睡，至日落縣丞去，竟不交一言的《樂郊私語‧海鹽丞與鄉大夫》、寫一增城尉厚賄部胥，將「增城尉司弓級陳某獲若干盜」改為「增城尉同弓級陳某獲若干盜」以邀功的《東南紀聞‧改字邀功》等。

第三節　宋元的諷刺故事

宋元時期的諷刺故事，主要針對官場醜態、富人劣根性和不良世風，對其予以有力抨擊和無情嘲諷。此類故事大都鋒芒銳利，一針見血，使被嘲諷對象狼狽不堪，讓世人發洩心中塊壘，並且有所警覺。

一、宋元的嘲諷官場醜態故事

這個時期嘲諷官場醜態的故事，往往在通過具體的事例來辛辣地揭露、諷刺官場的各種醜惡現象，使人對官場腐敗有進一步瞭解。此類故事的篇幅大多較為短小，詼諧風趣。試看：

> 開寶中，神泉令張某者新到官。外以廉潔自矜，內則貪黷自奉，其例甚多。一日自榜縣門云：「某月某日是知縣生日，告示門內與給事諸色人，不得輒有獻送。」一曹吏與眾議曰：「宰君明言生辰日，意令我輩知也；言不得獻送，是謙也。」眾曰：「然。」至日各持縑獻之，命曰：「續壽衣。」宰一無所拒，感領而已。復告之曰：「後月某日是縣君生日，更莫將來。」無不咍者。
>
> 《該聞錄‧宰君告示》

> 故事邊郡納粟三千斛，授本州助教。岐山王生納粟授官，以厚價市駿馬，猶不如意，每以為恨，嘗騎過市。醫生李生滑稽能譴，遮道謂曰：「君馬新市，其價幾何？」曰：「一百五十千。」李生盛稱壯健，以為價賤。王怪問之，李生曰：「馱得三千石穀，豈非壯健耶？」
>
> 《幕府燕閑錄‧馱得三千石穀》

> 秦檜為相，久擅威福，士大夫一言合意，立取顯美，至以選階，一二年為執政人懷速化之望。故仕於朝者多不肯求外遷，重內

輕外之弊頗見於時。有王仲荀者，以滑稽遊公卿間。一日坐於秦府賓次，朝士雲集待見。稍久，仲荀在隅席輒前白曰：「今日公相未出堂，眾官久俟，某有一小語願資醒困。」眾知其善謔，爭竦聽之，乃抗聲曰：「昔有一朝士出謁未歸，有客投刺於門。閽者告之以某官不在，留門狀俟歸呈稟。客忽然發怒，叱閽曰：『汝何敢爾！凡人之死者乃稱不在。我與某官厚，故來相見，某官獨無諱忌手？而敢以此言目之耶！我必俟其來，面白以治汝罪。』閽拱謝曰：『小人誠不曉諱忌，願官人寬之。但今朝士留謁者例告以如此，若以為不可，當復作何語以謝客？』客曰：『汝官既出謁未回，第云某官出去可也。』閽愀然蹙額曰：『我官人寧死卻是諱出去二字！』」滿座皆大笑。

《桯史》卷七，〈朝士留刺〉

這三則故事，從不同的視角來揭發、嘲諷官場的各種腐敗現象和某些官吏的醜惡嘴臉。第一則故事，通過一縣令在生日所搞的小動作來暴露其變相勒索的無恥行徑；第二則故事，通過譏刺納粟授官者來抨擊賣官鬻爵的時弊；第三則故事，運用故事中套故事的形式，嘲謔某些朝臣懼怕外遷，實則企盼攀附權奸的一種卑劣心態。

這個時期嘲諷官場醜態的故事，尚有寫徐某在宣州聚斂苛暴，入覲侍宴時，伶人扮土地神稱被徐和地皮一起掘來的《江南餘載・和地皮掘來》、寫國子博士王某知扶風，李生來拜稱「同院」，蓋其人以納粟授官亦「穀博」的《幕府燕閑錄・國博與穀博》、寫某貴族之有勢力者欲以一位新高中少年為婿，命眾僕將其擁至府邸，少年稱此事當歸家與妻子商量的《遁齋閑覽・攫婿》、寫一年老之郎官令妻妾鑷鬢，妻忌其少乃去其黑，妾欲其少乃去其白，未幾其人頤頷遂空的《墨客揮犀・妻妾鑷鬢》、寫史彌遠為相時士夫多鑽刺得官、徘優者嘲謔以木鑽鑽石之人「不去鑽彌遠，卻來鑽彌堅」的《湖海新聞夷堅續志・徘優戲言》等。

二、宋元的嘲諷富人劣根性故事

這個時期的此類諷刺故事，大都從不同的角度展示富人各式各樣的劣根性，並且加以盡情的譏刺、嘲謔，態度鮮明，愛憎強烈，讓讀者、聽眾感到無比痛快。試看：

> 京師有富家子，少孤專財，群無賴百萬誘導之。而此子甚好看弄影戲，每弄至斬關羽，輒為之泣下，囑弄者且緩之。一日弄者曰：「雲長古猛將，今斬之，其鬼或能祟，請既斬而祭之。」此子聞甚喜。弄者乃求酒肉之費，此子出銀器數十。至日斬罷，大陳飲食如祭者。群無賴聚享之，乃白此子，請遂散此器。此子不敢逆，於是共分焉。
>
> 《續明道雜志·富家子祭關羽》

> 有人富而慳，從弟入京告行，不得已與千錢、一壺，作簡曰：「筋一條，血一壺，右件捶胸獻上，伏惟鐵心肝人留納。」
>
> 《籍川笑林·捶胸獻上》

這兩則故事，從兩個極端來揭露和嘲諷富人對金錢、財富的態度。前一則故事，寫敗家子出手過分闊綽，近乎奢靡，無可救藥事；後一則故事，寫守財奴待人過分吝嗇，近乎愛財如命，令人作嘔。它們都用誇張的手法表現人物性格特徵，諷刺性強，能夠收到很好的藝術效果。

這個時期嘲諷富人劣根性的故事，尚有寫京師一富人常繫一條抵押來的金帶迎送賓客，止於門中而返，不敢出門的《可書·富人金帶》、寫豪商李某仿崔相府第新造一屋，崔相往觀，譏其少兩枝樑（沒思量、沒酌量）的《湖海新聞夷堅續志·效人做屋》等。

三、宋元的嘲諷不良世風故事

這個時期的此類故事，以譏刺、針砭存在於各社會階層中的諸般歪風、痼疾為題旨，藉以警醒世人，改進世風。試看：

> 有一貧士，家惟一瓮，夜則守之以寢。一夕，心自惟念：苟得富貴，當以錢若干，營田宅，蓄聲妓，而高車大蓋，無不備置。往來於懷，不覺歡適起舞，遂踏破瓮。
>
> 《東坡詩注·瓮算》

> 秦時有人家二兄弟，專好妄語，凡百有事便相給。一日，思量云：「我二兄弟說話是無憑，可去門前深溪澡浴，洗去妄語。」弟曰：「諾。」兄手中先把得一片乾脯，脫衣入溪，沒水中去。少時出來，著衣服了，軟頭擺腦，吃此一片乾脯。弟問：「何處得肉脯吃？」兄云：「海龍王會客作席，見我來洗去妄語，遂得一片與我，滋味甚別，必是龍肝珍味。」其弟聞得，便脫衣，亦鑽入水中去，去勢稍猛，忽被頑石撞破著頭浪，忙出來，鮮血淋漓，兄問：「你頭如何破著？」答云：「龍王嫌我來得遲，將鼓槌打數十下，痛不可忍。」諺云：「蛇入竹筒，曲性猶在。」其此之謂歟。
>
> 《事林廣記·滑稽笑談·兄弟虛妄》

這兩則故事筆鋒犀利，耐人尋味，均不失為諷刺佳作。前一則故事，通過描摹貧士夢想發跡後如何奢侈來嘲笑小人得志的醜態，既有幾分尖刻，又有幾分惋惜；後一則故事，以兄弟二人競相妄語來譏誚世間說謊者的厚顏無恥，在辛辣之中表現出蔑視。兩則故事均包含有一定的寓意——想入非非者必將雞飛蛋打一場空；虛妄撒謊之人必將碰得頭破血流。

這個時期嘲諷不良世風的故事，尚有寫一故相遠派遊姑蘇時，書壁曰「大丞相再從侄某嘗遊」；士人李某好訕謔，題其旁曰「混元皇帝三十七代孫李璋繼至」的《夢溪筆談·故相遠派書壁》、寫二窮酸寒士言志，一

云他日得志當吃飽便睡，睡再吃，一云我當吃了又吃，何暇再睡的《東坡志林·措大言志》、寫某人外出經年歸來，其妻稱惟閉戶自守，某取妻詩見首篇題云〈月夜招鄰僧閑話〉的《遁齋閑覽·作邀僧夜話詩》、寫某道士氣焰囂張，目中無人，一滑稽之士譏其所戴之冠為「笑冠」（犬上加竹為笑）或「篤冠」（馬上加竹為篤）的《夷堅志·道士竹冠》、寫秦朝一士人酷好吉物，罄田資買下謊稱夏、商、周之朽碗、古杖、敗席，竟披席、把杖、執碗行乞的《事林廣記·秦士好古》等。

第四節　宋元的盜賊故事

　　宋元時期的盜賊故事，數量比隋唐五代時期同類作品多，主要包含盜匪謀財害命的故事、大盜巨匪的故事和鬥盜捕賊的故事等幾方面的內容。它們往往運用記實手法，從特定的角度來揭示當時的社會生存環境和世人生活狀況，富有揭露性和抗爭精神。

一、宋元的盜匪謀財害命故事

　　這個時期的此類故事，既揭露了盜匪圖財害命，極其凶暴、殘忍的面目，又展示出在盜匪的罪行泄露之後，他們一一被捉，受到懲處的結局，充分表達了民眾對那些危害一方的凶犯們的仇視與憤恨之情。試看：

　　　　紹興九年，邕州通判朱履秩滿，攜孥還家，裝資甚富，又部官銀綱直可二十萬緡。舟行出廣西，朱有棋癖，每與客對局，寢食皆廢。嘗願得高僧逸士能此藝者，與之終身焉。及中塗，典謁吏通某道士求見，自言棋品甚高。朱大喜，亟延入。其人長身美鬚，談詞如雲，命席置局，薄暮不少倦。遂下榻留宿，從容言，欲與同行之意。道士曰：「某客遊於此，常扣人門而乞食，得許陪後乘，平生幸願也。」朱益喜。及解維，置諸船尾，無日不同食。別一秀才作伴，皆能痛飲高歌，頗出小戲術娛其子弟，上下皆悅之。相從兩旬，行至重湖，會大風雨，不能進，泊於別浦，飲弈如初。二鼓

後，船忽欹側，壯夫十餘輩突門入，舉白刃嘯呼。朱氏小兒爭抱道士衣求救，道士拱手曰：「荷公家顧遇之極，不得已至此，豈宜以刃相向？」命以次收縛，投諸湖，明旦分挈財貨以去。縣聞之，遣官驗視，但浮尸狼藉，莫知主名。而於岸側得小曆一卷，乃群盜常日所用口食曆，姓第具在，凡十有七人，以告於郡。事至朝廷，有旨令諸路跡捕，得一賊者，白身為承信郎，賞錢二百萬。建昌縣弓手數輩善捕寇，因踪跡盜。海客任齊乳香者，請於尉李鏞，願應募。西至長沙，見人賣廣藥於肆。試以姓第呼之，輒回首，走報戍邏執之，與俱詣旅邸。一室施青紗厨，列器皿甚濟，訪其人，則從後戶遁矣，蓋偽道士者也。獄鞫於臨江，囚自通為王小哥，乃同殺朱通判者。其徒就獲他處者十人，道士曰裴□，秀才曰汪先，皆亡命為可恨。鏞用賞升從事郎，調饒州司法，與予言。

《夷堅丙志》卷十九，〈朱通判〉

紹興末，興化有官人仕於潮陽，任滿浮海歸。中道抵一村步，舟眾登岸買酒，邀其子同遊。子年十一、二歲，整衣而出，抱以往。久之，持酒一壺並肉羹餉官人，夫婦食之稱美。越兩時，子不返，使童呼之。篙工嘻笑答言：「官人如何理會不得，恰所吃羹，乃其肉也。」官人拊心悲痛，知不免，謂曰：「事已到此，我不惜就死，告容我自為計。」其人曰：「爾計奈何？」曰：「幸見許，取公裳穿著，拜謝天地神明，然後赴水。」諾之。既死，又殺其家十餘口，唯留厥妻及女，裸其體膚，不掛片縷，意欲使之不能窺外。於是眾迭奸污。覺甚餒，則量與之食。稍啜泣，必行痛箠，回次泉南境。初，此官人攜鄉里一姻舊厥為館舍客，當治裝時，俾先歸理家務。望之逾期，杳杳不至，乃僦小艇，循岸迎訪。到某港，見二婦探首，視客而哭。時凶徒盡散入村民家。二婦揮手使客去，客解其意。偶巡檢廨舍近在數里內，遽往赴朔。巡檢悉柵兵追捕，凡二十輩，無一漏網者。獄未具，會壬午覃恩赦至，除斃於獄戶者，餘多得生。時人莫不冤惜。

《夷堅支庚》卷三，〈興化官人〉

這兩則故事均發生在南宋初年，劫案均出自船上，受害人乃是任滿歸家的官吏及其家眷。所不同的是一則故事的盜匪為化裝上船的道士、秀才及其同夥，一則故事的盜匪乃是船家及其手下人。這兩則故事不但揭露了盜匪殺人越貨的凶狠，還進而暴露盜匪吃人幼子的殘忍和姦人妻女的淫猥，凡此種種，無比令人髮指。有時，那些惡貫滿盈的盜匪遇到大赦，竟被釋放，實在讓讀者、聽眾感到氣憤和嘆惜。

　　這個時期匪盜謀財害命的故事，尚有寫怨僕某雇賊船使主人一家被殺害，一傷兵報案，幾經周折終於將罪犯正法的《夷堅志‧莆田人海船》、寫一官家露富讓舟師夫妻與篙工劫殺，全家屍沉水底，後事泄三人均梟首的《夷堅志‧金沙灘舟人》、寫三歹徒在浴堂殺人奪財，在殺害一候選官員時敗露，被一網打盡的《夷堅志‧京師浴堂》、寫一年逾八旬老翁至衙庭自首其搶奪姦殺罪行，官欲縛其人則已亡故的《揮塵錄‧慣盜自陳於垂死》等。

二、宋元的大盜巨匪故事

　　這個時期此類故事所描寫的對象，皆為盜匪之中有勢力、有影響的突出人物，往往名聲在外，各有其特點和個性。有關此等人物的故事，大多具有比較濃郁的地方特色，從一個特定的視角反映當時的社會生活和風土民情。試看：

> 　　京城闤闠之區，竊盜極多，踪跡詭秘，未易跟緝。趙師𩋑請造字：「四」下面「幸」，再下面「廾」尚書尹臨安，日有賊每於人家作竊，必以粉書「我來也」三字於門壁，雖緝捕甚嚴，久而不獲。「我來也」之名，哄傳京邑，不曰「捉賊」，但云「捉我來也」。
>
> 　　一日，所屬解一賊至，謂此即「我來也」，亟送獄鞫勘。乃略不承服，且無贓物可證，未能竟此獄。其人在京禁，忽密謂守卒曰：「我固嘗為賊，卻不是『我來也』。今亦自知無脫理，但乞好好相看。我有白金若干，藏於寶叔塔上某層某處，可往取之。」卒思塔上乃人跡往來之沖，意其相侮。賊曰：「毋疑，但往。此方作

少緣事，點塔燈一夕，盤旋終夜，便可得矣。」卒從其計，得金，大喜。次早入獄，密以酒肉與賊。

越數日，又謂卒曰：「我有器物一瓷，置侍郎橋某處水內，可復取之。」卒曰：「彼處人鬧，何以取？」賊曰：「令汝家人以籮貯衣裳，橋下洗濯，潛摝瓷入籮，覆以衣，舁歸可也。」卒從其言，所得愈豐。次日，復勞以酒食。卒雖甚喜，而莫知賊意。

一夜，至二更，賊低語謂卒曰：「我欲略出，四更盡即來，決不累汝。」卒曰；「不可。」賊曰：「我固不至累汝，設或我不復來，汝失囚必至配罪，而所我遺，盡可為生。苟不見從，卻恐悔吝有甚於此。」卒無奈，遂縱之去。卒坐以伺，正憂惱間，聞檐瓦聲，已躍而下。卒喜，復桎梏之。

甫旦，啟獄戶，聞某門張府有詞云：「昨夜三更被盜失物，其賊於府門上寫『我來也』三字。」師巋撫案曰：「幾誤斷此獄，宜乎其不承認也。」止以「不合犯夜」杖而出諸境。

獄卒回，妻曰：「半夜後聞扣門，恐是汝歸，亟起開門，但見一人以二布囊擲戶內而去，遂藏之。」卒取視，則皆黃白器也。乃悟張府所盜之物，又以賂卒。

賊竟逃命。雖以趙尹之明特，而莫測其奸，可謂黠矣，卒乃以疾辭役，享從容之樂終身。沒後，子不能守，悉蕩焉，始與人言。

《諧史·我來也》

建康緝捕使臣湯某者，於儕輩中著能聲，蓋群盜巨擘也。一日，有少年衣裳楚楚，背負小笈扣湯所居。湯遣詢誰何？則自通為鄱沙王小官人，趨前致拜。湯亦素知其名，因使小憩，辭云：「觀察在此，不敢留。只今往和州，擬假一力負至東陽鎮問渡。」湯疑有他，遂擇其徒駔黠者偕往，俾偵伺之。

自離城闉，遇肆輒飲，已而大吐，幾不能步。同行者左負笈，右扶醉人，殊倦甚。恚曰：「湯觀察以其為好手，不過一酒徒耳。」凡七十里，抵鎮邸大吐投床，終夕索水，喧呶不少休。

黎明有騎馬扣門者，乃湯也。密扣同行，知夕來酒醉伏枕。

亟造臥所，則亦扶頭。客聞湯來，強披衣扣所以至。湯謾以他語答之。客笑曰：「得非疑其沿途有作過否？」因指同行為證，且曰：「雖然或有他故，願效區區。」湯囁嚅久之，曰：「不敢相疑，實以夜來總所有大酒樓失銀器數百兩。總所移文制司立限構捕，嚴甚，少違則身受重譴矣。束手無措用是，冒急求策耳。」少年微笑曰：「若然則關係甚大，恐妖異所為，非人力能措手，惟有祈哀，所事香火，或可徼神物之庇耳。」

湯哂其醉中語荒誕，不復詰，力邀同還。抵家謾用其說禱之聖堂，則所失器物皆粲然橫陳供床下矣。湯始大驚以為神，方欲出謝之，則其人已去矣。盜亦有道，其是之謂乎！

《癸辛雜識》前集，〈王小官人〉

這兩則作品的故事性都比較強，而且在人物刻畫方面下了不少功夫。前一則作品以漸進方式敘述故事，逐步揭示其人的面貌，將名噪京師的大盜「我來也」過人的機敏、狡黠寫得活龍活現。後一則作品也頗有藝術水平，它並沒有正面描述少年劇盜，而是採用襯托手法從側面揭示其人極為高強的本領，同樣給人留下難忘的印象。

這個時期大盜巨匪的故事，尚有寫江淮劇盜之褲將馬某頗仁慈，善待所虜士人、僧道、婦女，不准手下人胡作非為的《清尊錄・馬吉》、寫大盜謝某因盜致富，作案數十起未嘗失敗，因同夥告密被捕，竟遇大赦放歸的《夷堅志・謝花六》、寫高郵尉九為盜日馳數百里，淮人皆苦之，一道人來拜師，隨後同往楚州盜物的《梁溪漫志・俚語盜智》等。

三、宋元的鬥盜捕賊故事

這個時期的此類故事，從不同的社會層面描述平民、官吏與盜賊鬥智鬥勇的事跡，異彩紛呈，大多故事性較強，頗為引人入勝。試看：

婺民朱四客，有女為吳居甫侍妾。每歲必往視，常以一僕自隨。因往襄陽，過九江境。山嶺下逢一盜，軀幹甚偉，持長槍，叱

朱使住，而發其篋。朱亦健勇有智，因乘間自後引足蹴之；墜於岸下，且取其槍以行。暮投旅邸。主媼見槍扣之，遂話其事。媼愕然，如有所失。將就枕，所謂盜者，跛曳從外來，發聲長嘆曰：「我今日出去，卻輸了便宜，反遭一客困辱。」欲細述所以，媼搖手指之曰：「莫要說，他正在此宿。」乃具飯餉厥夫，且將甘心焉。朱大懼，割壁而竄，與僕屏伏草間。盜秉火求索，至二更弗得，夫婦迫躡於前途十數里。朱度其去已遠，遽出，焚所居之屋。未幾盜歸，倉皇運水救火，不暇復訪。朱遂爾得脫。

《夷堅支丁》卷四，〈朱四客〉

紹興十二年，京東人王知軍者，寓居臨江新淦之青泥寺。寺去城邑遠，地迥多盜，而王以多資聞。嘗與客飲，中夕乃散，夫婦皆醉眠。俄有盜入，幾三十輩，悉取諸子及群婢縛之。婢呼曰：「主張家事獨藍姐一人，我輩何預也！」藍蓋王所嬖，即從眾中出應曰：「主家凡物皆在我手，諸君欲之非敢惜。但主公主母方熟睡，願勿相驚恐。」秉席間大燭，引盜入西偏一室，指床上篋笥曰：「此為酒器，此為彩帛，此為衣衾。」付以鑰，使稱意自取。盜拆被為大復，取器皿蹴踏置於中。燭盡，又繼之，大喜過望。凡留十刻許乃去。去良久，王老亦醒，藍始告其故，且悉解眾縛。明旦訴於縣，縣達於郡。王老戚戚成疾，藍姐密白曰：「官何用憂？盜不難捕也。」王怒罵曰：「汝婦人何知！既盡以家資與賊，乃言易捕，何邪？」對曰：「三十盜皆著白布袍，妾秉燭時，盡以炷淚污其背，但以是驗之，其必敗。」王用其言以告逐捕者，不兩日，得七人於牛肆中。展轉求跡，不逸一人。所劫物皆在，初無所失。漢《張敞傳》所記偷長以赭污群偷裾而執之，此事與之暗合。婢妾忠於主人，正己不易得，至於遇難不懾怯，倉卒有奇智，雖編之《列女傳》不愧也。

《夷堅丙志》卷十三，〈藍姐〉

這兩則故事的主角都是普普通通的平民百姓。前一則故事中的朱四健勇多智，遇到突然情況時，不但敢於果斷痛擊強盜，而且善於運用智慧與

強盜周旋，竟能夠化險為夷，平安脫身，不能不令人嘆服。後一則故事中的藍姐是個地位卑微的婢女，面對湧入寓所的群盜，敢於挺身出來應對，而且善於見機行事，偷偷地在匪徒的背上一一留下燭淚，使三十多個強盜很快被捕，無一人漏網，並且追回全部所竊之物，可謂具有大智大勇奇女子。故事以主人王老來陪襯藍姐，使其形象更為突出，更讓人欽佩。

這個時期的鬥盜捕賊故事，尚有寫某縣令愛犬因咬傷一販婦被逐，當夜失盜，後知盜賊由販婦引入，乃迎愛犬歸家的《夷堅志·鄭氏犬》、寫一縣令在江上見船主不懷好意遂隨機應變，上岸後即擒其送獄，將累年為惡凶盜誅戮的《夷堅志·金沙灘舟人》、寫窮官劉某衣物失竊數日無衣可穿，但不讓報官捕賊，後果如所料其衣物又被賊送還的《癸辛雜識·伯宣被盜》、寫一舟人治酒將登船打劫之二盜灌醉並抽刀砍死，使兩位商賈免難的《輟耕錄·義丈夫》等。

第五節　宋元的家庭故事

宋元時期的家庭故事，包含夫妻的故事、父輩與子女的故事，弟兄的故事等，從不同的方面再現這個時期的家庭生活狀況和家庭成員關係，生活氣息較濃，具有一定的認識價值和藝術價值。

一、宋元的夫妻故事

夫妻故事在宋元時期的家庭故事中數量最多，相當突出。它們大多從正面敘寫夫妻（含妾，下同）之間相互體貼、相互關心、相互照顧的恩愛情分；另一部分作品則表現夫妻不和帶來的苦痛、不幸以及反映戰亂造成夫妻離散的殘酷現實等。試看：

> 卜起，東都人也，庇身於百司，以年勞補計仕路，中銓，注授瑞州高安尉。起哀其從弟德成無所歸，邀以同行，遊吉與虔，出大庾嶺，經韶，下浰江。

德成慕起妻白氏既美艾，日夕思念，無計得之。德成私意謂：舟浮江中，可以害起。一夕晚，德成與起共立舟上閒話，德成伺其不意，推起墮江。德成詐驚呼救之，至明日，方得起屍。德成謂白氏曰：「無舉哀，今身落萬里之外，兄又溺死，方乏用度，別無人知，我承兄之名到官，且利其俸祿，終此一任，可以歸耳。」白氏大哭，德成引劍示之曰：「子若不從，當為刃下鬼。」白氏默默自恨，但暗中揮涕。德成乃室白氏，白氏不敢拒，思欲報德成，無以為計。

是時起之子方七歲，德成愛之如己子。不久官滿，欲挈白氏入京，乃泊家於嶺上。德成又授楚州山陽簿，方往嶺外挈白氏，德成謂白氏不念舊事，乃教其子為庠學生，任秩復寓家於楚。

德成入京，去甚久。一日，其子忽問其父，白氏泣下曰：「且非汝父也。」子驚曰：「何以言之？」白氏云：「今德成乃汝之仇焉，殺汝父者也。汝父起官嶺外，下湍江，為德成推墮溺死矣，詐代汝父之官，今七八年矣，我痛貫肝膈。我常欲報之，私念婦人之謀易為洩露，無所成就，即汝父之仇，終身無報焉。今子已十五歲，可成大事。汝能報之，吾死無怨。」子乃同母詣府，具陳其冤，公吏入都追德成，押而歸，具伏。

事成，上其事奏太宗，降旨法德成於楚州，仍與其子一官。母不先告，連坐，其子訴訟，乃獲免焉。

《青瑣高議》後集卷四，〈卜起傳〉

建炎三年，車駕駐建康，軍校徐信與妻子夜出市，少憩茶肆傍。一人竊睨其妻，目不暫釋，若向有所囑者。信怪之，乃舍去。其人踵相躡，及門，依依不忍去。信問其故，拱手巽謝曰：「心有情實，將吐露於君，君不怒，乃敢言。願略移步至前坊靜處，庶可傾竭。」信從之。始言曰：「君妻非某州某縣某姓氏邪！」信愕然曰；「是也。」其人掩泣曰：「此吾妻也。吾家於鄭州，方娶二年，而值金戎之亂，流離奔竄，遂成乖張，豈意今在君室！」信亦為之感愴，曰：「信，陳州人也，遭亂失妻，正與君等。偶至淮南

一村店，逢婦人，敝衣蓬首，露坐地上，自言為潰兵所掠，到此不能行，吾乃解衣饋食，留一二日，乃與之俱。初不知為君故婦，今將奈何？」其人曰：「吾今已別娶，藉其貲以自給，勢無由復尋舊盟。倘使暫會一面，敘述悲苦，然後訣別，雖死不恨。」信固慷慨義士，即許之，約明日為期，令偕新妻同至，庶於鄰里無嫌。其人歡拜而去。明日，夫婦登信門。信出迎，望見長慟，則客所攜，乃信妻也。四人相對淒惋，拊心號啕。是日各復其故，通家往來如婚姻云。

《夷堅志補》卷十一，〈徐信妻〉

　　這兩則故事，從不同的視角描寫夫妻的故事，都頗為感人。前一則講述卜妻忍辱負重將兒子撫養成人以及為被謀殺之親夫報仇的故事，對故事主角的刻畫有一定的力度。後一則講述兩對夫妻在戰亂中離散，其後又得團聚的故事，其結尾雖然帶有喜劇色彩，卻難以抹去世人心中的痛楚。故事主角的寬厚與率真，導致兩對離散夫妻重逢與團聚。他的優良品質，令人欽佩。世人或許可以從此則作品中得到一定的啟示和教益。

　　這個時期的夫妻故事，尚有寫王某調任時其妻被騙賣給一知縣做妾，數年後偶得重逢，乃讓其回到王某家中的《夷堅志‧王從事妻》、寫獵手生王二逐鹿深崖遇裸女，共處月餘，後迎女還家與髮妻和睦相處的《夷堅志‧生王二》、寫富人王某棄妻嬖娼，導致夫妻離異，家庭破裂，後客死他鄉的《夷堅志‧王八郎》、寫都城失守時朝士王某娶二美婦為妾，約定不復娶，後為中書舍人欲另娶，二妾乃服毒自盡的《夷堅志‧王氏二妾》、寫劉先生娶瘦醜婢女張二姐為妻，張溫良賢惠，助其登科及第為京官的《夷堅志‧張二姐》、寫李二害死主人張某而與張妻成婚，張妻得知實情後將李二送官，使其伏誅的《夷堅志‧張客浮漚》、寫向某愛妾為拒賊紓難，毅然登上迎娶之賊舟後忽躍水自盡的《藏一話腴》「薌林愛妾」、寫丈夫外出後夜間忽有道人從空中下而欲對其妻施暴，其妻乃取刀自衛得以保全名節的《稗史‧賢婦》等。

二、宋元的父輩與子女故事

宋元時期父輩與子女的故事，作品較多，涉及父母與子女，翁姑與兒媳等兩代家庭成員，從不同的角度揭示當時的家庭生活和社會狀況。其中，有不少作品值得關注。試看：

> 可從世居溫之北鄉清源。宋建炎間，大盜群起，遇人必殺，清源皆逃於蒙山。未幾盜至，眾多被害。間有不殺，而執而掠問珍寶所藏之處，從世母亦為所執。從世哀痛，不忍母死於盜之手，乃往盜所長揖曰：「鄉人所藏珍寶，惟我可尋，母實不知，願以身代母，共汝尋之。」盜乃釋其母而執從世。引導數處，皆無所得，始知其紿己，因聚箭射之，俱不中體。賊問其故，且言恐母死於非命，故設是計以代母死。賊憐其孝，遂釋之。

《夷堅志三補·願代母死》

> 信州富室趙氏，居家養母。娶妻一年，母偶往候親戚，夜有劫賊殺趙，劫其財，擄其妻。官捕寇不獲。其母寡居二十年，鄉稱曰趙安人。宋咸淳，建昌軍葉茂卿赴省，暮至其鄉，一老人曰：「前途店遠，此有趙安人家可寄宿。」茂卿過其家，叩閽人為一宿之托。安人見其面貌類亡兒，納之。令老僕請入內廳，待之以酒饌，意甚勤，渠但只垂淚不止。茂卿意疑為鬼，然不敢言，食畢，出宿。天明，安人又具早食相延，苦留數日，臨別，安人以芝楮三十束為贈，祝之曰：「回途千萬見過。」諸僕亦皆有饋贈，葉喜出望外。

> 至古杭，中省殿第四甲進士出身，授撫州樂安主簿。歸，遂買匹緞等物，回途再訪，送與安人。甚喜，留數日，相與如一家。因閒步後花園，見供養畫真一軸，問曰：「此為何人？」安人曰：「此吾亡兒也，年十九歲為寇所殺，媳婦為寇所擄，今不知存亡。」不覺淚如雨下。葉又問：「媳婦何姓？」曰：「姓魏。」某

年某月日生，身體之長短，面貌之何似，歷歷言之，且言媳婦孕五月而失。葉聞之，附於心，驚曰：「吾母即是已！」遂泣別而歸。

葉回建昌，歸拜其父葉仲二，開宴款客月餘。葉以趙安人之言告其母魏氏，母掩其口曰：「汝休說，若謂此人知，必見殺，其似此必殺多人矣！」

後葉簿參州，首以斯事稟覆於太守。守差都監請葉仲二筵席。葉至，押赴司理院勘問是實，斬首於市。並為申朝，改正姓趙，以其母同歸信州趙安人家。二十年間姑婦存亡之別，再得團欒，以至祖母與孫相慶，天也。

《湖海新聞夷堅續志》前集卷一〈母子重見〉

這兩作品，均以兒子與父母關係為題材，但各有特點。前一則短小簡略，集中描繪兒子願代母死，震撼群盜，終因其敬孝而得以生還。後一則情節曲折，故事性較強。它所寫祖孫三代，包含母子、婆媳、父子等幾重關係，最後構建出一個兒子為生父報仇，使祖孫、婆媳團聚的故事，頗為精彩。

這個時期的父輩與子女的故事，尚有寫聶母被虎攫去時，其幼女持刀登虎背將虎砍死，然後葬母的《江南餘載·斫虎葬母》、寫群盜掩至時，鄭女為救父母，假裝同意嫁與匪首而將群盜引走，後赴江自盡的《青瑣高議·鄭路女》、寫某人巧妙開導妻子，讓她與婆婆的關係變好，受到親友稱道的《春渚紀聞·磨刀勸婦》、寫一子常逆父意，其父臨終欲土葬而囑其水葬，他不違父命竟葬父於潭中的《續博物志》「狠子葬父」、寫某婦歸甯時經過一嶺見虎蹲草中，她立即表白自己前去省親，虎竟離開的《夷堅志·觀坑虎》、寫番陽張某客蜀中多年不歸，其子長大後再三去蜀尋父，終於與其父一道還家的《湖海新聞夷堅續志·子取父歸》等。

三、宋元的弟兄故事

宋元時期的兄弟故事，從正反兩個方面描述弟兄之間的關係，藉以展現家庭生活的另一個層面，揭示當時人們的生活狀況和思想情感。試看：

大丞相馮公當世，記富家翁有宅於村者。親既終堂，其兄甲不忍群雁異飛，而友愛其弟乙甚厚。乙安樂之，未嘗有違言。久之，乙既有室，不令，日咻其夫使叛其兄。乙牽於愛而聽之。而甲之所為，無不善者，欲開釁隙而無其端。

於是甲有善馬，愛之甚至，雖親舊求借，輒以他馬代之。乙欲激其怒，乘甲之馬出，杖折其足。甲歸而見之，且喻其意，謂其僕曰：「去之，而新是圖。」

甲復有花藥之好，列檻數十，皆名品也，且其手植焉。灌溉壅培，不倦其勞。乙又將緣是以激之，乘間鋤而去之。甲曰：「吾欲去是久矣，而未果也。」因犁其地，而植之穀。

乙悟其非，且將悔之，而其室未厭也。甲既鰥處，而有愛妾，若將終身焉。處之側室，未嘗一與家事。其婦踵門而數之，詬罵毀辱，無所不至。妾不能堪，而訴其主。甲曰：「吾之過矣。」因逐其妾。

其婦聞之，愧汗浹背，且曰：「妾不幸，不及事舅姑，而無以為學，以至於此。而不知伯氏之德量如是之寬裕也。」乃正冠帨而拜於庭，以謝不敏。卒為善婦，以相其夫，而肥其家。

《能改齋漫錄》卷十二，〈富家翁愛其弟〉

昔有人家兄弟三人，不相和順，動輒有言，即便相拗。一日，兄弟相聚云：「我兄弟只有三人，自今後，要相和順，不得相拗；如有拗者，罰鈔三貫文作和順會，以今日為始。」須臾，大哥云：「昨夜街頭井被街尾人偷取去。」二哥云：「怪得半夜後街上水漕漕，人哄哄。」三哥云：「你是亂道，井如何可偷？」大哥云：「你又拗了，罰錢三貫。」三哥歸去取錢，其妻問取錢作何使，三哥以實告，其妻云：「你去床上臥，我為你將錢去還大哥。」其妻將錢去與大哥：「伯伯，云你小弟夜來歸腹痛，五更頭生下一男子，在月中，不敢來，教媳婦把錢還伯伯作和順會。」大哥云：「你也是亂道，丈夫如何會生子？」其妻云：「大伯，你也拗，此鈔我且將歸去。」

《事林廣記‧兄弟相拗》

這是兩則不同藝術風格的家庭故事。前一則著力刻畫兄長的仁厚形象。描述他看重兄弟情義，寬大為懷，以德服人，終於感動弟弟與弟媳，化解了家庭矛盾。後一則帶有喜劇色彩，以三兄弟相互抬槓來表現家庭生活的樂趣。其中還塑造了一個巧女形象，使故事越發活潑風趣。

這個時期的兄弟故事，尚有寫某地一家兄弟不分居，其宅旁榆樹生桑，桐樹生谷，白楊生檜，縣中為建三義亭的《清異錄・三義亭》、寫馮氏三兄弟甚相友愛，季弟妻一再離間，終使三兄弟析居，不再孝友的《遁齋閑覽・娶婦離間友愛》、寫徐氏三兄弟以賣漿舂米為業，長兄死後兩弟事嫂如母，撫養五個姪女與之嫁遣的《稗史・事嫂》等。

第六節　宋元的俠義故事

宋元時期的俠義故事，主要涉及殺敵禦侮、抗暴鋤奸等內容，展現故事主角豪爽勇武，俠肝義膽的精神風貌。此類故事主角既有男性，也有女性，而以女性主角更為突出。他們的事蹟，往往驚天地，泣鬼神，為世人稱頌，歷久不衰。

一、宋元的殺敵禦侮故事

宋元的殺敵禦侮故事，大都描述在異族入侵，民眾奮起殺敵之時湧現出的英雄事蹟。大敵當前，故事主角都將生死置之度外，敢於抵抗，還擊來犯之敵，不成功，便成仁，往往氣沖雲霄，令人肅然起敬。試看：

> 建炎庚戌，胡騎犯江西。郡縣村落之民，望而畏之，多束手斃。間有奮不顧身者，則往往得志焉，雖婦女亦勇為之。其過豐城劍池也，鐵騎行正道，通宵不絕，蓋使我眾聞其聲而不測多寡耳。一騎挾兩女子，獨穿林間，女指謂避者言「可擊」，於是眾舉挺椿之而墜，旋碎其腦。馬嘶鳴不已，似尋其主，眾逐而委之井，遂脫。又胡掠一婦，使汲井。婦素富家子，辭不能。胡呶呶怒罵，奪瓶器低頭取水。婦推其背，失足入於井中。餘干民艾公子全家遭劫

虜，兩胡燃火，將焚厥居。艾默念：「若蕩為丘墟，萬一獲脫，將無所歸。」乃呼其子，齊奮梃縱擊，垂困，取胡腰刀截其首，一家遂全。

《夷堅支庚》卷七，〈村民殺胡騎〉

　　楚民張生，居於淮陰磨盤之彎，家啟酒肆，頗為贍足。紹興辛巳冬，虜騎南下，淮人率奔京口。張素病足，不能行，漂駐揚州。已而顏亮至，張妻卓氏為夷酋所掠，即與之配。卓告之曰：「我之夫在城中，蓄銀五鋌，必落他人手，不若同往取之。」酋喜，偕詣張處，逼奪之。張戟手恨罵。酋益喜，以為卓氏慕己，凡是行擄獲金珠，盡委之，相與如真夫婦。俄亮死軍回。卓痛飲酋酒，醉臥之次，拔刀刺其喉，悉囊其物，鞭馬復訪張。張話前事，責數，欲行決絕。卓出所攜付之曰：「當時不設此計，渠必不肯信付我。今日之獲，乃張本於逼銀耳。」於是聞者交稱焉。

《夷堅支丁》卷九，〈淮陰張生妻〉

　　這兩則故事，均發生在南宋初年胡騎南侵之時。前一則塑造的是俠義群像，通過江西豐城、余干一帶的民眾殺敵的三個小故事，再現抗金鬥爭中的英勇事蹟。後一則塑造的是一個俠婦人形象。其人忍辱含垢，伺機殺死霸佔她的夷酋，為丈夫和鄉親報仇雪恨，因而得到眾人交口稱讚。

　　這個時期殺敵禦侮的故事，尚有寫蔡氏與裡中婦女同舟避難時，敵寇欲姦污之，蔡氏毅然投水以保存名節的《輟耕錄‧溺水不躍》、寫敵寇攻陷杭州城，搶劫官民府庫時，一女奴為救主婦而將入室寇兵引走，後竟獻身的《輟耕錄‧女奴義烈》等。

二、宋元的抗暴鋤奸故事

　　宋元的抗暴鋤奸故事的主角，大多為中下層婦女。她們性格剛毅，嚴正不屈，其抗暴鋤奸行為可歌可泣，令世人感佩。試看：

甲午歲五月，天兵克益郡。至八月，賊支進猶據嘉州，宿崇儀翰領兵討之。軍次洪雅，有卒掠獲一夷人婦，頗有姿色，置於兵幕之下，每欲逼之，云：「自有伉儷。」則交臂疊膝俯地而坐。軍人怒，許其斷頸剖心，終而不能屈。堅肆強暴，拒之轉甚。三日不飲食，以死繼之，竟不能犯以非禮。主帥聞而憫之，使送還本家。

《茅亭客話》卷六，〈夷人婦〉

戴十，不知何許人，亂後居洛陽東南左家莊，以傭為業。癸卯秋八月，一通事牧馬豆田中，戴逐出之。通事怒，以馬策亂捶而死。妻梁氏，舁屍詣營中訴之。通事乃貴家奴，主人所倚，因以牛二頭，白金一笏就梁贖罪，且說之曰：「汝夫死亦天命，兩子皆幼，得錢可以自養，就令殺此人，於死者何益？」梁氏曰：「吾夫無罪而死，豈可言利？但得此奴償死，我母子乞食亦甘分。」眾不可奪，謂梁氏曰：「汝寧欲自殺此人耶？」梁氏曰：「有何不敢？」因取刀欲自斫之。眾懼此婦憤恨通事，不令即死，乃殺之。梁氏掬血飲之，攜二子去。洛陽瞿志忠云。

《續夷堅志》卷一，〈戴十妻梁氏〉

這兩則故事的主角均係處於社會最底層的婦女。她們面對強大的對手卻毫無畏懼，敢於抗爭，並最終取得勝利，不能不讓人刮目相看。前者是一個少數民族婦女。她堅強不屈，大義凜然，使強暴者竟不能犯，甚至被主帥送還其家，其抗暴的勇氣是何等堅定。後者是一個普通農婦。她能夠強忍喪夫的巨大悲痛而與權貴抗論，不怕威逼利誘，竟讓殺人者償命，其鋤奸的決心何等感人。

這個時期抗暴鋤奸的故事，尚有寫賊王所聘之某女假意應允，捨身保全父母族人，並使賊軍潰退的《諧史》「趙氏女」、寫一卒反抗貪色上司被問成死罪，其妻以死殉夫，夫獲釋後終身不復娶的《輟耕錄·貞烈墓》、寫一賣藝不賣身娼女至為貞烈，為知州次子迎娶，後抗寇雙雙被殺的《輟耕錄·李哥貞烈》、寫紅巾軍陷河朔時，美女劉氏被掠，拒金玉珠璣誘惑而不從，後遭殺害的《輟耕錄·劉節婦》等。

第七節　宋元的美德故事

　　宋元時期的美德故事，思想內容健康，包括拾金不昧、知恩圖報、樂善好施、治病救人等，涉及面甚廣，大多比較感人。它們在民眾中流布，對於提高世人的道德修養，淨化世風，促進社會進步無疑頗有裨益。

一、宋元的拾金不昧故事

　　這個時期的拾金不昧故事，作品較多。其中的故事主角，有不少出身貧寒人家。他們拾金不昧的高尚行為，更能夠彰顯其人格魅力。某些作品在讚美拾金不昧者的品格時，對失主的各種令人失望的表現，亦無不持否定的態度。試看：

> 　　韓洙者，洺州人，流離南來，寓家信州弋陽縣大郴村。獨往縣東二十里，地名荊山，開酒肆及客邸。乾道七年季冬，南方舉人赴省試，來往甚盛。瓊州黎秀才宿其邸，旦而行，遺小布囊於房。店僕持白洙，洙曰：「謹守之，俟來取時，審細分付。」黎生行至丫頭岩，既一驛矣，始覺。亟回韓店，逕趨臥室內，翻揭席薦，無所見而出，面色如墨，目瞪口哆，不復能言，洙曰：「豈非有遺忘物乎？」愀然曰：「家在海外，相去五千里，僅有少物以給道費，一夕失之，必死於道路，不歸骨矣！」洙笑曰：「為君收得，不必憂。」命僕取以還，封記如初。解視之，凡為銀四十四兩、金五兩，又金釵一雙。黎奉銀五兩致謝，拒不受。黎感泣而去。明年，遊士范萬頃詢知其事，題詩壁間曰：「囊金遺失正茫然，逆旅仁心盡付還，從此弋陽添故事，不教陰德擅燕山。」又跋云：「世間嗜利，為小人之行者，比比皆是，聞韓子之風得無愧乎？」洙今見存。
>
> 　　　　　　　　　　　　　　　《夷堅丁志》卷七，〈荊山客邸〉

京師樊樓畔，有一小茶肆甚瀟灑清潔，皆一品器皿，椅桌皆濟楚，故賣茶極盛。熙豐間，有一士人，乃邵武李氏，在肆前遇一舊知，相引就茶肆，相敘闊別之懷。先有金數十兩，別為袋子，繫於肘腋，以防水火盜賊之虞。時春月乍暖，士人因解卸衣服，次置此金於茶桌上，未及收拾，未幾招往樊樓會飲，遂忘遺出。既飲極歡，夜將半減燈火，方始省記。李以茶肆中往來者如織，必不可根究，遂不更去詢問。

　　後數年，李復過此肆，因與同行者曰：「某往年在此曾失去一包金子，自謂狼狽凍餒不能得回家。今與若幸復能至此。」主人聞之，進相揖曰：「官人說甚麼事？」李曰：「某三四年前，曾在盛肆吃茶，遺下一包金子。是時以相知拉去，不曾拜稟主人。」徐思之曰：「官人彼時著毛衫在裡邊坐乎？」李曰：「然。」又曰：「前命坐者著皂皮襪乎？」李曰：「然。」主人曰：「此物是小人收得，彼時亦隨背後趕來送還，而官人行速於稠人眾中不可辨認，遂為收取，意官人明日必來取。某不曾為開，覺得甚重，想是黃白之物也。官人但說得塊數，稱兩同即領取去。」李曰：「果收得，吾當與你中分。」主人笑而不答。

　　茶肆上有一小棚樓，主人捧小梯登樓。李隨至樓上，見其中收得人所遺失之物，如傘、屨、衣服、器皿之族甚多，各有標題曰，某年某月某日某色人所遺下者。僧道婦人則曰僧道婦人，某雜色人則曰，某人似商賈，似官員，似秀才、似公吏，不知者則曰，不知其人。就樓角尋得一小袱，封記如故，上標曰：「某年月日一官人所遺下。」遂相引下樓集中，再問李塊數稱兩。李計若干塊，若干兩。主人開之，與李所言相符，即舉以付李。李分一半與之。主人曰：「官人想亦讀書，何不知人如此。義利之分，古人所重。小人若重利輕義，則匿而不告，官人將如何，又不可以官法相加。所以然者，常恐有愧於心故也。」

　　李既知其不受，但慚怍不言，加禮遜謝，請上樊樓飲酒，亦堅辭不往。時茶肆中五十餘人，皆以手加額，諮嗟歎息，謂世所罕見也。

　　　　　　　　　　　　《摭青雜說》，〈茶肆主人還金〉

這兩則拾金不昧的故事，一則發生在南宋，一則發生在北宋，都很感人。前一則故事較短少，卻將客棧店主、店僕以及失金秀才描述得頗生動。故事以黎秀才失金時的窘態來襯托店主的品格，藝術效果極好。後一則故事較長，曲折細緻，通過還金來揭示茶肆主人的人格魅力，使其拾金不昧的高尚品德得到充分的展現和宣揚。

這個時期的拾金不昧故事，大多數作品都寫失主的財物失而復得後，還金人得到了好報；也有少量作品著重揭露某些失者表現惡劣，寫他們對還金人非但不心存感激，反而以怨報德，最後得到了懲罰，真可謂人大快人心。試看：

> 樂平東關民張五郎，淳熙七年，姻戚從假質物，付以一金釵，過期不返，張自出錢往贖，輸息未足，還家，遺婢雪香持所欠取之。既得釵，半途登廁，慮其墮也，插於壁間，遽畢而忘之。行百步始覺，亟回，適一弓兵往來其外，即就索焉，拒曰未嘗見。婢泣告曰：「我娘子性嚴急，此度係陪錢取典，已自忿躁，更將元物失了，必謂我與人奸通，把釵與他，將痛打而致死地，未可知。與其受杖而死，不若先討個去處。」遂逕趨水濱。弓手望見，懼其赴水，遽呼曰：「我實獲釵，本喜為橫財，今乃令汝就死，我不忍也。」以還之。婢歸，言其故，張歎息，語其妻曰：「雪香服事三十年，無分毫罪過，若因此自盡，可謂至冤，不如分付與人，做一段好事。」妻以為然，並與釵以嫁十里外結竹渡邊民王二。婦懷弓手恩，恨不問姓名，尚能略記其形狀。經四年，因往溪頭挈水，渡船人已滿載，中一人絕類弓手者。近扣之，信也，邀還家。其人辭以文書有限，若遲一渡，便是阻了五里路，不可相從。婦力懇請，乃俱行。船即離岸，婦及家告其夫，方相與啜茶，聞渡呼噪喧，出視之，船到中流而覆，溪正水漲，不容奔救，溺者凡三十六人，弓手獨免。一茶之頃，端為此故，陰德之報，豈不昭然。

《夷堅志補》卷三，〈雪香失釵〉

轟以道江西人為縣尹，有一買菜人早往市中買菜，半途忽拾鈔一束。時天尚未明，遂藏身，僻處待曙，檢視之，計壹拾伍定，內有五貫者，乃取一張買肉二貫，米三貫，實之擔中，不復買菜而歸。

　　其母見無菜，乃叩之，對曰：「早於半途拾得此物，遂買米肉而回。」母怒曰：「是欺我也。縱有遺失者，不過一二張而已，豈有遺一束之理，得非盜乎？爾果拾得，可送還之。」訓誨再三，其子不從。母曰：「若不還，我訴之官！」子曰：「拾得之物送還何人？」母曰：「爾於何處拾得，當往原處候之，伺有失主來尋，還之可也。」又曰：「吾家一世未嘗有錢置許多米肉，一時驟獲，必有禍事。」

　　其子遂攜往其處，果有尋物者至。其買菜者本村夫，竟不詰其鈔數，止云失錢在此，付還與之。傍觀者皆令分償。失主靳之，乃曰：「我失去三十錠，今尚欠其半，如何可償？」既稱鈔數相懸。爭鬧不已，遂聞之官。

　　轟尹復問拾得者，其詞頗實。因暗喚其母，復審之亦同。乃令二人各具詰罪文狀，失者實失去三十錠，買菜者實拾得十五錠。轟尹乃曰：「如此則所拾之者，非是所失之鈔。此十五定乃天賜賢母養老，給付母子令去。喻失者曰：「爾所失三十定，當在別處，可自尋之。」因叱出。聞者莫不稱善。

　　　　　　　　　　　　　　　　《山居新話》卷一，〈轟以道斷鈔〉

　　這兩則故事，一則寫拾金不昧者得好報，一則寫失金者恩將仇報受到呵責。故事講述人愛憎分明，讀者、聽眾在欣賞作品時是不難體會到的。後一則是元代很有名的一篇民間故事，屢見於元人筆記。《輟耕錄》卷十一〈賢母辭拾遺鈔〉，是《山居新話》卷一〈轟以道斷鈔〉的異文，情節相似而文字多有出入。

　　這個時期的拾金不昧故事，尚有寫一長者幫失主找回柄中藏金雨傘，不收酬謝，失主乃圖其像供奉香火的《夷堅志‧吳長者》、寫何某還包某所失一逿官券卻不取分文，當何某生病求借時包某竟不理睬，包某後得報被充軍的《夷堅志‧何隆拾券》、寫季某還本縣解子失銀救其一命，不收

酬謝，後於水中探得銀子遂大富的《湖海新聞夷堅續志・棄銀復得》、寫楊某省試時在客棧中拾得巨鈔，待失主找來即悉數歸還而拒收酬金，是年乃考中為官的《湖海新聞夷堅續志・不取他物》等。

二、宋元的知恩圖報故事

這個時期的知恩圖報故事，大多描述受人恩惠者心存感念，永志不忘，並且尋找機會予以報答。此類故事的思想意義在於，它們能夠促使人際關係處於良性循環狀態，這對於社會安定和淨化世風無疑是頗有裨益的。試看，《北窗炙輠錄》卷下「賣勃荷者之報」：

> 子韶言，某在史館方知作史之法無他，在屢趣其文耳。俞與材說其所知史保人家。京師有賣勃荷（薄荷）者，其家常買之。一日，天大暑，（賣）勃荷者至渴甚，乞水於史，史乃以尊酒勞之，其人遂感激而去。後京師被圍，史縋城出。時城外悉為煨燼，四顧人馬復寂然。史茫茫然行野中，憂恐甚。俄而見茅店兩間，史急趨之，則一人家。主人見史大驚，曰：「官人為何至此，此去咫尺即大兵，不可前，幸當留此。」所以慰藉史者甚厚。史乃問：「汝為誰其人？」曰：「官人忘之乎？即賣勃荷者也。異時嘗蒙官人尊酒之賜，時不忘。今日官人幸至此，某報尊酒之賜也。」史曰：「今京城外皆灰滅，汝獨能存，何也？」曰：「某與一千人長厚善，故獲保全至今，然行即遁耳。」且謂史曰：「斯人今當至，官人宜伏床下。」語猶未畢，所謂千人長者果至，與其人語久之乃去。史方出問曰：「汝何為與斯人善？」曰：「家本旅店，斯人曩時作河北商，來京師已十餘年。則金人謀我國家已久矣，所謂崛起者，非一旦也。」史獨以尊酒之惠，其人感恩，遂能免於死。恩之施人，其報效乃如此。

這則故事，講述賣薄荷者因「尊酒之賜」而回報送酒人，使其於危難之中得以保全性命。它對「滴水之恩當湧泉相報」的古訓，作具體生動的詮釋，使人能夠從中獲得精神養分。

這個時期的知恩圖報故事，尚有寫鹽商項某夫婦善待遇盜落水女子，為其擇婿並使其與父母重新團聚，女子乃為項某立生祠終身奉事的《摭青雜說》「徐七娘」、寫布商張某救了一杖殺未死囚徒之命，並送路費讓其出城，十年後此人經商成富豪，送五千疋布前來致謝的《夷堅志・布張家》、寫王某歸家過山谷時為群盜所執，後被曾在京師向其乞魚之盜搭救的《續夷堅志・盜謝王君和》、寫城中失火時，常受禹某接濟諸丐前來為其搬運家資，使其家免受損失的《稗史》「丐者報恩」等。

三、宋元的樂善好施故事

這個時期的樂善好施故事，描述了人們身邊發生的各種幫助他人、行善積德的事件。其中最為突出的是救人之舉，包括挽救他人性命，為他人治癒心靈創傷等等。作品裡面描述的各種樂善好施的行為，往往有口皆碑，不脛而走，受到廣泛的讚譽，在社會上產生積極影響。試看：

> 處州青田縣，嘗有水患，盡浸民廬。富室某氏，素蓄數船於江岸，一家畢登，避於高處。既免，而生生之具，毫毛未能將。方擬回船裝取，望水勢益長，一邑之人皆騎屋叫呼，哭聲震野。富翁曰：「吾家貲正失之，容可復有，豈宜視人入魚腹，置而不問哉？」即分命子弟，各部一艘，自下及高，以次救載，並其所挈囊篋，聽以自隨。至則又往，凡往來十餘返，毋慮千人，悉脫沉溺之禍。明日水退，邑屋無一存，但莽莽成大沙磧。富翁所居，沙突如堆阜。遣僕並力篲棄，則一區之宅，儼然不動，什器箱篋，按堵如初，惟書策衣衾稍沾濕而已。是時翁之子就學於永嘉，聞難亟歸，已而復至，言其事如此。惜不得翁姓名。有陰德者必獲天報，獨未知之云耳。

> 《夷堅支戊》卷六，〈青田富室〉

> 豐有俊字宅之，四明人。登青樓，偶見小娼，疑故人女，累目之，女亦悟。酒罷留宿，女羞澀良久，乃入曰：「豐官人識妾

第四章 宋元的寫實故事

1
5
3

否?」詰之,果故人女。豐曰:「某所以留者,以坐間不敢問也。且各寢,必有以處汝。」娼遂退。豐與京尹有契,明日以白尹,且云:「某僅有錢百千,從公更貸二百千嫁之。」尹嘉其誼,即取入府,厚奩具,擇良士嫁焉。尹即王宣子佐也。

《稗史》,〈為故人女擇良士〉

這兩則故事都具有一定的代表性。前一則講述大水湧來時,一富室置自家財產於不顧,毅然去搭救眾鄉親的性命,甚至聽其攜帶囊篋,不光極富憐憫心,而且待人格外寬厚,實在讓人敬佩。後一則寫故事主角不但將淪落風塵的故人之女救出,還向人借貸以厚奩將其嫁與良士,真可謂大恩大德,充分表現出他對於故人的深情厚誼。

這個時期的樂善好施故事,尚有寫查某赴舉時傾其所借貸資用,嫁路遇之故人女,因而罷舉,次年乃登科的《青瑣高議・查道侍從》、寫天臺宋氏賃廬於鄰,鄰知其困窘而以券還宋,亦不索其值,受到鄉人嘉許的《行營雜錄》「賃廬還券」、寫南徵兵掠包公孫女欲高價賣與娼家,里中一女巫假扮包公現世救女出嫁的《續夷堅志・包女得嫁》、寫木工越某捐出三十多年積蓄助某寺修葺三門,將家資耗盡的《湖海新聞夷堅續志・捨錢修寺》、寫沈某得知妻子為其所置美姜係故人女,當即為此女尋母擇婿的《輟耕錄・嫁故人女》等。

四、宋元的懸壺濟世故事

這個時期的懸壺濟世故事,從不同的視角揭示醫者治病救人的各種行為。此類作品往往故事性較強,易於流傳,頗受世人喜愛。它們在改善世風,促進社會發展方面有一定的積極意義。試看:

李醫者,忘其名,撫州人。醫道大行,十年間,致家貲巨萬。崇仁縣富民病,邀李治之,約以錢五百萬為謝。李口(拯)療旬日,不少差,乃求去,使別呼醫,且曰:「他醫不宜用,獨王生可耳。」時王李名相甲乙,皆良醫也。病者家亦以李久留不效,許其

辭。李留口（數）藥而去。歸未半道，逢王醫。王詢李所往，告之故。王曰：「兄猶不能治，吾伎出兄下遠甚，今往無益，不如俱歸。」李曰：「不然。吾得其脈甚精，處藥甚當，然不能成功者，自度運窮不當得謝錢耳，故告辭。君但一往，吾所用藥悉與君，以此治之必癒。」王素敬李，如其戒。既見病者，盡用李藥，微易湯，使次第以進。閱三日有瘳。富家大喜，如約謝遣之。王歸郡，盛具享李生曰：「崇仁之役，某略無功，皆兄之教。謝錢不敢獨擅，今進其半為兄壽。」李力辭曰：「吾不應得此，故主人病不癒。今之所以癒，君力也，吾何功？君治疾而吾受謝，必不可。」王不能強。他日，以餉遺為名，致物幾千緡，李始受之。二醫本出庸人，而服義重取予如此，士大夫或有所不若也。今相去數十年，臨川人猶喜道其事。

　　　　　　　　　　　　　　　　　《夷堅甲志》卷九，〈王李二醫〉

　　臨州有人以弄蛇貨藥為業。一日，方作場，為蝮所齧，即時殞絕，一臂之大如股，少選，遍身皮膚作黃黑色，遂死。一道人方傍觀，出言曰：「此人死矣，我有藥能療，但恐毒氣益深，或不可活，諸君能相與證明，方敢為出力。」眾咸竦踴勸之，乃求錢二十文以往。才食頃，奔而至，命汲新水，解裹中藥，調一升，以杖抉傷者口，灌入之。藥盡，覺腹中搰搰然，黃水自其口出，腥穢逆人，四體應手消縮，良久復故，已能起，與未傷時無異，遍拜觀者，且鄭重謝道人。道人曰：「此藥不難得，亦甚易辦，吾不惜傳諸人，乃香白芷一物也。法當以麥門冬湯調服，適事急不暇，姑以水代之。吾今活一人，可行矣。」拂袖而去。郭邵州傳得其方，鄱陽徼卒夜直更舍，為蛇齧腹，明旦，赤腫欲裂，以此飲之，即癒。

　　　　　　　　　　　　　　　　《夷堅乙志》卷十九，〈療蛇毒藥〉

　　這兩則有關醫者治病救人的故事，側重點不盡相同。前一則故事，通過為富民治病來表現兩位名醫相互支持、相互幫助、相互謙讓的高風亮節。後一則故事，描述了一個道人使被蝮蛇咬傷殞命之人起死回生，並且

毫無保留地公開藥方。它既稱讚故事主角的精湛醫術，又褒揚故事主角的高尚醫德，在此類故事中頗有代表性。

這個時期的懸壺濟世故事，尚有寫道士曾某善醫，一寡婦再適後病故經日，竟被其行針救活的《西齋話記》「救寡婦」、寫醫生龐某為一難產婦人診治，通過按摩與針刺搭救了母嬰性命的《夷堅志・龐安常針》、寫一士人患熱症至極，名醫莫治，乃上茅山求一醫術通神道士診療，竟以食梨之法治癒的《夷堅志・茅山道士》、寫一提刑左股長毒瘡，腫高尺許，怕痛畏醫，一醫生出其不意刺破毒瘡，立見奇效的《夷堅志・瘍醫手法》等。

第八節　宋元的奇遇故事

宋元時期的奇遇故事，以海上奇遇故事為主，兼有其他方面的奇遇故事，內容較隋唐五代時期豐富，其中不乏精彩的作品。

一、宋元的海上奇遇故事

中國的海上貿易，自宋代以來有了很大的發展，航海事業日漸興盛。海上奇遇的故事，從一個側面反映當時海上貿易的發達以及航海事業的艱辛。此類故事，大多描述航海者漂至某個海島上的特殊經歷，頗具傳奇性。故事中的航海出發地均為沿海地區的城市，如廣州、泉州、明州（今浙江寧波）、金陵（今江蘇南京）、山陽（今江蘇淮安）、密州（今山東膠州）。此類故事的流傳地，亦在沿海一帶。試看：

> 廣州一海船附帶一人，欲到明州，一老兵同在船上。將發廣州，遇風飄至一山下。兩人上岸，行三四里，見二長人荷鋤，各長三丈餘。兩人前往問路，二長人倚鋤相視而笑。久之，遂以手拈兩人在掌中戲玩。兩人惶恐再拜，皆笑語不可曉。一長人以手拾兩人置山穴中，用一大石塞口而去。少頃，攜一大瓢貯酒來。二長人對酌，兩人於竇中覘之，惟深惶懼。二長人酒盡欲醉，一長人起取塞

石，拈一人出，兩手捉兩腳劈作兩片，各餌其一，遂醉臥。老兵匿
石穴中，伺其睡，奔出，竄伏田野中，望見有海舶過，哀鳴求救，
船上以小舟濟之，得至明州。

《可書》，〈二長人〉

甲志載泉州海客遇島上婦人事，今山陽海王三者亦似之。王
之父賈泉南，航巨浸，為風濤敗舟，同載數十人俱溺。王得一板自
托，任其簸蕩，到一島嶼旁，遂陟岸行山間。幽花異木，珍禽怪獸，
多中土所未識，而風氣和柔，不類蠻嶠，所至空曠，更無居人。王憩
於大木下，莫知所屬。忽見一女子至，問曰：「汝是甚處人？如何到
此？」王以身行遭溺告，女曰：「然則隨我去。」女容狀頗秀美，
髮長委地，不梳掠，語言可通曉，舉體無絲縷樸樕蔽形。王不能測其
為人耶，為異物耶，默念業已墮他境，一身無歸，亦將畢命豺虎，死
可立待，不若姑聽之，乃從而下山。抵一洞，深杳潔邃，晃耀常如正
畫，蓋其所處，但不設庖爨。女留與同居，朝暮飼以果實，戒使勿妄
出。王雖無衣裳可換易，幸其地不甚覺寒暑，故可度。歲餘，生一
子。迨及周晬，女採果未還，王信步往水涯，適有客舟避風於岸嶼，
認其人，皆舊識也，急入洞抱兒至，遽登之。女繼來，度不可及，呼
王姓名罵之，極口悲啼，撲地幾絕。王從蓬底舉手謝之，亦為掩涕。
此舟已張帆，乃得歸楚。兒既長，楚人目為海王三，紹興間猶存。

《夷堅支甲》卷十，〈海王三〉

這兩則海島奇遇故事，遭遇迥異，氛圍有別，給人的藝術感受迥然
不同。前一則故事，寫兩個老兵漂至一海島上後遇到兩個巨人，一人被吃
掉，一人有幸逃脫，可謂驚心動魄。後一則故事，寫一商販漂至一海島上
後，與一穴居女子結為夫妻並生有一子。其人後棄妻攜子揚帆歸去，經歷
了生離死別的感情折磨和良心譴責，使人為之歔欷。

這個時期的海上奇遇故事，尚有寫一道人與同伴泛海至島上採薪，
被巨人捉去用竹竿貫穿作為佐酒之食品，道人在竹竿末端，因巨人酒醉而
得以登舟逃走的《邵氏聞見錄》「道人逃生」、寫泉州客商泛海漂至一島

上，被眾長人捉去罩於鐵籠中不時取食之，一人掘穴出逃，遇番舶得以生還的《睽車志》「海島長人」、寫明州客商與同伴登一島嶼時被島上人捉住，常以燒鐵筷灼其股取樂，並強令耕田，三年後始得逃脫的《夷堅志‧昌國商人》、寫明州某人泛海漂至一島上，被高三四丈長人捉住，以巨藤貫穿其肩欲煮食之，後忍痛斷藤逃走，長人追來斷其三巨指方得脫身的《夷堅志‧長人島》、寫金陵富某海上遇難漂至一島上，與猩猩國一女子婚配，生下一子，三年後攜子登舟歸去的《夷堅志‧猩猩八郎》、寫一富商漂海遇險，登岸居石穴中與搭救性命之母熊合而生子，其人後抱子登舟去，母熊竟投水死的《湖海新聞夷堅續志‧熊母生子》等。

二、宋元的其他奇遇故事

宋元時期的此類故事，是海上奇遇之外的各種奇聞異事，內容較為分散，作品亦較少，但其中不乏引人注目的佳作。譬如，《睽車志》卷一「黃毛人」：

> 儀真報恩長老子照言：紹興間，嘗與同輩三人行腳至湖南，經山谷間，迷惑失道，暮抵一古廢蘭若，相與投宿。牆屋頹圮，寂無人聲。一室掩戶，若有人居。中堆土榻地爐，以灰掩微火，傍置一瓦缶。視之，則煮芋也。諸僧正飢，食之甚美。已而視糊窗，乃淳化中故綾紙度牒。室中有數大甕，所貯或芋，或栗，或山蕷，了無鹽醯之屬。俄有一人荷插負芋栗自外歸，被髮，體皆黃毛，衣故敗僧衲，直入坐土榻，見客不交一談，與語亦不應答。夜既深，皆倚牆壁坐睡。暨天曉，已失其人所在，惟爐火旁置四瓦缶，其一已空，蓋其人食之而出，餘三缶，皆芋栗，煮已糜熟，若以餉客者。三人食之而出，又行岩谷荊莽中二十餘里，乃得路還。

這則故事敘述平實、詳細，娓娓道來，對廢寺中所見黃毛野人的生活起居以及黃毛野人友善待客，都作了具體描寫，真實感強，使讀者、聽眾彷彿身臨其境。

這個時期其他奇遇故事，尚有寫河北大饑，有夫婦置幼子於道旁空塚中，歲定還鄉過此見兒肥壯於未棄時，因呼吸大蟾蜍之氣而不食自健的《東坡志林》「空塚小兒」、寫縣宰女隨父赴任時落於棧道崖中，以食花草為生，身體絕輕，三年後父母還鄉乃得相聚的《夷堅志‧利路知縣女》、寫廬陵商人彭某折本後跟人去一海島，將所買石蜜（冰糖）與蜑丁，眾蜑丁竟以珠回贈，得珠盈門的《癸辛雜識》「彭氏子」等。

第九節　宋元的僧道故事

宋元時期有關佛教、道教出家人的故事，內容比較豐富，包括出家人為善的故事，出家人作惡的故事以及出家人的其他故事。這些故事，從不同的方面揭示宋元時期宗教流播情況和出家人的各種生活狀況，較為真實、生動地表現出民眾的宗教信仰和愛憎情感。

一、宋元的出家人為善故事

這個時期的出家人為善故事，熱情讚頌佛、道二教的出家人行善積德，助人濟世等各種行為，反映出民眾對宗教虔誠的心態和嫉惡好善的情懷。試看：

> 如象縣石莊鎮明禧禪院僧如本者，福州人，遊方至彼，遂留不去。紹興辛巳，胡騎暴淮甸，本收瘞遺骸三百，得官給僧牒。紹興[2]元年為監寺，偕眾僧往黃華港石總首家修設供佛，惟留一老者守舍，亭午，火作於延壽堂，次及僧堂，悉為灰燼。眾聞報，狼狽奔還。常時諸僧戒帖度牒，鎖置禪床上龕櫃內，皆焚滅無餘。獨如本者掛於梁間，既墮地，有一大瓦，正覆護之，略無所損。本戒行甚堅，質樸好義，日夕持誦經咒不息，是以獲善報。
>
> 《夷堅支戊》卷四，〈閩僧如本〉

---

[2]　「紹興」疑為「隆興」或「紹熙」之誤。

信陽軍羅山縣，荒殘小邑也。有沈媼者，啟雜店於市，然亦甚微。三月三日，有道人扣門覓飯。媼曰：「別無好蔬菜伴飯，少俟碾面可乎？」即入就坐。面飯畢，馴進茶。道人謝曰：「本非舊知聞，荷媼垂顧，無以為報，惟有治酒一方，當以相付。如媼家有識字者，可令隨我尋藥。」媼曰：「女婿王甲舍居，卻識幾個字。」喚出相見，即偕適野，大抵所採如蒼耳、馬藜、青蒿之類，凡十二種，皆至賤易得。既還，使王生書其方，仍命綴一布囊貯之，戒曰：「善藏此方，雖他的親人亦不可傳，傳之則不靈矣！今年此日採藥，可終歲供用。明年三月三日，再換新者。遇酒或酸澀欲敗，以藥投之，則無有不美。以此終沈婆一世，表吾所以報也。」其後皆驗。武官劉舍人家春釀數十甕，色味已壞，或言王甲善醫酒，遣招致之，引入視，王暗摻刀圭於甕中，劉不知也。復出坐，佯若料理作法，少頃云：「請舍人看。」劉亟走其處，悉變為香清滑辣矣！劉大喜，以半直謝之。媼家常幹儲此藥，遇乏酒之時，沽諸鄰里，不校好惡，有最薄者，得藥少許，皆化為醇醪。媼死，婿繼亡，方書不傳。

《夷堅三志壬》卷六，〈羅山道人〉

這兩則故事所褒獎的出家人，一僧一道，各有特點。前一則故事，描述一僧人收埋被胡騎殘害的同胞遺骸達三百具之多，其義舉既驚人又感人。這位襟懷坦蕩的僧人，如若沒有強烈的同情心和使命感，是很難有如此義舉的。而作品將其僧牒免於火焚的偶然情況加以神奇化，則鮮明地揭示出民眾崇信佛教的感情傾向。後一則故事，敘寫道人報恩，為善者相互影響的事蹟。作品中的貧民以愛心感動出家人，出家人又以愛心回報民眾，彼此關心，彼此愛護，讓愛心傳播四面八方。這無疑有利於提高世人的思想境界，促進社會發展。

這個時期的出家人為善故事，尚有寫一僧人將豪門溝中流出的米飯濾出，洗淨曬乾，積年成囷，使豪門家遇難時用以充飢的《貴耳集》「鄰僧積飯」、寫一遊方僧人為徑山寺主僧治好蛇傷，不愛錢物，豈以處方相贈，主僧後將此方遍告世人的《談藪》「遊僧藥方」等。

二、宋元的出家人作惡故事

　　這個時期的出家人作惡故事，無情揭露了各種披著宗教外衣的歹徒或者宗教敗類因貪念和淫欲引發的罪行，充分暴露他們對無辜者造成的深重傷痛以及給社會帶來的莫大危害。此類故事數量較多，具有強烈的揭露性和較大的批判力。試看：

　　　　建炎初，中州有仕宦者，踉蹌至新市，暫為寺居，親舊絕無，牢落淒涼，斷其蹤跡，茫茫殊未有所向。寺僧忽相過，存問勤屬，時時饋肴酒，仕宦者極感之。語次，問其姓，則曰姓湯，而仕宦之妻亦姓湯。於是通譜系為親戚，而致其周旋饋遺者愈厚。一日，告仕宦者曰：「聞金人且至，台眷盍早圖避地耶？」仕宦者曰：「某中州人，忽到異鄉，且未有措足之所，又安有避地可圖哉？」僧曰：「某山間有庵，血屬在焉，共處可乎？」於是欣然從之，即日命舟以往。事已小定，僧曰：「虜已去，駐蹕之地不遠，公當速往注授。」仕宦者告以闕乏，僧於是辦舟，贈鏹二百緡，使行。仕宦者曰：「吾師之德於我至厚，何以為報？」僧曰：「既為親戚，義當爾也。」乃留其孥於庵中，僧為酌別，飲大醉，遂行。

　　　　翌日睡覺時，日已高，起視，乃泊舟太湖中，四旁十數里皆無居人。舟人語唪唪，過午，督之使行，良久始漫應曰：「今行矣。」既而取巨石磨斧，仕宦者罔知所措，叩其所以，則曰：「我等與官人無仇，故相假借不忍下手，官當作書別家，付我訖，自為之所耳。」仕宦者惶惑顧望，未忍即自引決。則曰：「今幸尚早，若至昏夜，恐官不得其死也。」仕宦者於是悲慟作家書畢，自沉焉。

　　　　時內翰汪彥章守雪川，有赴郡自首者，鞫其情實，曰：「僧納仕宦之妻，酬舟人者甚厚，舟人每以是持僧須索百出，僧不能堪。一夕，中夜往，將殺之。舟人適出，其妻自內窺月明中，見僧持斧也，乃告其夫。舟人以是自首。」汪以謂僧固當死，而舟人受賂殺

命官，情罪俱重，難以首從論其刑，惟均可也。又其妻請以亡夫告敕易度牒為尼，二事奏皆可。汪命獄吏故緩其死，使皆備受慘酷，數月，然後刑之。

《昨夢錄》，〈中州仕宦者喪命〉

　　行都崇新門外鹿苑寺，乃殿帥楊存中郡王持建以處北地流寓僧。一歲元宵，側近營婦連夜入寺觀燈。有殿司將官妻同一女往觀，乃為數僧引入房中，置酒盛饌，逼令其醉。遂留夜於幽室，遽殺母而留女，女不敢哀。及半年，三僧盡出其房。窗外乃是野地，女因窺窗見一卒在地打草，呼近窗下，備語前事，可急往某寨某將家報知，速來取我。卒如言往報，將官即告楊帥。帥令人告報本寺云，來日郡王自齋，合寺僧行人力本府自遣廚子排齋，至是坐定，每二卒擒下一僧。合寺僧行人力盡縛之。又令百餘卒破其寺，果得此女，見父號慟。遂綁三人主首送所屬，依法施行，而毀其寺，還去諸髡。

《行營雜錄》，〈破毀鹿苑寺〉

　　這兩則故事，都具體生動地揭露寺院中披穿袈裟的奸徒抑或宗教敗類的罪行，而這些罪行都無不令人髮指。前一則故事，寫該寺僧裝出一副仁德的模樣，使命官某某喪失警惕，因而得以殺夫奪妻，足見其用心十分陰險，手段十分狠毒。後一則故事，寫一寺三僧在僧房中殺死某官之妻，並且姦淫其女達半年之久，充分暴露這一夥宗教敗類非常兇殘和淫蕩。然而，多行不義必自斃，這一幫歹徒最終受到了嚴懲，絕不會有好下場。

　　這個時期的出家人作惡故事，尚有寫一道士施利市酒食，畜婦人，與巡檢馬某共享其利，二人竟疽發於背而卒的《談苑》「道士畜婦」、寫三道人突得一大筆意外之財，都欲獨吞，竟互相暗算，全部死於非命的《可書》「三道人」、寫一僧人施計離間王某夫妻，使王棄妻赴任後，立即幽禁王妻任其姦污，事敗伏法的《夷堅志‧王武功妻》、寫某尼為一闊少引誘士人妻行奸，闊少喜極暴卒，尼將其埋於床下，事發受懲的《夷堅志‧西湖庵尼》、寫一和尚與客店主妻私通，任意胡為，店主去捉姦時竟不知去向的《夷堅志‧盱江丁僧》、寫一道人身無分文卻強行參賭，眾賭徒不

允，他便毆死兩人揚長而去的《夷堅志‧東流道人》、寫嘉興一大寺僧人以祈子引婦人上鉤，姦污婦女無數，事洩流其僧而廢其寺的《行都紀事》「流僧廢寺」、寫一道人從某人家兄處對其多有瞭解後，至其家巧計騙走許多金首飾的《湖海新聞夷堅續志‧假道取財》等。

三、宋元的其他出家人故事

　　這個時期的此類故事，從行善、作惡以外的其他方面來描述出家人的生活、好尚，內容各不相同。其中，有不少作品題材新穎，生動活潑，讀來饒有興味。試看：

　　　　臨安府天慶觀馬道士言。有老道士劉虛靜，年七十餘來寓雲安堂。每旦執爐於天尊像前，注香冥禱，意甚虔至，觀有小道士，伏於暗中，默聆其禱，乃云：「虛靜年老，羈單一身，常恐一旦數盡，身膏草野。若蒙上天賜以白金十星，足為身後之備，志願足矣。」小道士乃取白鑞[3]，鑄成小鋌，俟其夕禱，即遙擲其旁。虛靜得之，驚異，伏謝再三，不復細視，姑謹藏之。語其徒曰：「人之誠悃，常患不至，爾，雖天道高遠，而聽甚卑，無不從人者。」

　　　　小道士復欲戲之，因又密求視其所獲，請之既數，不免示之。小道士即懷之疾走眾中，示群道士，相與笑其狂昧。久之不至，虛靜從而執之，且熟視其物曰：「此白鑞耳，非我所獲者。」喧誶不置，必欲訟之官府，小道士家素饒於財，眾道士勸諭之曰：「汝若致訟，則所費不止此，不若如數償之，遂真有所獲。」雖虛靜一時非意之禱，而造物者宛曲取付，蓋亦巧矣。

　　　　　　　　　　　　　　　　　　《春渚紀聞》卷五，〈天尊賜銀〉

　　　　蔡州有村童，能棋，里中無敵。父母將為娶婦，力辭曰：「吾門戶卑微，所取不過農家女，非所願也。兒當挾藝出遊，庶幾有美

---

[3] 鑞（là蠟）：錫和鉛的合金，俗稱焊錫，用以焊接金屬，亦可製器。

遇，以償平生之志。」遂著野人服，自稱小道人，適汴京。過太原真定，每密行棋覘視，自知無出其右者，奮然至燕。燕為虜都，而棋國手乃一女子妙觀道人，童連日訪其肆，見有誤處，必指示。妙觀懼為眾哂，戒他少年遮闌於外，不使入視。童憤憤，即彼肆相對僦屋，標一牌曰「汝南小道人手談，奉饒天下最高手一先。」妙觀益不平，然揣其能出己上，未敢與校勝負。擇弟子之最者張生往試之，張受童一子，不可敵。連增至三，歸語妙觀曰：「客藝甚高，恐師亦須避席。」未幾，好事者聞之，欲鬥兩人，共率錢二百千，約某日會戰於僧舍。妙觀陰使人禱童曰：「法當三局兩勝，幸少下我，自約外奉五十千以酬。」童曰：「吾行囊元不乏錢，非所望，然切慕其顏色，能容我通衽席之歡乃可。」女不得已許之。及對局，童果兩敗，妙觀但酬錢而不從其請。適虜之宗王貴公子宴集，呼童弈戲，詢其與妙觀優劣。童曰；「此女棋本劣，向者故下之耳。」於是亦呼至前，令賭百千。童探懷出金五兩曰：「可賭此。」妙觀以無金辭。童拱白座上曰：「如彼勝則得金，某勝乞得妻。」坐客皆大笑，同聲贊之曰：「好！」妙觀慚窘失措，遂連敗。既退，復背約。童以詞訴於燕府，引諸王為證，卒得女為妻，竟如初志。

《夷堅志補》卷十九，〈蔡州小道人〉

　　這兩則故事的主角都是年輕人。前一則故事，帶有喜劇色彩，寫小道士無拘無束，敢於和老道士開玩笑，用假銀戲耍其人；不料弄巧反拙，小道士不得不「如數償之」，使誠禱者「真有所獲」。後一則故事，寫一自稱「小道人」的農村少年棋藝精湛，連敗虜都燕京國手妙觀道人，娶其為妻，得以償平生之志。我們從中不但可以窺見當時的棋壇盛況，而且可以窺見當時的道觀生活的某一些側面。

　　這個時期出家人的其他故事，尚有寫廬山一道士常服丹砂，迷戀上升，欲乘鶴赴上天竟被壓死的《南唐近事》「九天使者廟道士」、寫漆匠章生夜出被一老嫗引入小門，隨即由一尼領至欲固寵借種之貴婦人房內，與其同寢一宿的《葦航紀談》「章生夜遇」、寫呂某赴天臺過一村落小寺

時，主僧圓真以味絕甘美之鱖魚粥款待呂某的《夷堅志‧圓真僧粥》、寫金國富僧欲告數十家欠債不還者，欠債者收買通事，謊稱「久旱不雨，僧願焚身動天以蘇民望」而將富僧燒死的《湖海新聞夷堅續志‧富僧屈死》等。

第十節　宋元的騙子故事

　　宋元時期的騙子故事，包括世俗騙子的故事和宗教騙子的故事兩個部分。兩種騙子的故事在行騙手法，誆騙對象，設騙目的諸方面，既有相似之處，又有不同之處，在一定程度上反映出當時的社會環境與民眾生活的狀況，具有相當的認識價值和娛樂功能。

一、宋元的世俗騙子故事

　　這個時期的世俗騙子故事，往往生動形象地揭露當時社會上盛行的各種騙局，諸如美人騙局、假女騙局、假母騙局、假官騙局、假死騙局等等，不一而足。設騙局行騙的大都是出自市井的歹徒，行騙的對象既有好人，亦有壞人。行騙者的意圖儘管各不相同，但差不多都不可取。試看：

　　　　興元民有得闌遺小兒者，育以為子，數歲，美姿首。民夫婦計曰：「使女也教之歌舞，獨不售數十萬錢邪？」婦曰：「固可詐為也。」因納深屋中，節其食飲，膚髮腰步皆飾治之，比年十二三，嫣然美女子也。攜至成都，教以新聲，又絕警慧，益祕之，不使人見，人以為奇貨。里巷民求為妻，不可，曰：「此女當歸之貴人。」於是女僧及貴遊好事者，踵門一覘面，輒避去。猶得錢數千，謂之看錢。久之，有某通判者來成都，一見心醉，要其父必欲得之，與直至七十萬錢，乃售。既成券，喜甚，置酒與客飲，使女歌侑酒，夜半客去，擁而致之房，男子也，大驚，遣人呼其父母，則遁去不知蹤跡。告官召捕之，亦卒不獲。時張子公尹蜀云。

　　　　　　　　　　　　　　　　　　　《清尊錄》，〈興元民售假女〉

臨安內北門外西邊小巷，民孫三者居之。一夫一妻，無男女。每旦攜熟肉出售，常戒其妻曰：「照管貓兒，都城並無此種，莫要教外間見。若放出，必被人偷去。我老無子，撫惜他便與親生孩兒一般，切須掛意。」日日申言不已。鄰里未嘗相往還，但數聞其語。或云：「想只是虎斑，舊時罕有，如今亦不足貴，此翁切切護守，為可笑也。」一日，忽挨索出到門，妻急抱回，見者皆駭。貓乾紅深色，尾足毛鬣盡然，無不嘆羨。孫三歸，痛箠厥妻。已而浸浸達於內侍之耳，即遣人以厚直評買。而孫拒之曰：「我孤貧一世，有飯吃便了，無用錢處。愛此貓如性命，豈能割捨！」內侍求之甚力，竟以錢三百千取之。孫垂泣分付，復箠妻，仍終夕嗟悵。內侍得貓不勝喜，欲調馴安帖，乃以進入。已而色澤漸淡，才及半月，全成白貓。走訪孫氏，既徙居矣。蓋用染馬纓紳之法，積日為偽。前之告戒箠怒，悉奸計也。

《夷堅三志己》卷九，〈乾紅貓〉

　　這兩則作品的故事主角，都是騙術高手。前一則作品，寫夫婦倆育棄兒，自小男扮女裝，精心修飾與調教，以為奇騙，竟騙得七十萬之多。此二人敢於下大賭注詐騙鉅資，可謂具有深謀遠慮，一般騙子難以望其項背。後一則作品，以染貓毛之法去行騙本不足奇。此二人之所以騙得三十萬鉅款，乃因其夫妻倆在賣貓之前，賣貓之時，賣貓之後均善於表演雙簧，為製造「乾紅貓」假相作長時間的反復鋪墊，因而能夠達到逼真的效果，其手法老道絕非一般騙子可為。有意思的是，這兩則作品的受騙者均為官府中人。他們因貪色或為邀功而上當，絲毫不值得同情，但騙子行騙也不值得稱道。

　　這個時期的世俗騙子故事，尚有寫一男子假扮道姑常去富室，一住數十日，被此人騙姦之婦女不計其數的《夷堅志・妙淨道姑》、寫鄭某到京辦理調動時，一騙子假扮官員設下買妾騙局，將其錢財全部騙走的《夷堅志・鄭主簿》、寫一夥奸徒在假太守府中設賭局，將調京師為官者所攜千萬金幾乎騙光的《夷堅志・王朝議》、寫騙子設美人騙局使一買官赴調臨安者上鉤，讓其賠錢二千緡的《夷堅志・李將仕》、寫浙西一年輕官員到吏部參加考核

時落入美人陷阱,其所有錢財皆被騙子捲走的《夷堅志·臨安武將》、寫兩個騙子讓一乞嫗假扮老母,騙取富人皮某信任,騙走其二千緡的《湖海新聞夷堅續志·假母欺騙》、寫一男扮女裝者買通牙保到富戶當廚娘,與富家寵妾通姦並騙取財物,事泄伏誅的《湖海新聞夷堅續志·假女取財》等。

二、宋元的宗教騙子故事

這個時期的宗教騙子故事,從不同的方面揭露佛教、道教以及民間宗教的神職人員形形色色的欺詐行為——包括騙取錢物、姦淫婦女、謀財害命等等。其欺詐行為,大都與宗教信仰、宗教活動有關。騙子們因為披有宗教外衣,其欺騙性往往更強。而他們所設的騙局一旦被戳穿,必然受到嚴厲懲處,同樣不會有好下場。試看:

> 江南一縣郊外古寺,地僻險,邑人罕至。僧徒久苦不足。一日,有遊方僧至其寺,告於主僧,且將與之謀所以驚人耳目者。寺有五百羅漢,擇一貌類己,衣其衣,頂其笠,策其杖入縣削髮,誤為刀傷其頂,解衣帶取藥傅之,留杖為質,約至寺將遺千錢。削者述所以得杖貌,相與見主僧,更異之。開羅漢堂門鎖生,凝塵榻,如久不開者。視之,此羅漢衣笠皆所見者,頂有傷處,血漬藥傅如昔。前有一千皆古錢,貫且朽,因共歎異之。傳聞遠近,施者日至,寺因大盛。數年,其徒有爭財者,謀稍泄,得之外氏。
>
> 《澠水燕談錄》卷九,〈雜錄·假羅漢欺人〉

> 江東村落間有叢祠,其始,巫祝附托以興妖。里民信之,相與營葺,土木浸盛。有惡少年不信,一夕被酒入廟,肆言詆辱。巫駭愕不知所出,聚謀曰:「吾儕為此祠勞費不貲,一旦為此子所敗,遠邇相傳,則吾事去矣。」迨夜共詣少年以情告曰:「吾之情狀若固知之。儻因成吾事,當以錢十萬謝若。」少年喜問其故,因教之曰:「汝質明復入廟詈辱如前,幾廟中所有酒肴舉飲啖之。斯須則偽為受械祈哀之狀,庶印吾事。今先賂汝以其半。」少年許諾受金。

翌日，（少年）果復來廟廷袒裼踞呼，極口醜詆不可聞。廟傍民大驚，觀者踵至。少年視神像前方祭賽羅列，即舉所祀酒悉飲之，以至肴饌子遺。旋俯躬如受縶者，叩頭謝過。忽黑血自口湧出，七竅皆流，仆地死。里人益神之。即日喧傳傍郡，祈禳者雲集。廟貌繪繕極嚴，巫所得不勝計。

越數月，其黨以分財不平，詣郡反告，乃巫置毒酒中，殺其人。捕治引伏，魁坐死，餘分隸，諸郡靈響訖息。

《梁溪漫志》卷十，〈江東叢祠〉

這兩則故事，描述的都是寺廟中的僧人、巫祝的欺詐行為，兩者既有相似之處，又有不同之處。兩者相似之處主要有二：其一，兩者均利用精心設計的騙局來擴大寺廟影響，使之香火日盛，從而大獲其利；其二，兩者日後均因分財不均，發生內訌，逐個敗露。兩者不同之主要有二：其一，行騙者一為僧徒，一為巫祝；其二，他們所設騙局一個更為巧妙，一個更為狠毒。

這個時期的宗教騙子故事，尚有寫一巫士以毒死不信者之手段騙得民眾敬畏，讓其爭相捐錢，後來因分贓不均遂事泄的《夷堅志‧益都滿屠》、寫一巫製造關王去店鋪訂做大袱頭之假像，使廟中香火旺盛，後被戳穿受到懲辦的《夷堅志‧關王襆頭》、寫吳某號稱擅用符水祛病，用錢雇一小兒與其作騙人表演，後來竟被揭穿的《夷堅志‧吳法師》、寫單某求長生術被丘道人誆騙，當丘與其妻淫奔時，乃將其捉交郡府受誅的《夷堅志‧單志遠》、寫梁某當眾戳穿紫極宮道士劉某殺鬼把戲，讓其無法行騙害人的《夷堅志‧劉自虛斬鬼》、寫亳州大清宮一道人謊稱老君之師，使民眾爭相購買所煅藥物，一日竟被爐火燒死的《湖海新聞夷堅續志‧欺誑獲報》等。

第十一節　宋元的詩對故事

宋元時期的吟詩、屬對故事，涉及的內容較為廣泛，大都具有篇幅短小、詼諧風趣的特點。其中，有的詩歌、對聯非常通俗易懂，易於流布；

有的詩歌、對聯則比較文雅，不太明白曉暢，其流傳範圍自然受到一定的限制。

一、宋元的吟詩故事

這個時期的吟詩故事，尚不太興盛，數量不很多，大部分儘管是調侃之作，亦不乏令人回味之處。試看：

> 嘗有一名公，初任縣尉，有舉人投書索米，戲為一詩答之曰：「五貫九百五十俸，省錢請作足錢用。妻兒尚未厭糟糠，僮僕豈免遭飢凍。贖典贖解不曾休，吃酒吃肉何曾夢。為報江南癡秀才，更來謁索覓食饔。」熙寧中例，增選人俸錢，不復有五貫九百俸者。此實養廉隅之本也。
>
> 《夢溪筆談》卷二十三，〈投書索米戲答詩〉

> 閩地越海賊曰鄭廣，後就降，補官，官同強之作詩。廣曰：「不問文官與武官，總一般。眾官是做官了做賊，鄭廣是做賊了做官。」
>
> 《捫掌錄‧賊詩》

> 太原鮑先生處館一富人門下，而東人慳吝，冬至作禮賀親家，以犬一隻遣人牽送之。值其親家亦吝嗇，經數日乃烹所遺之犬作禮回謝。東人以見在犬肉，請比鄰破費，先生預席。東人遂令先生作詩以詠今日之事。先生乃口占一詩云：「地羊出去地羊來，兩個親家不用陪；恰似小生赴科舉，秀才出去秀才來。」
>
> 《事林廣記‧嘲戲綺談‧先生嘲東人詩》

這三則吟詩的故事，第一則以他人投書索米為由頭，吟詩自嘲俸祿微薄、生活清苦；第二則借鄙俚可笑之詩來嘲諷贓官即是盜賊；第三則以處館先生口吻，挖苦富人的慳吝可鄙。前一則較文雅，後兩則甚為通俗，各具韻味，讀來均頗為有趣。

這個時期的吟詩故事，尚有寫王荊公罷相鎮金陵後，江東蝗災驟起，有無名了題詩嘲諷：「青苗、免役[4]兩妨農，天下嗷嗷怨相公。惟有蝗蟲感恩德，又隨鈞斾過江東」的《桯史・金陵無名詩》、寫娶婦禮夕，人各取本藝聯句，曹吏曰「每日排衙次第立」，醫生曰「藥有溫涼寒燥濕」，秀才曰「夜深娘子早梳妝」，巫者曰「太上老君急急急」的《籍川笑林・禮夕行令》、寫四人行令取句語首尾字同，儒曰「上以風化下，下以風化上」；道曰「道可道，非常道」；釋曰「色即是空，空即是色」；吏曰「牒件上，如前謹牒」的《籍川笑林・行令》、寫嘉興方士沈某號稱道術高妙，請其為松江祈雨了無應驗，有人作詩嘲笑：「誰呼蓬島青頭鴨，來殺松江赤鏈蛇」，聞者絕倒的《輟耕錄・譏方士》等。

二、宋元的屬對故事

這個時期的屬對故事，作品數量比吟詩故事多，內容亦較為豐富。其中有不少作品奇巧風趣，立意不俗，給人留下較深的印象。試看：

> 梅聖俞以詩知名，三十年終不得一館職。晚年與修《唐書》，書成未奏而卒。士大夫莫不嘆惜。初受敕修《唐書》，語其妻刁氏曰：「吾之修書，可謂猢猻入布袋矣。」刁氏對曰：「君於仕宦，亦何異鯰魚上竹竿耶！」聞者皆以為善對。
>
> 《歸田錄》卷下，〈梅刁善對〉

> 德興李氏三士，政和中皆負俊聲。伯為人獰劣，每一坐數起走趨，仲捷於飲啖，且最滑稽善謔；季獨沉靜，以經學馳譽，為鄉黨推許。與之遊者各行標榜，謂其伯曰猴子，以譏其輕佻；謂其仲曰狗子，以譏其貪饕；季曰豹子，以表其文采。屢謁巨室余氏，余甚富有，數子皆吝嗇於財，與人無款曲意。因三季小聚，長子忽出大

---

[4] 指王安石推行的青苗、免役等新法。

銀盃，滿酌酒置前曰：「吾有一句，能對者飲酒，並賞此杯。」即唱云：「兄弟三人猴狗豹。」自謂已占三數，又下是獸畜名，必無從可答。伯應聲曰：「父子一群蛇鼠牛。」里俗指儉不中禮者為蛇鼠，而牛者，詬罵農氓之稱也，的切如此，遂飲酒。餘子大慚服，亟持杯歸之，自是不敢復形侮慢。

《夷堅三志壬》卷五，〈猴豹戲對〉

　　嘉興總管凌師德以文章、政事自居，同僚莫敢與抗，然其行實貪污，頗聞人有譏議，因出對云：「竹本無心，外面自生枝節。」貢推官對云：「藕因有竅，中間抽出絲毫。」蓋諷之也。

《輟耕錄》卷二十八，〈凌總管出對〉

　　這三則屬對故事意涵不俗，都比較值得咀嚼。第一則故事，運用聯語慨歎當時文人學士境遇不佳；第二則故事，以作答方式嘲諷巨室子弟吝嗇而不知禮數；第三則故事，借助屬對譏誚以文章、政事自詡官僚的貪污本性。每一則故事都有感而發，其中的聯語無不具有相當的藝術表現力。

　　這個時期的屬對故事，尚有寫寇準在中書與同列戲云「水底日為天上日」，在未有人能對時，楊大年來云「眼中人是面前人」，受到滿座稱許的《歸田錄》「的對」、寫同館諸公遊景德寺時於柏林下遇雨，顧臨（因好談兵人稱為「顧將軍」）戲林希曰：「雨中林學士，柏下顧將軍」眾以為精對的《澠水燕談錄》「戲林精對」、寫某縣令性滑稽，入僧寺時主僧半酣，竟邀其同飲，縣令怒判云：「談何容易，邀下官同飲三杯；禮尚往來，請上坐獨吃八棒」的《明道雜誌》「主僧被答」、寫王荊公初執政時對客曰：「投老（垂老）欲依僧耳」，客曰：「急則抱佛腳，上去『投』下去『腳』豈非的對耶」的《聞見後錄》「的對」、寫東坡知湖州時出遊見一僧憑門閒熟睡，笑云「髡閫上困」，有客答「何不對『釘頂上釘』」的《軒渠錄》「僧睡戲對」、寫一士無辜至訟庭，大聲稱屈，太守命其屬對，因曰「投水屈原真是屈」，士人應道「殺人曾子又何曾」的《梁溪漫志》「投水屈原」、寫遼使以其國無能對之「三光日月星」來難東坡，東

坡讓人以「四詩風雅頌」作答，又以「四德元亨利」對之，使大駭服的《桯史》「遼使駭服」、寫某官讓來傘下躲雨童子對「青衿對避雨」，童子應以「紫綬去朝天」，令某官大喜的《輟耕錄・童子屬對》等。

第十二節　宋元的動物故事

　　宋元時期的動物故事，作品數量不少，涉及的社會生活面較廣，內容主要為動物護主追凶、動物與人友善、動物感恩報恩、保護動物等幾個方面。在故事中出現的動物，多為與人類關係比較密切的犬、貓、牛、豬、虎、猿、猴、驢、鼠、鵝、鸚鵡、斑鳩、鸂鷘、畫眉等，其中以犬和虎最為常見。

一、宋元的動物護主追凶故事

　　這個時期的動物護主追凶故事，或以遇險護主為內容，或兼有護主、追凶的內容。它們均充分表現了動物對主人的無比忠誠，往往到了至死不渝的程度，感人至深。試看：

　　　　紹興中，樂平魏彥成安行為滁州守。全椒縣結證一死囚獄案，云縣外二十里有山庵，頗幽僻，常時惟樵農往來，一僧居之，獨雇村僕供薪爨之役。養一貓極馴，每日在旁，夜則宿於床下。一犬尤可愛，俗所謂獅狗者。僧嘗遣僕買鹽，際暮未反，凶盜乘虛抵其處殺僧，而包裹缽囊所有，出宿於外。明日入縣，此犬竊隨以行，遇有人相聚處，則奮而前，視盜噪吠。盜行，又隨之，至於四五，乃泊縣市，愈追逐哀鳴。市人多識庵中犬，且訝其異，共扣盜曰：「犬如有恨汝意，得非去庵中作罪過乎？」盜雖強辯，然低首如怖伏狀。即與俱還庵，僧已死。時正微暑，貓守護其旁，故鼠不加害。執盜赴獄，不能一詞抵隱，遂受刑。此犬之義，甚似前志所紀無錫李大夫庵者也。蠢動含靈，皆有佛性，此又可信云。

　　　　　　　　　　　　　　　　　　《夷堅支乙》卷九，〈全椒貓犬〉

青州老人朱先生，以賣藥自給。每攜一妻一妾一犬，往來贛州及南康縣，土人多識之。紹興丁丑歲四月，南還，至館。贛南黃岡有村民來，稱母病，邀往其家診視。問其居遠近，曰數里，朱即從行。已至，則盡奪其貲橐，殺三人埋於林間。犬隨而叫號，俄舍去，民逐之不已。逕還南康縣舊邸，以爪掊地，哀頓不已。邸人怪之，引詣縣。犬伏庭下，如有所訴。縣宰諭之曰：「汝主人得非為奸盜所殺耶？吾當遣弓兵擒捕。」犬即起搖尾引眾至埋所，發穴見屍。兵復語之曰：「屍雖已見，當引我至賊家。」犬又前導，盡獲凶黨。

《異聞總錄》卷二，〈朱先生犬〉

　　兩則有關義犬替主報仇的故事，都寫得頗為細緻，具有較強的感染力。前一則故事，描述義犬追趕兇手，終於破了殺僧凶案；而貓守護僧人的屍體，使其不致被鼠損害。犬、貓追凶護主，配合有致，讀來感人至深。後一則故事，描述主人一家三口被騙殺後，義犬追趕兇手並且去縣衙告狀，引兵盡捉凶黨。義犬懲凶復仇的舉動，表現出它對主人的忠誠，實在令人感佩。

　　這個時期的動物護主追凶故事，尚有寫兩牛追逐與牧牛童子搏鬥之虎，童子雖死，虎卻不能將其奪走的《冷齋夜話》「兩牛逐虎」、寫一凶徒雪夜殺死老僧，劫走貴重香爐，廟犬窮追不捨，終使兇手被捉伏法的《夷堅志·李大夫庵犬》、寫畫眉夜鳴不輟令主人驚起，使盜賊丟下所竊財物逃竄的《夷堅志·黃主簿畫眉》、寫向生被佃僕砍傷，驢子趕走佃僕後又回來保護主人，使其脫險的《夷堅志·向生驢》、寫顏氏家犬從池中救起落水小女，又將其父母找來護理，從而避免了一場悲劇的《夷堅志·顏氏義犬》、寫船戶殺死船客朱某，棄屍於眢井之中，盡奪其錢財，義犬替主鳴冤，使兇手得以落網的《續夷堅志·蕭卜異政》等。

二、宋元的動物與人友善故事

　　這個時期的動物與人友善故事，大都從各個社會層面描述人類厚待家養或野生動物，家養或野生動物對人類友善，往往相互理解、牽掛、體

恤、照料，甚至達到難以分離、割捨的程度。此類故事，有不少作品既富有感情色彩，又充滿生活情趣，往往讓人過目不忘。試看：

> 復州僉判廳主管諸司錢物，故蓄犬以警盜，名為防庫。一黃犬在彼十餘年，吳興周礪居官，尤加意飼養。犬亦知感恩者，常坐臥其傍。洎滿秩，予任梟之代之，以小兒女多，慮或為所驚齧，牽以附浮橋之南二十里外蓮台寺，明日復來，又執拘以往，已而復爾。周未去間，嘗謁梟，犬認所乘轎，識為故主，迎繞馴伏，搖尾戀戀，伺其退，即隨以行。梟解其意，語周使置於船中。後數日，船至巴河，登岸未返，而船人解纜東下，犬望見，跳躑噑鳴，奔隨不置，凡三四十里。周顧見之，命小艇呼載，既得上，不勝喜，遂至湖州。
>
> 《夷堅支乙》卷六，〈復州防庫犬〉

> 婺州根溪李姥，年六十，有數子，相繼疫死。諸婦悉更嫁，但餘一孫，七八歲。姥為人家紡績，使兒守舍，至暮歸，裹飯哺之，相與為命。方春時，姥與兒偕里中數人擷茶，一虎躍出林間，眾懼駭，登木沉溪以避。虎逕搏兒，舉足簸弄，宛轉未食，姥挺身直前，拊虎大慟，具述平生孤苦之狀，且曰：「不如食我，則兒猶可以生，為香火主。兒死，則我嗣絕矣！虎如有知，乞垂慈憫！」虎聞言，瞑目弭耳，若慚悔然，疾走去。兩人皆得免。
>
> 《夷堅志補》卷四，〈李姥告虎〉

> 德慶路在城人家有一老嫗，臥病於床，一日渴呼水飲，家人並無在旁。有老犬忽作人行，入廚中取熱湯，儼如人執湯碗以進，病者恬不為怪。後病竟癒，其家亦無他故。
>
> 《湖海新聞夷堅續志》後集卷二，〈犬事病人〉

這三則故事都具有情節簡潔明快的特點。就動物角色而言，第一、第三則為犬，第二則為虎，它們都是這個時期動物故事當中最常見的動物。

就內容而言，第一則寫人犬感情深厚，難捨難分；第二、三則寫虎、犬憐惜老人，照拂弱者，無不體現了動物與人類的友好情誼，頗為感人。

　　這個時期的動物與人友善故事，尚有寫段生家鸚鵡通人性，常與主人對話，主人放其還舊巢後仍不時飛回來問候的《玉壺野史・段生鸚鵡》、寫禪師親自將斑鳩餵大後便搬到徒弟寺廟居住，斑鳩不見禪師即悲鳴不止，當被人送到禪師身邊時才活躍如初的《夷堅志・馴鳩》、寫章某赴官途中墜崖將落入虎口，當告以家有年邁老母需要贍養時，虎乃釋放其人的《夷堅志・章惠仲告虎》、寫楊某所養一犬數年間忠心守護家院並捉回野物，有人欲用駿馬換此犬，被其謝絕的《夷堅志・楊一公犬》、寫兵亂時闔家翁母死於牆下，未能埋掩，家犬守護月餘令野獸不敢近，後為歸家之子姪安葬的《續夷堅志・原武閻氏犬》、寫一農家母豬齧主母至屋後嶺下，竟得一窖金銀，令其家致富，此後其家即以美食羹飼母豬的《湖海新聞夷堅續志・長生母豬》等。

三、宋元的動物報恩故事

　　宋元時期的動物報恩故事，大都描寫的人類救治、餵養各種飛禽走獸，或者為其接生。它們多有感念，因而以其特有的方式來報答恩人。試看：

> 　　淳熙二年八月，通州海門縣下沙忽有虎暴，民家牛羊豬狗，遭食者多。居人畏其來，至暮輒出避。陳老翁村舍窗戶籬壁，皆為觸倒。陳語妻子曰：「虎吃人自係定數。我一家人八口，恐須有合受禍者，我今出外自當之。」妻子挽勸不聽。即開門，見虎肋間帶一箭，手為之拔取。虎騰身哮吼，為感悅之狀而去。次夜，擲一野麂以報，自此絕跡。
>
> 　　　　　　　　　　　　　　　　　《夷堅支庚》卷四，〈海門虎〉

> 　　僕妻姑之夫鄭參秉又言：政和中監中山府甲仗庫目擊一醫者為市人執以為盜，不承，忿爭至府。醫者云：去年以醫入山中，行

一十里，越一嶺，嶺下山川奇秀，忽一猴挽驢不可卻，竟與之入道左山溪中，無復徑路。行二十許里，見泉石清麗，復有猴千百為群，跳擲岩谷間。

至一石室，有巨猴臥其中，如人長，察其有疾且異其事，乃為視脈。又內自謀曰：「不過傷果實耳。」即示之，猴首肯，似曉人事，遂以常所用消化藥餌四五粒，輒利者與之盈掬，飲以澗水。恐猴久必為患，故多與藥因欲殺之也。復令一猴送出。

既歸，不敢再經其地，意猴必死，恐為群狙所仇。年餘偶至山中，果一猴復來引驢，察無他意，遂與俱行。至前石室，病猴引其類自山而下見之，大喜跳躍於前。眾猴爭索藥，所攜悉分與之，至空篋。病猴乃以白金數十匣、衣兩袱贈之，令向猴導以歸。

某鬻衣於市，遂遇市人見執，實非盜也。願從公邑行驗之。帥異而許之，至挽驢山間，大呼曰：「猴我癒爾疾，而反褐我，度爾必有靈，豈不能雪我耶！」俄一猴出，初不畏人，從吏與俱入府中，猴啁哳廳下，指畫若辯理者。帥大奇之，即以衣銀還醫者，猴亦奔而去。

《陶朱新錄》，〈醫治猴疾〉

這兩則故事，長短、詳略各不相同。前一則故事比較簡短，先寫虎患，在恐怖氣氛中引出虎報陳某拔箭之恩，送野豬致謝。其佈局合理，剪裁得當，不在同類作品中具有一定的代表性。後一則由診治、答謝、雪冤三個部分組成，以倒敘方式引出醫者為巨猴治病得報的故事。其藝術性較強，寫得頗為曲折、生動，引人入勝。

這個時期的動物報恩故事，尚有寫猛虎將江州一田婦攫去為其拔掌上刺，隨後即捨田婦而去的《江南餘載》「替虎拔刺」、寫商州一醫士被請去為老猿治病，因受贈金銀險些吃官司，老猿後重新贈物使其致富的《夷堅志·猿請醫士》、寫五隻幼鼠被了達長老餵大後突然離去，隨即送來茶葉表示謝意，自此長老所到之處皆無鼠患的《夷堅志·了達活鼠》、寫溫州吳老娘深夜被請去為母虎接生，次日二虎送上豬肉一邊，牛肉一腳以為酬謝的《湖海新聞夷堅續志·虎謝老娘》、寫群猴將一會治病柴郎接去替

老母猴醫治咳病，留數日後贈金銀使其致富的《湖海新聞夷堅續志・猴劫醫人》等。

四、宋元的保護動物故事

　　這個時期的保護動物故事，有意無意地從正、反兩個方面來揭示人類應當珍愛、庇護動物的題旨，給世人以有益的啟迪，至今仍然具有一定的積極意義。試看：

> 　　休寧張村民張五，以弋獵為生，家道粗給。嘗逐一麂，麂將二子行，不能速，遂為所及，度不可免，顧田之下有浮土，乃引二子下，擁土培覆之，而自投於網中。張之母遙望見，奔至網所，具以告。其子即破網出麂，並二雛皆得知。張氏母子相顧，悔前所為，悉取罝罦[5]之屬焚棄之，自是不復獵。
>
> 《夷堅乙志》卷十八，〈休寧獵戶〉

> 　　洪府奉新縣之東三十里；有僧舍曰竹林院。院有松岡，巨松參天，禽鳥群棲其上，鸕鷀最多，每歲字育[6]，及秋乃去。鄰邑建昌控鶴鄉民王六者，能緣木，常升高取其雛以供饌。積十數年，罹其虐者以千計。紹熙甲寅夏，率其徒至松下，繫小笈於腰間，攀挾喬枝，履虛而上。將及木杪，老鸕鷀在焉，悲噪苦切。已而群飛競集，繞王生之身，啄其股，攫其目。王盡力挾松，兩手皆不可釋。其徒仰視之，急呼曰：「勿取雛，且亟下。」未能及半，啄攫者猶不舍，遂顛墜死，舉體如斧斫然。
>
> 《夷堅支景》卷七，〈竹林院鸕鷀〉

　　這兩則故事分別從兩個不同的方面，闡述人類保護動物的要義。前一則故事，寫一獵戶看見母麂為保全幼子性命而作自我犧牲，被其博大的母

---

[5] 罝罦（jūfú居浮）：捕獸網。
[6] 字育：生育。

愛精神所感動，毅然焚毀捕獸工具，從此不復打獵。後一則故事，寫鄉民工某取食雛鳥數以千計，後上樹取雛時被群鳥啄攫，竟墜地而死，受到嚴酷的懲罰。這不能不說是為世人敲起了警鐘。

這個時期的保護動物故事，尚有寫王某未發跡時射瞎巢中一鵲，因被其慘叫聲所驚駭，立碎弓箭，誓不再射的《夷堅志・王權射鵲》、寫何某見母鶴中箭後猶忍死引頸吐哺飼子，大動惻隱之心，乃折棄弓矢不復射殺獵物的《夷堅志・資中鶴》、寫魚販汪乙不顧眾人勸阻而殺死從漁人處買回之百斤大黿，後因事繫獄遭杖，貧困至死的《夷堅志・汪乙黿》、寫某店主不顧群鵝阻攔而殺掉一雄鵝待客，群鵝隨即自擲死三隻，其餘皆不吃喝的《夷堅志・顏氏店鵝》、寫一虎殺食母狗後，小狗拼死咬住虎尾不放，終使該虎命喪刀下的《夷堅志・龜山孝犬》、寫李某家二母貓生崽後，一母貓被狗咬死，另一母貓為其育崽，雖消瘦亦不離棄的《夷堅志・李氏貓》等。

第五章　宋元的民間笑話

　　宋元時期的民間笑話，仍然不甚發達。但是收錄笑話的書籍的數量勝過隋唐五代時期，笑話作品的數量亦多於隋唐五代時期。可以說，這個時期是明代中國民間笑話進入繁榮興旺時期的一個準備階段。茲從諷刺笑話、勸誡笑話、諧趣笑話三個門類對宋元時期的民間笑話作全面論析。

第一節　宋元的諷刺笑話

　　宋元時期的諷刺笑話，內容主要是揭露各級官吏或皇族的劣跡、醜態，並對其進行無情嘲諷。此類笑話辛辣而且風趣，其中不乏佳作。譬如：

> 　　世傳宗室中昔有昏謬，一日坐宮門，見釘鉸者亟呼之，命僕取弊屨，令工以革護其首。工笑曰：「非我技也。」公乃誤曰：「我謬也，誤呼汝矣。適欲喚一錮漏者耳。」聞者笑之。
>
> 《墨莊漫錄》卷一，〈誤呼釘鉸者〉

> 　　周通判貪污，監司按劾，對移下縣知縣，才到任，吏人探其意，乃鑄一銀孩兒，重一斤，安在便廳桌上，入宅復云：「家兄在便廳取復。」知縣出來，只見銀孩兒，便收之。他日，吏人因事有忤，將勘決，吏人連聲復云：「且看家兄面。」知縣云：「你家兄沒意智，一去後更不再來相見。」
>
> 《事林廣記・嘲戲綺談・官員貪污》

　　這兩則笑話，矛頭分別指向皇族與官吏。前一則笑話，譏刺皇族中的昏謬者讓釘鉸工為其補鞋或堵漏，一再鬧笑話，令人忍俊不禁，頗為詼

諧。後一則笑話，嘲謔被彈劾下放的官員秉性不改，走到哪裡都忘不了貪污斂財，頗為辛辣。

這個時期的諷刺笑話，尚有寫一老郎官令妻妾鑷鬢白，妻忌其少為去黑者，妾欲其少乃去白者，未幾其頤頷逐空的《遁齋閑覽‧皤然一翁公然一婆》、寫某主簿作書其長官借二卒抬轎，誤寫「卒」為「倅」，遭到長官挖苦的《事林廣記‧做官不識字》、寫一士年老納二寵，其友取名為「老奴」、「忠奴」，謂其老當竭力，忠則盡命的《邵氏聞見錄》「老納二寵」、寫一爭田官司每以「務停」為詞而遷延，某御史不曉「務停」之說，乃曰「傳我言語，開了務者」，聞者失笑的《山居新話》「開了務」、寫松江一椎官提牢至獄中，問諸重囚「汝等是正身耶，替身耶？」令獄卒為之掩口的《山居新話》「問重囚」、寫某致仕相爺問客死後佳否？一士人稱「一死而不返，是以知其佳」的《東南紀聞》「死後佳否」、寫州官布哈夫婦初至海邊城市時，因閽者夢語而誤以為潮水漏入，驚恐萬狀，大呼「救命」的《樂郊私語》「禍到也」等。

第二節　宋元的勸誡笑話

宋元時期的勸誡笑話，較隋唐五代時期的勸誡笑話略有發展。這一時期的勸誡笑話，仍以譏誚士農工商各界人士的愚昧、虛榮、自私、守舊等種種言行舉止為內容。其目的在於勸善戒惡，除弊興利，藉以提高人們的思想作風，改善人們的生活環境。譬如：

> 醫者上官彥成，本部武人，自稱北京駐泊，云宣和中在京師試針灸，得翰林醫學，轉至副使，皆妄也。乾道初來鄱陽，其技亦平平，而能大言。宗室公頤頗滑稽善謔，因坐群客次，有言某人病勢可慮，一客云：「可招上官駐泊。」公頤戚然曰：「上官來則下官去矣。」坐皆笑倒。蓋州郡每日申時兵校交番，其當直軍員必大聲曰：「上番來。」當下者繼之曰：「下番去。」故用此以為戲。彥成聞而甚病其語，聲譽日削焉。
>
> 　　　　　　　　　　　　　　　《夷堅支景》卷八，〈上官醫〉

舊日有女婿到丈人家久住，丈人欲其去而女婿不去。一日，丈人云：「甚荷遠來，家禽宰盡，無可相待，且勿罪。」意欲女婿辭去。女婿云：「丈人你不用煩惱，我來時見一群鹿在山內甚肥，可捕歸烹炮，亦多得日吃。」丈人云：「你來時在彼，合經月餘日，鹿必去了。」婿云：「那裡吃處好，往往未肯去。」

《事林廣記‧嘲戲綺談‧客答》

這兩則笑話，一則針對庸醫，一則針對平民，立意各不相同。前一則笑話諷刺自我吹噓、恬不知恥的庸醫，使其受到教訓。後一則笑話諷切厚顏無恥的白食者，使其被人鄙夷，從而收到勸誡的效果。

這個時期的勸誡笑話，尚有寫一書生因盜被執，太守令其作賦獲免，書生乃云「窺戶而闃無人，心乎愛矣；見利而忘其義，卷而懷之」的《遁齋閑覽‧盜絹》、寫某秀才應舉時忌諱「落」字，常語「安樂」為「安康」，榜出後問「我得否乎？」僕曰「秀才康了也」的《遁齋閑覽‧應舉忌落字》、寫某名士臥病既久，其子不慧，往請名醫不至，乃稱「且作死馬醫」，聞者絕倒的《春渚紀聞‧死馬醫》、寫主人引的久住不去之客至門前，欲砍樹捉鳥下飯，客云「只恐樹倒鳥飛」，主云「這呆鳥往往樹倒不知飛」的《事林廣記‧嘲客久住》、寫李某所獻百韻詩有「舍弟江南歿，家兄塞北亡」之句，上官見而憫之，李自解曰「實無此事，但圖對屬親切耳」的《捫掌錄》「作詩圖對偶親切」、寫某慳吝富人之從弟入京告行，其人不得已與千錢、一壺，作簡曰「筋一條、血一壺，右件捶胸獻上，伏惟鐵心肝人留納」的《籍川笑林‧捶胸獻上》、寫丘某責問寺僧為何接州將子弟恭敬而接己甚傲？僧曰「接是不接，不接是接」，丘勃然杖僧數下曰：「和尚莫怪，打是不打，不打是打」的《諧史‧打是不打》、寫錢良臣自諱其名，錢幼子遇經史中有「良臣」輒改，一日將《孟子》「今之所謂良臣，古之所謂民賊也」改為「今之所謂爹爹，古之所謂民賊也」的《稗史‧名諱》等。

第三節　宋元的諧趣笑話

　　宋元時期的諧趣笑話，仍以詼諧逗樂為主旨，並不一定包含多少思想意義，或者說並不以表現某種思想內涵為目的。這個時期的此類笑話，大多與文人學士的生活有關。譬如：

　　　　一歲，潭州試僧童經，一試官舉經頭一句曰：「三千大千」時，穀山一闍童接誦輥不通，因操南音上請曰：「上覆試官，不知下頭有世界耶，沒世界耶？」群官大笑。

　　　　　　　　　　　　　　　　　　《湘山野錄》卷中，〈試僧童經〉

　　　　故曰道老能言五代時事者云：馮相道、和相凝同在中書，一日，和問馮曰：「公靴新買，其直幾何？」馮舉左足示和曰：「九百。」和性褊急，遽回顧小吏云：「吾靴何得用一千八百？」因詬責久之。馮徐舉其右足曰：「此亦九百。」於是哄堂大笑。

　　　　　　　　　　　　　　　　　　《歸田錄》卷一，〈九百相戲〉

　　　　有人性寬緩，冬日共人圍爐，見人裳尾為火所燒，乃曰：「有一事，見之久已，欲言之，恐君性急，不言，恐君傷太多，然則言之是耶？不言之是耶？」人問何事，曰：「火燒君裳。」遂收衣滅火，大怒曰：「見之久，何不早道？」其人曰：「我言君性急，果是。」

　　　　　　　　　　　　　　　　　　《籍川笑林・火燒裳尾》

　　這三則笑話，儘管包含一定的生活內容和思想內涵，但主要在於表現世人詼諧逗樂的情趣，用諧趣來吸引聽眾、讀者，帶給聽眾、讀者以藝術享受。

　　這個時期的諧趣笑話，尚有寫一日和某問馮某靴價，馮舉左是曰：「九百」，和性急，乃道：「吾靴何用一千八百！」馮舉右足曰：「此

亦九百」的《歸田錄》「九百相戲」、寫歐陽修不喜佛教，有人問其幼子何以小名「和尚」，公曰：「所以賤之也，如今人家以牛、驢名小兒耳」的《澠水燕閑錄》「小字和尚」、寫京師憑馬議價時必問「是否來回？」中軍判官家貧不養馬，一日憑馬押死囚的去法場，馭者問：「一去耶，卻來耶？」聞者大笑的《東軒筆錄》「問去來」、寫五鼓坐待漏院時，一官稱「夜來偶讀《孟子》，好甜」，張相隨答曰「必非《孟子》，此定《唐書》」的《鐵圍山叢談》「夜讀」、寫上朝時皇上顧王安石領上虱直緣其鬚，乃笑，退朝發現後王欲去之，某官稱其「屢遊相須，曾經御覽」，不可輕去的《遁齋閑覽・頌虱》、寫蕭某好奇，名其堂曰「堂堂堂」，某日宴飲，有客遍歷亭館，戲問一洞何不名曰「洞洞洞」的《稗史・好奇》等。

第六章　宋元的民間寓言

宋元時期的民間寓言亦不太興盛，作品的格局、內容和數量大都與隋唐五代時期的民間寓言比較接近。茲從人事寓言和擬人寓言兩個門類來論述這個時期的民間寓言。

第一節　宋元的人事寓言

宋元時期的人事寓言，同樣包含幻想性人事寓言和寫實性人事寓言兩類，其中以寫實性人事寓言居多。

一，宋元的幻想性人事寓言

這個時期的幻想性人事寓言，涉及神異、鬼魅、精怪諸多方面的內容，各有其描寫對象，並且不乏耐人尋味的佳作。譬如：

> 艾子行水，塗見一廟，矮小而裝飾甚嚴。前有一小溝，有人行至水，不可涉，顧廟中，而輒取大王像，橫於溝上，履之而去。復有一人至，見之，再三歎之曰：「神像直有如此褻慢。」乃自扶起，以衣拂飾，捧至坐上，再拜而去。須史，艾子聞廟中小鬼曰：「大王居此為神，享里人祭祀，反為愚民之辱，何不施禍患以譴之？」王曰：「然則禍當行於後來者。」小鬼又曰：「前人以履大王，辱莫甚焉，而不行禍；後來之人，敬大王者，反禍之，何也？」王曰：「前人已不信矣，又安禍之？」艾子曰：「真是鬼怕惡人也。」

《艾子雜說》，〈敬者反禍〉

德興去縣十五里，有山門寺。其僧了詮者，年四十歲時，遇一善術士戒之曰：「大師命運衡犯凶煞，五月內當主災殃，須百事謹畏關防。不然，恐不能免。」詮聞言憂怖。是月自朔日屏跡不出，惟端坐誦經，度日如年，常若禍至。及晦日，闔寺僧相慰拊曰：「師兄可出矣。」詮曰：「猶有半日之期未竟，不知獲脫免否？」到昏暮，寂無它虞，詮亦自喜。少頃，提燈籠如廁，過山坎下，適巨蛇蟠居石上，見燈光躍而赴之，正齧詮足，大叫僕地，其徒奔救以還，所傷處血肉潰腐，遂連脛骨如截，歷歲乃癒，然不能行步。春秋幾八十，慶元三年秋始死。

《夷堅三志辛》卷一，〈山門寺僧〉

建寧府西鎮萬安驛前有林二四者，以賣醃藏為活。每日荷擔往城生活，必須由刑人法場經過。林二四每有懼心，則肆罵以自壯。一日昏黑來歸，行到場中，背後有一人接踵而至，與林為伴。談間，因問林二四：「爾居常暮夜過此，能不怕鬼否？」林二四答云：「我人彼鬼，吾何懼哉？卒然遇之，吾有刀耳。」其人曰：「爾雖不畏，我甚畏之。」又再三問曰：「我得爾為伴，萬一遇鬼，當如之何？」林堅以不怕他為辭，詰之至再，後一人曰：「爾道不怕鬼，試回頭看我如何？」林二四回頭，則一無頭人也，忙將擔摋了，驚走回家，病月餘而後癒。豈非疑心有以召鬼之侮乎！

《湖海新聞夷堅續志》後集卷二，〈疑心生鬼〉

這三則寓言，都以帶有幻想色彩的故事情節，來生動有趣地闡發各自的寓意。第一則寓言，描述的是神祇畏懼不信神者，卻欺負敬神者的故事，說明為人處世當看對象，世人對無是非準則、欺善怕惡者切不可發善心，否則反受欺負。第二則寓言，通過一僧人未能堅持到底，因而遭災的故事，說明做事必須持之以恆，不可存一點僥倖心理，否則功虧一簣。第三則寓言，寫小販生性膽怯，竟使鬼魅現身，因而受驚生病，說明只有大膽無畏才能使邪惡勢力消聲滅跡，即令邪惡勢力現身，亦能將其制伏，不會受其傷害。

這個時期的幻想性人事寓言，尚有寫孫某自負其標韻，對神不恭，夜夢神叱令換面，醒而果醜，悔恨不已的《睽車志》「孫某易面」、寫□某得到農夫所獻龍珠後，縣令藉故將其囚禁，由於不能自脫竟死於獄中的《夷堅志·嘉魚龍珠》、寫一道士在勸阻無效時數呼雷神擊斃吃人巨蟒，從而使妄想飛升者得救的《夷堅志·武當劉先生》、寫某僧見師弟尪瘦，進而追查緣由，剷除妖怪，乃使師弟康復的《夷堅志·禮斗僧》、寫一貧士因神助而得到富商五十萬錢酬金，後因不守信用洩密，竟失財喪命的《夷堅志·廟神周貧士》、寫神問貧士何求，士表示衣食粗足，逍遙山水間足矣，神云「此神仙之樂，何可易得」的《行營雜錄》「貧士祈天」、寫國王命眾臣搬來寶井，否則砍頭，眾臣難以搬動，竟聯手殺死國王的《薩迦格言注解》「國王奪寶井」等。

二、宋元的寫實性人事寓言

這個時期的寫實性人事寓言，數量較幻想性人事寓言多，亦頗多精彩的篇什。作品中的人物上自帝王將相，下至平民百姓，廣泛涉及各個社會階層。它們大都貼近生活，發人深省，能夠在讀者、聽眾中引起共鳴。譬如：

> 石才叔蒼舒，雍人也。與山谷遊從。尤妙於筆箚，家蓄圖書甚富。文潞公帥長安，從其借所藏褚遂良〈聖教序〉墨蹟一觀。潞公愛玩不已，因令子弟臨一本。
>
> 休日，宴僚屬，出二本令坐客別之。客盛稱公者為真，反以才叔所收為偽。才叔不出一語以辨，笑啟潞公云：「今日方知蒼舒孤寒。」潞公大咍，坐客赧然。
>
> 《玉照新志》卷五，〈兩本《聖教序》〉

> 錢大王一日得夢，對近侍言：「吾昨夢至一處，有死狗一隻，缽中盛鱉數個，廷下見柏木一莖，其柏為雷震碎。吾疑此夢，未知凶吉？」近侍奏曰：「大王合壽一百歲。」大王曰：「何以知

之？」近詩曰：「死狗者，死狗三十六；缽中鱉，鱉缽六十四，其數恰是一百。廷中柏碎，是知一百歲也。」大王乃喜，聞者即笑。

《事林廣記·滑稽笑談·錢大王說夢》

前一則寓言，通過墨蹟鑒賞活動，說明趨炎附勢者為人處事皆以權勢為重，並不追求真理，亦無誠實可言。後一則寓言，通過一近侍為當權者圓夢，既說明在阿諛奉承者口中很難聽得到實話，更說明旁觀者清，當局者迷，讓那些位高權重者要保持清醒的頭腦尤為不易。又如：

昔有一人好道而不知求道之方，惟朝夕拜跪向一枯樹，輒云乞長生，如此二十八年不倦。枯木一旦生華，華又有汁，甜如蜜。有人教令食之，遂取此華及汁並食之，食訖即仙。

《續博物志》卷七，〈拜跪枯樹〉

昔有一士鄰於富，家貧而屢空，每羨其鄰之樂。旦日，衣冠謁而請焉。富翁告之曰：「致富不易也。子歸齋三日，而後予告子以其故。」

如言，復謁，乃命待於屏間。設高幾，納師資之贄，揖而進之，曰：「大凡致富之道，當先去其五賊。五賊不除，富不可致。」請問其目。曰：「即世之所謂仁、義、禮、智、信是也。」士盧胡[1]而退。

《桯史》卷三，〈富翁五賊〉

前一則寓言通過求仙活動，說明做事不能只求專注，還要動腦筋，講方法，否則很難達到目的。後一則寓言，通過富人向貧士談致富之道的效果，說明在道德觀、價值觀存在極大差異的人們之間，是很難找到共同語言的。再如：

---

[1] 盧胡：亦作「胡盧」，喉間的笑聲。此處意為竊笑。

有關中商得鸚鵡於隴山，能人言，商愛之。偶以事下有司獄，旬日歸，輒歡恨不已。鸚鵡曰：「郎在獄數日，已不堪，鸚鵡遭籠閉累年，奈何！」商感之，攜往隴山，泣涕放之。去後每商之同輩過隴山，鸚鵡必於林間問郎無恙，托寄聲也。

《邵氏聞見錄》卷十七，〈商人與鸚鵡〉

大德間，荊南境內有九人山行，值雨避於路傍舊土洞中，忽有一虎來踞洞口，哮咆怒視，目光射人。內一人素愚，八人者密議，虎若不得人惡得去，因給愚者先出，我輩共掩殺之。愚者意未決，遂各解一衣縛作人形，擲而出之，虎愈怒。八人併力排愚者於外，虎即啣置洞口，怒視如前。須臾土洞壓塌，八人皆死，愚者獲生。

《輟耕錄》卷二十二，〈虎禍〉

前一則寓言，通過陝商釋放鸚鵡的舉措，說明推己及人，以仁愛之心待人者最值尊敬。後一則寓言，通過避雨遇險的結果，說明自作聰明者往往愚蠢可笑，算計他人者大多沒有好結果。

這個時期的寫實性人寓言，尚有寫陳公以善射自矜，某次遇一賣油翁為其演示瀝油穿錢絕技，方悟技無止境的《歸田錄》「賣油翁」、寫格鬥時一強盜用含水噴面之法乘機殺死對方，後以此法對付壯士卻被刺死的《夢溪筆談》「恃勝失備」、寫一牧童見唐代畫家戴嵩《鬥牛圖》而笑指其牛尾畫得不像，所言令人嘆服的《仇池筆記‧戴嵩鬥牛》、寫張丞相好草書而受人譏嘲，姪子執其草書問字，連他自己也不識的《冷齋夜話》「草書不工」、寫鞋匠母卒未殮，鄰居樂工樂聲不斷，鞋匠怒而訴訟，官曰：「此本業安可喪輟，他日樂工有喪事亦任爾齒鞋不輟」的《唐語林》「鞋匠與樂工」、寫一好古器士人以其書換一好書士人之古銅器，各得其所，回家後卻遭妻子責難的《道山清話》「以書換古器」、寫賣餅人以吹笛為樂，富人資助其經商遂無吹笛之樂，乃退資賣餅，令笛聲如舊的《北窗炙輠錄》「吹笛為樂」、寫京師一富人因繫著金腰帶，每送迎賓客竟不敢出門的《可書》「金腰帶」、寫被殺者巧計讓敵方給自己的親屬傳遞信

息，因而得以復仇的《喻法寶聚》「給風留遺囑」、寫一道士識化金之木，欲傳其術於人時，誰知二人均被入室奪金者壓死的《能改齋漫錄・化金之木》、寫館客黃某死後主人發現其記有他家諸事，以備失歡時起訴，方悟逢迎諂笑者居心不良的《夷堅志・林氏館客》、寫韓嫗死後家人請僧誦經，有一戴甕犬出其屋，誤以為是嫗魂歸來的《夷堅志・韓氏放鬼》、寫王某夢至陰府，偷見生死簿上稱其「某年月日以一刀死」，醒來因恐懼竟病歿的《夷堅志・王天常》、寫一僕役誤以滅黥墨藥膏為眼藥，用其治好老母翳障，卻將目赤妻子弄瞎的《夷堅志・浴肆角筒》、寫一賊深夜攀上承天寺塔頂盜走金銀佛像，其人為貪心驅使而不覺恐懼的《西軒客談》「盜佛像」、寫宋徽宗以「萬綠枝頭紅一點，動人春色不須多」為題考畫取士，眾皆妝點花卉，惟一畫工畫一婦人憑欄立於綠楊隱映中，令眾人嘆服的〔宋〕俞文豹撰《吹劍錄》「畫意」、寫一婢因主家金鐲不翼而飛被拷殞命，後主人發現金鐲為貓帶走，始知婢女被冤死的《輟耕錄・金鐲刺肉》等。

第二節　宋元的擬人寓言

宋元時期的擬人寓言，以動物寓言最為常見，故事主角凡飛禽走獸，水生動物，應有盡有，形狀各異，意趣盎然。有一些作品中的動物，擬人化特徵不甚顯著，但也具有動物故事的韻味，本節對其亦有所論述。

一，宋元以走獸為主角的動物寓言

這個時期以走獸為主角的動物寓言，其故事主角大多為兔、猴、貓、狐、蛇、鼠、獅等常見的走獸。譬如：

在一座森林中，住著很多猴子，其中有一個猴子首領。一天夜晚，他們來到森林邊上，看到一口井中有白燦燦的月亮。猴子首領想把井裡的月亮撈起來，但是夠不著。猴子首領便把夥伴們全都招

呼來，對他們說：「誰的力氣最大，來抓住我的尾巴！」然後依力氣大小順序抓住尾巴，到了最後讓力氣最小的在井口抓住。於是，猴子首領領頭，順著墜下井去撈月亮。結果，井口的猴子抓不住，一失手，猴子們全都掉進井裡去了。

《喻法寶聚》，〈水中撈月〉

在一座大山上，有一隻獅子和一隻小兔。獅子仗恃自己身強力大，經常欺辱和役使小兔。小兔不甘心，便想好一計對獅子說：「我看見一個和大王你一模一樣的動物。它說世界上只有它的力氣最大，沒有誰敢跟它比試。」獅子聽了很生氣，便讓兔子領它去比試。兔子領它到一口井前，告訴它那個動物就在井中。獅子看見井中自己的影子，以為是對手，便向它示威。這時，只見對手也向它示威，它立刻跳下井去搏鬥，結果淹死了。

《薩迦格言注解》，〈兔殺獅〉[2]

這兩則寓言均由佛經故事演變而來，哲理性較強。前一則寓言，通過猴子救月的故事，說明遇事當認真探明究竟，切忌憑主觀臆斷行事，否則很可能幹出庸人自擾的蠢事。後一則寓言，通過兔子除掉猛獸的故事，說明弱小者只要善於謀劃，並且謹慎行事，再強大的敵人也是可以戰勝的；同時又說明強暴者目空一切，仗勢欺人，總有一天會吃虧，甚至會付出慘重的代價。

這個時期的擬人寓言，尚有寫一狐狸在染缸裡將皮毛染藍，自以為高貴，被推舉為獸王，隨後竟敗露身亡的《喻法寶聚》「藍皮狐狸當獸王」、寫兔王被落入湖中的果子驚嚇，奪路而逃，眾獸盲從，跟著慌忙逃竄的《薩加格言注解》「兔子逃加爾」、寫兩犬共擒一條五六尺長蝮蛇，一犬咬蛇頭反被咬死，一犬中毒身亡，蝮蛇亦斃命的《夷堅志‧小隱蛇》、寫一母狗與狗崽常忍飢挨餓，瘦悴骨立，狗崽被人抱養後，每日必回故家嘔出食物哺母，風雨無阻的《夷堅志‧詹樹狗》等。

---

[2] 自馬學良等主編《藏族文學史》上，四川民族出版社，1994年修訂版。

二、宋元以飛禽為主角的動物寓言

這個時期以飛禽為主角的寓言，其故事主角既有現實生活中存在的野鴨、烏鴉、鶴、號寒鳥，又有傳說中的梟、鳩、鵬等。此外，以能飛的哺乳動物為主角寓言，亦歸併在此論述。譬如：

> 昔人將獵而不識鶻，買一鳬而去，原上兔起，擲之使擊，鳬不能飛，投於地，又再擲，又投於地，至三四，鳬忽蹣跚而人語曰：「我鴨也，殺而食之，乃其分，奈何加我以擲之苦乎？」其人曰：「我謂爾為鶻，可以獵兔耳，乃鴨耶？」鳬舉掌而示，笑以言曰：「看我這腳手，可以搦得他兔否？」
>
> 《艾子雜說》，〈買鳬獵兔〉

> 余嘗偶居北門鎮小寺，寺後喬木數株，有梟巢其上，凡生八子。子大能飛，身皆與母等，求食益急。母勢不能供，即避伏荊棘間。群子噪逐不已，母知必不能逃，乃仰身披翅而臥，任眾子啄食，至盡乃散去，就視惟毛嘴存焉。
>
> 《遁齋閑覽・風土・百勞》

這兩則寓言中的飛禽，一來自現實生活，一為虛構的傳說形象。前一則寓言寫某人誤認野鴨為兇猛的隼，讓其捕兔的故事，說明行事時須當看準委以重任的對象，亦不可強人所難，否則不會收到好的結果。後一則寓言所寫的梟相傳是食母惡鳥，與傳說中的食父惡獸獍並稱「梟獍」，用以比喻不孝者或忘恩負義之人。此寓言通過梟子食母的描寫，說明忘恩負義之徒凶狠無比，告誡世人切不可養虺成蛇，自留後患。

這個時期以飛禽為主角的寓言，尚有寫大蛇吃巢中雛鶴，其母不能禦，一健隼飛來以爪反復擊蛇，使其裂成數段的《夷堅志・義鶻》、寫鳩鳥啣食毒蛇乃能成其劇毒的《遁齋閑覽・鳩》、寫貓頭鷹因眼大發光而被推舉為鳥王，烏鴉講出其「晝盲」秘密後，貓頭鷹遂落選的《薩迦格言注

解》「貓頭鷹落選」、寫蝙蝠投機取巧欲奪取鳥王之位,最後被眾鳥逐出鳥群的《薩迦格言注解》「蝙蝠被逐」、寫號寒鳥盛夏時文采絢爛,自以為勝過鳳凰,寒冬毛落遂悲鳴不止的《輟耕錄・號寒鳥》等。

三、宋元以水族為主角的動物寓言

這個時期以水族為主角的寓言,大都篇幅短小,情節簡單,故事主角有鱉、河豚、烏賊、揚子鱷以及兩棲動物青蛙、蛤蟆等等。譬如:

> 艾子浮於海,夜泊島嶼中,夜聞水下有人哭聲,復若人言,遂聽之。其言曰:「昨日龍王有令:『應水族有尾者斬。』吾鼉也,故懼誅而哭;汝蝦蟆無尾,何哭?」復聞有言曰:「吾今幸無尾,但恐更理會科斗時事也。」
>
> 《艾子雜說》,〈有尾懼誅〉

> 海之鰌,其出遊也,吐墨以蔽其身,自以為智矣。漁人將設羅,非其墨不得也。是故設機以拒禍者,禍之標也。
>
> 〔宋〕崔敦禮撰《芻言》,〈鰌〉

這兩則有關水族的寓言,意蘊各不相同。前一則寓言,描述揚子鱷傳來的消息,令蛤蟆深恐其為蝌蚪時的情狀被追究,說明遇事須得認清形勢,冷靜分析,不可隨意聯繫,盲目恐懼。後一則寓言通過墨魚吐墨之事,說明事物的優缺點往往共生,具有雙重性。對此必須頭腦清醒,不可陷入盲目性,否則很可能付出沉重的代價。

這個時期以水族為主角的寓言,尚有寫河豚好遊觸橋柱,怒而鼓腹浮水以洩憤,竟被老鷹攫食的〔宋〕蘇軾撰《河豚魚說》、寫龍王與青蛙互問居處與喜怒,龍王威風凜凜,多有誇飾,青蛙或則自鳴清高,或則自我解嘲的《艾子雜說》「腹脹過而休」、寫有人欲食鱉而不願當殺生之名,乃讓鱉渡沸釜上小竹橋,鱉勉力爬過,其人還令其再爬一次的《桯史》「更渡一遭」等。

四、宋元的其他擬人寓言

　　這個時期的其他擬人寓言，其故事主角或為擬人化的體器官，或為擬人化的無生物。此類寓言，作品甚少，但頗為有趣。譬如，〔宋〕羅燁編《醉翁談錄》卷二丁集《嘲戲綺語・嘲人不識羞》：

> 　　陳大卿云：「眉眼口鼻四者，皆有神也。一日，口為鼻曰：『爾有何能，而位居吾上？』鼻曰：『吾能別香臭，然後子方可食，故吾位居汝上。』鼻為眼曰：『子有何能，而位在我上也？』眼曰：『吾能觀美惡，望東西，其功不小，宜居汝上也。』鼻又曰：『若然，則眉有何能，亦居我上？』眉曰：『我也不解與諸君相爭得，我若居眼鼻之下，不知你一個面皮，安放那裡？』」

　　此則擬人寓言，描述腦袋上的四官爭功，唇槍舌劍，喋喋不休，讓人生厭。它藉以說明，在社會生活中，人人都該擺正自己的位置，做到彼此尊重，和睦相處，而不可妄自尊大，目中無人。

　　這個時期的其他擬人寓言，尚有寫桃符與艾人爭高下，互不相讓，門神勸告「吾輩傍人門戶，何暇爭閒氣」的《東坡志林》「桃符和艾人」等。

第七章　宋元的民間故事類型

　　宋元時期歷時四百餘年，新出現了五十多個故事類型，是中國古代民間故事類型發展較大的一個時期。它們展示出中國民間故事類型生機勃勃的發展態勢，為明、清時期民間故事類型的更大發展奠定了堅實的基礎。

　　宋元時期與民間故事類型有關的古籍甚多，首先要提及的是〔宋〕洪邁撰《夷堅志》和〔元〕無名氏撰《湖海新聞夷堅續志》。《夷堅志》不僅為自先秦以來各個時期的故事類型，包括如憑污捉盜型故事、「升仙」奧秘型故事、狐精為祟型故事、驅走縊鬼型故事、觀仙對弈型故事、金人現身型故事、白蛇傳型故事、長鼻子型故事、蛇精行淫型故事、江中寶鏡型故事、逆婦惡報型故事、鬼母育兒型故事、屍變奇案型故事、海島歷險型故事提供新的異文，而且從中又產生不少新的故事類型，包括海島婦人型故事、人妖公案型故事、辨毒平冤型故事、義犬鳴冤型故事、獸穴接生型故事、野獸求醫型故事、虬異致禍型故事等。《湖海新聞夷堅續志》不僅為前兩個時期的故事類型，包括如黃粱夢型故事、田螺女型故事、魚腹失物型故事、病鬼延醫型故事、人參精型故事、制低滅虎型故事、逆婦惡報型故事、屍變奇案型故事、人妖公案型故事、獸穴接生型故事、野獸求醫型故事、虬異致禍型故事等提供新的異文，而且從中又產生不少新的故事類型，包括井水化酒型故事、拾金不昧型故事、道人畫鶴型故事、魯班造橋型故事、巧借地型故事、假親騙局型故事等。

　　此外，尚有〔宋〕沈括撰《夢溪筆談》（摸鐘辨盜型故事、辨奸察屍型故事首見於此書），〔宋〕陳正敏撰《遯齋閑覽》（對偶親切型故事、秀才康了型故事、妻妾鑷鬢型故事首見於此書），〔宋〕何薳撰《春渚紀聞》（畫扇判案賊型故事、移魚諧謔型故事首見於此書），〔宋〕鄭克撰《折獄龜鑑》（以文判案型故事、勘釘案型故事首見於此書），〔宋〕施德操撰《北窗炙輠錄》（冶銀致富型故事、片言決獄型故事首見於此書），〔宋〕郭彖撰《睽車志》（孝媳善報型故事、海島歷險型故事、退

物無憂型故事首見於此書）以及〔宋〕吳淑撰《秘閣閒談》、〔宋〕鄭文寶撰《南唐近事》與《江南餘載》、〔宋〕王君玉撰《國老談苑》、〔宋〕歐陽修撰《歸田錄》、〔宋〕王辟之撰《澠水燕談錄》、傳〔宋〕蘇軾撰《艾子雜說》、〔宋〕張耒撰《明道雜誌》、〔宋〕王讜撰《唐語林》、十二世紀藏傳佛教僧人仁欽拜撰《薩迦格言注解》、〔宋〕蔡條撰《鐵圍山叢談》、〔宋〕廉布撰《清尊錄》、〔宋〕楊和甫撰《行都紀事》、〔宋〕張知甫撰《可書》、〔宋〕江少虞編《宋朝事實類苑》、〔宋〕李石撰《續博物志》、〔宋〕委心子編《分門古今類事》、〔宋〕馬純撰《陶朱新錄》、〔宋〕張端義撰《貴耳集》、〔宋〕沈俶撰《諧史》、〔南宋〕羅燁編撰《醉翁談錄》、〔宋〕周密撰《癸辛雜識》、〔宋〕祝穆撰《方輿勝覽》、傳〔宋〕陳元亮撰《事林廣記》、〔宋〕邢居實撰《拊掌錄》、〔宋〕陳世崇撰《隨隱漫錄》、〔元〕楊瑀撰《山居新話》、〔元〕無名氏撰《異聞總錄》、〔元〕陶宗儀撰《輟耕錄》等。

第一節　宋元的寫實故事類型

在宋元時期新出現的民間故事類型中，寫實故事方面的故事類型最為突出，共達二十七個，占總數的二分之一，呈現出民間故事類型更為生活化，更加貼近民眾的發展趨勢。其中，半數為案獄方面的故事類型，在中國民間故事類型發展史上形成一個湧現案獄題材故事類型的高潮。

這個時期出現的案獄題材故事類型，除原先已有的那些內容外，還新增加了涉及冤獄、奇案方面的故事類型，使其所反映的社會生活面有了進一步的拓展。像摸鐘辨盜型故事、人妖公案型故事、片言決獄型故事、屍變奇案型故事、辨毒平冤型故事、義犬鳴冤型故事、巧判還銀型故事等的出現，無不讓人耳目一新。這個時期新出現的此類故事類型，有不少在古代和現當代都廣為流傳，一直都相當活躍。試看：

摸鐘辨盜型故事，這個時期分別見於《夢溪筆談》、《折獄龜鑑》、《湖海新聞夷堅續志》，明、清時期見於《智囊補》、《古今譚概》、《夜航船》、《咫聞錄》等，現當代仍在上海、福建、河北等地流傳。

屍變奇案型故事，這個時期分別於《清尊錄》、《夷堅志》、《投轄錄》、《湖海新聞夷堅續志》，明、清、近代時期又有大量異文湧現，分別見於《九朝野記》、《枝山前聞》、《古今說海》、《耳談》、《情史》、《子不語》、《聽雨軒筆記》、《耳食錄》、《里乘》、《驚喜集》、《珊海餘詠》、《埋憂集》、《右台仙館筆記》以及《清稗類鈔》、《大清見聞錄》等，現當代仍在上海、甘肅等地流傳。

辨毒平冤型故事，這個時期分別見於《夷堅志》、《洗冤錄》，明、清時期也有大量異文湧現，分別見於《青溪暇筆》、《智囊補》、《夜航船》、《廣新聞》、《不用刑審判書》、《祥刑古鑒》、《留仙外史》、《醉茶志怪》、《中國偵探案》以及《清稗類鈔》等，現當代仍在上海、浙江、福建、山東、河北、陝西、四川等地流傳。

抄斬淫僧型故事，這個時期分別見於《行都紀事》、《行營雜錄》，明、清時期及近代同樣有大量異文湧現，分別見於《耳談》、《智囊補》、《曠園雜誌》、《客窗閒話》、《鐵冷叢談》、《近人筆記大觀》、《稀奇古怪不可說》等，現當代仍在河南、河北、陝西、四川、山東、安徽等地流傳。

這個時期新出現的案獄題材方面的故事類型，對後世的文學創作影響不小。譬如，巧析家產型故事，為宋代話本小說《合同文字》，明代擬話本小說《拍案驚奇》，通俗小說《龍圖公案》、《海公案》、《新民公案》以及元雜劇《包待制智賺合同文字》等提供了創作素材。又如，抄斬淫僧型故事，為明代擬話本小說《醒世恒言》、《拍案驚奇》，通俗小說《龍圖公案》、《新民公案》、《施公案》以及近代戲曲《火燒紅蓮寺》（京劇）等提供了創作素材。再如，巧判還銀型故事，為明代擬話本小說《喻世明言》，通俗小說《海公案》、《新民公案》等提供創作素材。

除了案獄題材的故事類型外，這個時期尚有不少新出現的寫實故事方面的著名故事類型，如相互暗算型故事、娶婦得郎型故事、男人生子型故事、拾金不昧型故事、假親騙局型故事。它們有的不但在古代相當活躍，而且現當代仍有流傳。

譬如，娶婦得郎型故事初見於《醉翁談錄》，明、清時期的《耳談》、《古今譚概》、《情史》、《濯纓亭雜記》、《堅瓠集》等的多有

異文記載，並有以其為素材創作的擬話本小說《醒世恒言‧喬太守亂點鴛鴦譜》、〔明〕沈璟撰傳奇《四異記》問世，現當代仍在江西等地流傳。

又如，拾金不昧型故事初見於《湖海新聞夷堅續志》，明、清時期的《復齋日記》、《金陵瑣事》、《庚巳編》、《說聽》、《耳談》、《堅瓠集》、《觚賸》、《續子不語》、《果報聞見錄》、《遁齋偶筆》、《熙朝新語》、《客窗閒話》、《續修廬州府志》、《寶應縣誌》以及《茶餘隨筆》等載有大量異文，現當代仍在山西、寧夏、湖北等地的漢族和個別少數民族聚居區流傳。

這個時期也有一些新出現的寫實故事類型，在當時流傳並不廣泛，但到了現當代卻流布日廣，蔚為大觀。譬如，相互暗算型故事，初見於《可書》，明、清時期見於《耳談》、《古今譚概》，現當代在西藏、雲南、貴州、四川、陝西、甘肅、新疆、青海、河南、河北、山西、山東、江蘇、上海、浙江、江西、福建、湖北、廣西等地的漢族和藏、回、彝、壯、傣、怒等少數民族聚居區流傳。又如，男人生子型故事，初見於《事林廣記》，明、清時期未見異文，現當代在山西、河北、北京、河南、陝西、甘肅。新疆、寧夏、內蒙古、西藏、四川、雲南、貴州、廣西、湖南、湖北、江西、福建等地的漢族和蒙古、藏、苗、彝、侗、哈薩克、傣、土家、柯爾克孜、東鄉、錫伯等少數民族聚居區流傳。

第二節　宋元的幻想故事類型、民間笑話類型和民間寓言類型

宋元時期，新出現的幻想故事、民間笑話、民間寓言方面的故事類型，數量都不大，但其中都有一些頗為知名的故事類型。幻想故事方面的著名故事類型，試看：

鬼母育兒型故事，這個時期分別見於《鐵圍山叢談》、《夷堅志》、《睽車志》（〔宋〕郭彖撰）、《睽車志》（〔宋〕歐陽玄撰）、《南墅閒居錄》，明、清、近代時期異文更多，分別見於《稗史彙編》、《耳談》、《耳新》、《姑蘇志》、《虞初新志》、《庸庵筆記》、《此中人語》以及《莊諧筆記大觀》等，現當代尚在廣東、福建、浙江、上海、安

徽、山東、河北、山西、四川、青海等地的漢族和個別少數民族聚居區流傳。

水鬼得升型故事，這個時期分別見於《洛中紀異錄》、《澠水燕談錄》、《續夷堅志》、《異聞總錄》，明、清時期異文更多，分別見於《棗林雜俎》、《耳新》、《聊齋志異》、《滇南憶舊錄》、《耳食錄》、《秋燈叢話》、《續子不語》、《小豆棚》、《北東園筆錄》、《聞見異辭》、《柳南隨筆》、《醉茶志怪》等，現當代尚在上海、江蘇、浙江、安徽、江西、福建、廣東、臺灣。海南、湖南、湖北、重慶、四川、貴州、陝西、寧夏、山西、河北、河南。北京、遼寧、吉林、黑龍江等地的漢族和苗、黎等少數民族聚居區流傳。

聚寶盆型故事型，這個時期分別見於《秘閣閒談》、《輿地紀勝》，明、清時期分別見於《稗史彙編》、《夜航船》、《堅瓠集》、《聞見異辭》、《柳亭詩話》、《咫聞錄》、《嘻談錄》以及《清稗類鈔》等，現當代尚在福建、廣東、廣西、江西、上海、江蘇、安徽、山東、湖北、河南、河北、天津、山西、四川、青海、寧夏、陝西、黑龍江等地的漢族和個別少數民族聚居區流傳。

戲髑髏型故事，這個時期見於《異聞總錄》，明、清時期分別見於《稗史彙編》、《馬氏日抄》、《子不語》、《閱微草堂筆記》、《耳食錄》、《南皋筆記》等，現當代未見流傳。

民間笑話方面的著名故事類型，試看：刮地皮型故事，這個時期分別見於《南唐近事》、《江南餘載》，明、清時期分別見於《笑贊》、《舌華錄》、《笑得好》、《嘻談錄》、《笑林廣記》以及《清稗類鈔》等，現當代尚在河北、湖北等地流傳。明年同歲型故事，這個時期見於《艾子雜說》，明、清時期分別見於《五雜俎》、《解慍編》、《廣笑府》、《新鐫笑林廣記》、《笑笑錄》、《嘻談錄》、《笑林廣記》、《祇可自怡》等，現當代尚在陝西、湖北、河南、江蘇等地流傳。

民間寓言方面的著名故事類型，試看：兔殺獅型故事，這個時期見於《薩迦格言注解》，隨後又見於《甘丹格言注釋》、《益世格言注釋》等，現當代尚在西藏、內蒙古、甘肅、青海、新疆、四川、雲南、貴州、福建、廣東等地的漢族和藏、蒙古、維吾爾、苗、柯爾克孜、傈僳、景

頗、普米、仡佬、東鄉、土、門巴等少數民族聚居區流傳。四官爭大型故事，這個時期分別見於《唐語林》、《醉翁談錄》，明、清時期的異文分別見於《華筵趣樂談笑酒令》、《解慍編》、《廣笑府》、《新鐫笑林廣記》等，現當代仍在湖南、貴州等地的漢族和個別少數民族聚居區流傳。

第三節　宋元的民間傳說類型

　　宋元時期新出現的民間傳說方面的類型，將近十個，包括人物傳說和宗教傳說兩種類型。在後世流傳時，人物傳說類型的故事主角一般均無變化，如鐵杵磨針型故事的主角一直都是李白，畫扇判案型故事的主角一直都是蘇東坡，魯班造橋型故事的主角一直都是魯班。此類故事類型都不像另外一些人物傳說類型，故事主角在流傳過程中往往會轉化為別的人物。這個時期新出現的宗教傳說方面的類型，涉及佛、道兩教，無不以人物傳說類型的形態流布。而這些宗教人物傳說類型，跟某些世俗人物傳說類型一樣，因其與相關地方的山川、名勝密不可分，流傳時常常在人物傳說與地方傳說之間相互轉換。如同鐵杵磨針型故事，在李白的傳說與磨針溪的傳說之間不斷轉換，井水化酒型故事在仙家的傳說與酒井或王媼廟的傳說之間不斷轉換一樣。

　　這個時期新出現的民間傳說類型，大多知名度較高。它們大部分在古代流傳較廣，而現當代的流傳情況則不盡相同。試看：三毛飯型故事型，這個時期分別見於《宋朝事實類苑》、《高齋漫錄》、《曲洧舊聞》、《魏王語錄》，明、清、近代各個時期的《稗史彙編》、《何氏語林》、《解慍編》、《廣笑府》、《古今譚概》、《堅瓠集》、《笑笑錄》以及《滑稽故事類編》、《笑話大觀》等均記有其異文，現當代則僅在浙江等地流傳。井水化酒型故事，這個時期見於《湖海新聞夷堅續志》，明、清時期多有變化，其異文分別見於《雪濤小說》、《獪園》、《古今譚概》、《東遊記》、《堅瓠集》、《鍾祥縣誌》等，現當代仍在海南、廣東、福建、浙江、上海、江蘇、安徽、江西、山東、河北、河南、湖北、湖南、山西、陝西、新疆等地的漢族和某些少數民族聚居區流傳。巧借地型故事，這個時期見於《湖海新聞夷堅續志》，明、清時期分別見於《稗史匯編》、《湧幢小品》、《雲南通志》等，現當代仍在四川、湖北等地流傳。

第八章　宋元的民間故事採錄

　　自先秦以來，通過上千年的實踐，尤其是經過隋唐五代時期的發展與推動，到了宋元時期，中國民間故事的採集、錄寫進入了一個新的階段。宋元時期作為中國民間故事採錄的新階段，有兩個重要標誌：其一，這個時期所錄寫的民間故事數量空前之多，錄寫民間故事的典籍亦空前之多，還出現了《夷堅志》這樣卷帙浩繁的錄寫民間故事的專書[1]，影響相當深遠。其二，這個時期對民間故事講述人的重視，達到了空前的程度。這個時期不但記載民間故事講述人的典籍數量頗多，還出現了《夷堅志》、《睽車志》等記載民間故事講述人比較突出的典籍，並且發現了一批在講述民間故事方面頗為突出的講述家。

　　茲從採錄民間故事異文，民間故事結構模式，民間故事講述人等方面，對宋元時期的民間故事採錄作全面介紹和論析。

第一節　宋元的民間故事異文

　　宋元時期在採錄民間故事的過程中，採錄者對民間流布的各種異文往往多有關注與錄寫，使民間故事多彩多姿的面貌得以更加完好地保存。這個時期所採錄的民間故事異文，大致有三種保存狀況；１，見諸多種著作的民間故事異文；２，見諸同一種著作的民間故事異文；３，見於同一採錄人錄寫在不同著作中的民間故事異文。不同的採錄者用不同的方式廣泛錄寫民間故事異文，有利於更真實，更準確地呈現民間故事的面貌，從這個特定的角度顯示出宋元時期的民間故事採錄水平得到了進一步的提高。

---

[1]　《夷堅志》原有四百二十卷，今存二百零六卷，約為原書的一半。它是我國規模最大的一部記載民間故事的典籍。書中所收的作品，絕大多數是民間傳說、故事，而這些傳說、故事，大部分都記有講述人。該書對講述人的重視程度，可以說是超過我國古代的任何一種典籍。

一、宋元見諸多種著作的民間故事異文

這個時期見諸多種著作的民間故事異文，不少分別見諸三種或三種以上的著作，而分別見諸兩種著作的民間故事異文則更為常見。

分別見諸兩種著作的民間故事異文，比如，苑中獅與員外郎的故事《倦遊雜錄》「苑中獅」、《談苑》「苑中獅與園外狼」，憑痕捉凶的故事（《江鄰幾雜誌》「張乖崖勘殺人賊」、《涑水記聞》「勘殺人賊」），孂婿的故事（《遁齋閑覽・孂婿》、《墨客揮犀》「孂婿」），器官爭大的故事（《唐語林》「口鼻眉眼爭高下」、《醉翁談錄》「面皮安放」），以文斷案的故事（《北窗炙輠錄》「明道判錢」、《折獄龜鑑・程顥》），毒酒救廟的故事（《梁溪漫志・江東叢祠》、《夷堅志・益都滿屠》），張聖者的故事（《夷堅志・張聖者》、《游宦紀聞》「張聖者」），巧判還銀的故事（《山居新話》「聶以道斷鈔」、《輟耕錄・賢母辭拾遺鈔》）。

分別見諸三種著作的民間故事異文，比如，小字和尚的故事（《澠水燕閑錄・小字和尚》、《道山清話・僧哥》、《坿掌錄・小名僧哥》），水鬼覓替的故事（《澠水燕談錄・水鬼覓替》、《續夷堅志・溺死鬼》、《異聞總錄・臨安種園人》），對偶親切的故事（《遁齋閑覽・作詩圖對偶親切》、《墨客揮犀・圖對偶親切》、《坿掌錄・但圖對屬親切》），謝石拆字的故事（《春渚紀聞・謝石拆字》、《鐵圍山叢談・謝石相字》、《夷堅志・謝石拆字》）、三毛飯的故事《宋朝事實類苑》引《魏王語錄・三白與三毛》、《高齋漫錄・晶飯與毳飯》、《曲洧舊聞・三白飯與三毛飯》）。

分別見諸四種著作的民間故事異文，比如，何地可容決水的故事：

> 集賢校理劉貢父好滑稽。嘗造介甫，值一客在座，獻策曰：「梁山泊決而涸之，可得良田萬餘頃。但未擇得便利之地貯其水耳。」介甫傾首沉思曰：「然安得處所貯許水乎？」貢父抗聲曰：「此甚不難。」介甫欣然以為有策，遽問之。貢父曰：「別穿一梁山泊則足以貯此水矣。」介甫大笑，遂止。
>
> 《涑水記聞》卷十五，〈別穿一梁山泊〉

往年士大夫好講水利。有言欲涸梁山泊以為農田者，或詰之曰：「梁山泊古鉅野澤，廣袤數百里。今若涸之，不幸秋夏之交，行潦四集，諸水併入，何以受之？」貢父適在坐，徐曰：「卻於泊之旁鑿一池，大小正同，則可以受其水矣。」座中皆絕倒，言者大慚沮。

《澠水燕談錄》卷十，〈談謔‧欲涸梁山泊為農田〉

王荊公為相，大講天下水利時，至有願乾太湖，云可得良田數萬頃，人皆笑之。荊公因與客話及之，時劉貢父學士在坐，遽對曰：「此易為也。」荊公曰：「何也？」貢父曰：「但旁別開一太湖，納水則成矣。」公大笑。貢父滑稽而解紛多類此。

《明道雜誌》，〈願乾太湖〉

王荊公好言利，有小人謅曰：「決梁山泊八百里水以為田，其利大矣。」荊公喜甚，徐曰：「策固善，決水何地可容？」劉貢父在坐中曰：「自其旁別鑿八百里泊，則可容矣。」荊公笑而止。

《邵氏聞見後錄》卷三十，〈決水何地可容〉

這四則異文，文字大同小異。主要人物均為王安石、劉貢父，配角則為某客或諂媚小人。而欲涸處，三則為梁山泊，一則為太湖。

這個時期分別見諸四種著作的民間故事異文，尚有海島歷險的故事（《睽車志‧海島長人》、《夷堅志‧昌國商人》、《夷堅志‧長人國》、《夷堅志‧長人島》）等。

分別見諸五種著作的民間故事異文，比如，犇麤字說的故事：

熙甯中，學士以《字解》相上，或問貢父曰：「曾得字學新說否？」貢父曰：「字有三牛為犇字，三鹿為鹿麤[2]字。竊以牛為麤而

---

[2] 麤：同「麤（粗）」。

中國民間故事史——宋元篇

202

行緩，非善奔而體瘦，非麄大者；欲二字相易，庶各會其意。」聞者大笑。

《澠水燕談錄》卷十，〈談謔·二字相易〉

　　王荊公為相，喜說字始，遂以成俗。劉貢父戲之曰：「三鹿為麤，麤不及牛；三牛為犇，犇不及鹿。謂宜三牛為麤，三鹿為犇。苟難於遽改，令各權發遣。」於是解縱繩墨，不次用人，往往自小官暴據要地，以資淺皆號權發遣云，故並譏之。

《後山談叢》卷三，〈犇與麤〉

　　石甫學士嘗戲荊公云：「鹿之行速於牛，牛之體壯於鹿，蓋以三鹿為犇，三牛為麤，而其字文相反，何耶？」公笑而不答。

《遁齋閑覽·諧噱·三鹿為犇》

　　王荊公喜說字，至以成俗。劉貢父戲之曰：「三鹿為麤，鹿不如牛；三牛為犇，牛不如鹿。謂宜三牛為麤，三鹿為犇。若難於遽改，欲令各權發遣。」荊公方解縱繩墨，不次用人，往往自小官暴據要地，以資淺皆號權發遣，故並謔之。

《邵氏聞見後錄》卷三十，〈牛不如鹿〉

　　王荊公在熙寧中作《字說》，行之天下。東坡在館，一日因見而及之曰：「丞相贖微官窮，製作某不敢知，獨恐每每牽附，學者承風，有不勝其鑿者。姑以犇麤二字言之，牛之體壯於鹿，鹿之行速於牛。今積三為字，而其義皆反之，何也？」荊公無以答，迄不為變。

《桯史》卷二，〈犇麤字說〉

　　這五則異文，文字表述大致相同，出入有多有少。故事主角變化較大，分別為某學士與劉貢父，王安石與劉貢父，王安石與石甫、王安石與蘇東坡。

這個時期分別見諸五種著作的民間故事異文，尚有巧斷家產的故事（《國老談苑・反券折貲》、《儒林公議・子七婿三》、《北窗炙輠錄・子婿爭產案》、《自警編・獄訟・子婿爭產》、《宋史・張詠傳》），鬼母育兒的故事（《鐵圍山叢談・亡婦乳兒》、《睽車志・李大夫妾》、《夷堅志・宣城死婦》、《夷堅志・鬼太保》、《南墅閒居錄・鬼官人》）等。

二、宋元見諸一種著作的民間故事異文

這個時期見諸一種著作的民間故事異文，以兩則最為常見，大都大同小異，情節小有出入，繁簡不同。對於兩則相似的現象，採錄者往往撰寫附記加以說明。比如，寺中女鬼的故事有以下兩則異文：

南安軍城東嘉佑寺，紹興初，有太守張朝議女，因其夫往嶺外不還，怏怏而夭，槁葬於方丈，遇夜即出，人多見之。既久，寺僧亦不以為怪。過客至，必與之合，有所得錢若絹，反遺僧。嘗有二武弁，自廣東解官歸，議投宿是寺。一人知之，不欲往。一人性頗木強，不謂然，獨抵寺。方弛擔，女子已出，曰：「尊官遠來不易。」客大恐，誘之使去，即馳入城。解潛謫居而卒，有孫營葬憩寺中，為所荏苒得疾幾死。紹興二十年，郡守都聖與潔率大庾令遷之於五里外山間，今猶時出，與村落居人接。予嘗至寺，老僧言之，猶及見其死時事云。

《夷堅甲志》卷十一，〈張太守女〉

保義郎解俊者，故荊南統制孫也。乾道七年為南安軍指使。有過客且至，郡守將往寶積寺迎之，俊主其供張。日暮，客不至，因留宿。夜方初更，燭未滅，一女子忽來，進趨嫻冶，貌甚華豔。俊半醉，出微詞挑之，欣然笑曰：「我所以來，正欲相就結繆綢之好爾。」遂升榻。問其姓氏居止，曰：「勿多言，只在寺後住。汝

明夕尚能抵此否?」俊大喜,曰:「謹奉戒。」自是無日不來,仍從寺僧借一室,為久寓計。經月餘,僧弗以為疑,外人固無知者。時以金銀釵釧為贈。俊既獲麗質,又得羨財,歡愜過望,謂之曰:「吾未曾授室,欲憑媒妁往汝家,以禮幣娶汝何如?」曰:「吾父官頗崇,安肯以汝為婿,但如是相從足矣。」俊信為誠然,而氣幹日尫瘠。

初,貨藥人劉大用與之遊居,亦訝之。俊不以告。嘗兩人同出郭,遇遮道賣符水者,引劉耳語曰:「彼官人何得挾殤亡鬼自隨?不過三月死矣。」劉語俊。俊初尚抵諱,既而驚悟曰:「彼何由知?必有異。」便拉劉訪之旅邸。其人笑曰:「官員肯尋我耶?然幾壞性命。」留使同邸異室,而顧劉與之共處,撚紙符十餘道,使俊吞之。劉密窺之,見其作法麾呵之狀。二更後,聞門外女子哭聲,三更乃寂。明旦,俊辭去,戒令勿復再往寺中。

諸僧後知其事,曰:「寺之左右素無妖魔之屬。惟昔年邵宏淵太尉謫官時,喪一笄女,葬於後牆之外,必此也。」自是遂嘗出為僧患,僧甚苦之。遣僕詣武陵白邵,請改葬。邵許之,乃瘞於北門外五里田側。復出擾居者,又徙於深山,其鬼始絕。

甲志所紀張太守女在南安嘉祐寺為厲以惑解潛之孫,與此大相似。兩者相去三四十年,又皆解氏子,疑只一事,傳聞異詞。而劉醫雲親見之,當更質諸彼間人也。

《夷堅支戊》卷八,〈解俊保義〉

又如,鬼賣雞鴨的故事有以下兩則異文:

范寅賓自長沙調官於臨安,與客買酒升陽樓上。有賣燗雞者,向范再拜,盡以所攜為獻。視其人,蓋舊僕李吉也,死數年矣。驚問之曰:「汝非李吉乎?」曰:「然。」「汝既死為鬼,安得復在?」笑曰:「世間如吉輩不少,但人不能識。」指樓上坐者某人及道間往來者曰:「此皆我輩也,與人雜處,商販傭作,而未嘗為

害,豈特此有之?公家所常使浣濯婦人趙婆者,亦鬼耳,公歸,試問之,渠必諱拒。」乃探腰間二小石以授范曰:「示以此物,當令渠本形立見。」范曰:「汝所烹雞,可食否?」曰:「使不可食,豈敢以獻乎?」良久乃去。范藏其石,還家,以告其妻韓氏。韓曰:「趙婆出入吾家二十年矣,奈何以鬼待之?」他日,趙至,范戲語之曰:「吾聞汝乃鬼,果否?」趙慍曰:「與公家周旋久,無相戲。」范曰:「李吉告我如此。」示以石,趙色變,忽一聲如裂帛,遂不見。此事與小說中所載者多同,蓋鬼技等耳。

《夷堅丙志》卷九,〈李吉爊³雞〉

　　中散大夫史忞自建康通判滿秩,還臨安鹽橋故居。獨留虞侯一人,嘗與俱出市,值賣爊鴨者,甚類舊皰卒王立,虞侯亦云無小異。時立死一年,史在官日,猶給錢與之葬矣。恍忽間已拜於前曰:「倉卒逢使主,不暇書謁。」遂隨以歸,且獻盤中所餘一鴨。史曰:「汝既非人,安得白晝行帝城中手?」對曰:「自離本府即來此。今臨安城中人,以十分言之,三分皆我輩也。或官員、或僧、或道士、或商販、或倡女,色色有之。與人交關往還不殊,略不為人害,人自不能別耳。」史曰:「鴨豈真物手?」曰:「亦買之於市,日五雙,天未明,齎詣大作坊,就釜灶燖治成熟,而償主人柴料之費,凡同販者亦如此。一日所贏自足以糊口,但至夜則不堪說,既無屋可居,多伏於屠肆肉案下,往往為犬所驚逐,良以為苦,而無可奈何。鴨乃人間物,可食也。」史與錢兩千遣去,明日復以四鴨至,自是時時一來。史竊歎曰:「吾,人也,而日與鬼語,吾其不久於世手?」立已知之,前白曰:「公無用疑我,獨不見公家大養娘乎?」袖出白石兩小顆,授史曰:「乞以淬火中,當知立言不妄。」此媼蓋史長子乳母,居家三十年矣。史入戲之曰:「外人說汝是鬼,如何?」媼曰:「六十歲老婢,真合作鬼。」雖極忿慍,而了無懼容。適小妾熨帛在旁,史試投石於斗中,少頃焰

---

³ 爊(ao熬),放在灰火裡煨烤。

起，媼顏色即索然，漸益淺淡如水墨中影，忽寂無所見。王立亦不復來。予於丙志載李吉事，固已笑鬼技之相似，此又稍異云。李椿年說，聞之於史倅。

《夷堅丁志》卷四，〈王立爐媼〉

這個時期見諸一種著作的民間故事異文，尚有呵石成紫金的故事（《夷堅乙志》卷二〈陽大明〉與《夷堅丁志》卷八〈亂漢道人〉），嚴官冥報的故事（《夷堅乙志》卷九〈李孝壽〉與《夷堅三志辛》卷三〈許顗貴人〉），告虎求生的故事《夷堅乙志》卷十二〈章妻仲告虎〉與《夷堅志補》卷四〈李姥告虎〉，長線捉祟的故事（《夷堅丁志》卷十三〈潘秀才〉與《夷堅支甲》卷五〈唐四娘侍女〉），疫鬼施瘟的故事（《夷堅乙志》卷十七〈宣州孟郎中〉與《夷堅丁志》卷十四〈劉十九郎〉），拾金不昧的故事（《湖海新聞夷堅續志》前集卷一〈棄銀復得〉與《湖海新聞夷堅續志》前集卷二〈不取他物〉）等。

此外，《夷堅支景》卷五〈臨安吏高生〉，同時記錄了兩種結尾，可視為見諸同一種著作的兩則異文的特殊形態：

朱思彥則淳熙初知臨安縣，因鉤校官物，得押錄高生盜侵之過。其妻尤貪冒，每攬鄉民納官錢，詐給印錄而私其直。時高以事上府，先逮妻送獄。高歸，詢詰之，應答殊不遜，遂並鞫治。囚繫月餘，日加絣訊。一夕，丞巡牢，二人哀泣，言楚毒已極，恐無生理，丞惻然憐之，會朱延過客飲宴，席未散，乃為破械出之，使潛竄跡。明日丞詣縣與朱言：「高某為胥長，而夫婦盜沒民錢，且對長官咆哮，誠宜痛治，然久在囹圄，昨夜呼其名，已困頓不能應，不免責出之，旋聞皆到家即死。幸不隕於獄，不必彰聞，某子亦願殮瘞，既從其請矣，失於頡擅，此情悚然。」朱喜丞之同嫉惡，又處事委曲無跡，致詞言謝。

迨反室，復念彼罪不至死，一旦並命，異時豈不累己，正不然，將有陰譴冤祟之撓。自是寢食為之不寧，遂見二鬼，裸形被髮，箠痕遍體，徑前挽衣裾曰：「我罪不過徒隸，乃淪冥塗，又使

縣丞屏去體骨，慘忍如是，非得爾往地下證辨，斷無相捨之理。」朱噤不得對，遂感疾，鬼朝夕在傍。丞來問疾，朱告之故，且曰：「思不忍一時之憤，至不可悔，今又爰言？」丞笑曰：「兩人實不死，吾憫其困而脫之，匿諸邑下親戚家，而給以亡告耳。」朱曰：「若是則日日現形吾前者為何人？」丞曰：「此憂疑太過所致，當呼使來。」甫經宿，果至，拜於階下。朱登時心志豁然，厥疾頓愈，命高復故役焉。

或又言朱所治胥真死而常出為厲，任漢陽復州守時，恍惚見高入府，猶怒闇人不誰何及兵校不捉搦，皆決杖，有黥配者。郡民知曩事，莫敢白。至今未能安泰云。

這個時期見諸一種著作的民間故事異文，尚有三則形態，比如蛇精行淫的故事（《夷堅丁志》卷二十〈蛇妖〉、《夷堅丁志》卷二十〈巴山蛇〉與《夷堅支戊》卷三〈池州白衣男子〉）。

三、宋元見於同一作者不同著作的民間故事異文

這個時期見於見同一作者不同著作的民間故事異文，數量非常少，頗為罕見。比如，刮地皮的故事，為〔宋〕鄭文寶撰《南唐近事・掠地皮》與《江南餘載》「掘地皮」。

第二節　宋元的民間故事結構模式

宋元時期的許多採錄者在錄寫民間故事時，不但注重故事情節的記錄，而且注意再現各種民間的故事的結構模式，較好的保持了作品的民間故事風貌。民間故事結構模式的再現，保存了民間故事的一個重要特徵，值得引起充分的注視。這個時期民間故事的結構模式，主要呈現為多段體結構與特殊的組合模式兩個方面。

一、宋元的多段體結構

宋元時期民間故事的多段體結構，以兩段體和三段體較為常見，另外尚有四段體，但很少見。

1.二段體結構

二段體結構乃是故事中連續出現兩次相似的行為，而其遭遇、結果則往往各不相同。比如：

> 張允蹈為信州永豐令，嘗治夏稅籍，命主吏拘鄉胥二十輩於縣舍，整對文書。吏察錄過嚴，自曉徹暮，不少息。一胥夜走廁，小史籠燈隨之，胥使先還，曰：「我即返，那用爾候！」既而久弗至，史以為逃云。迨旦白張，張適聽訟，望見白衣婦人，執素紙涕泣立眾前，呼問之，曰：「夫為鄉胥，累日不還家，今早開門，有人報云，浮橋柱上掛衣巾履襪及繫書一紙，云為押錄苦督，不容展轉，生不如死，已投江中。急往驗，皆夫物也。」張詰主吏。吏出袖中糾牒呈，亟集津丁里保，撈屍弗得，念其事可疑，緩不即治。胥妻訴於台，台符移甚峻。歷三月久，客從長沙來，見此胥在彼，為攬納人書抄。主吏捐家貲，雇健步持檄往捕之，遂擒以歸。胥坐逋逃受杖。
>
> 張後復宰它邑，一鄉胥亦為拘繫，越牆掛衣於河梁而赴水。妻來訟，張怒責之曰：「猾胥玩侮人，所在如此，吾固知之矣！」立撻其妻。明日，三十里外里正言，灘邊有死屍，張矍然遣視之，則胥果死。張自興軍從武陵守不赴，寓居吉州，每為賓客話此事，以為斷獄聽訟，不可執一端云。
>
> 《夷堅志補》卷五，〈張允蹈二獄〉

> 太原頡氏，世世業農，非因輸送稅時，足不歷城市。嘗有飛錢入居室，充滿庭戶，頡翁焚香祝曰：「小人以力農致養，但知稼

稽為生，今無故獲非望之財，懼難負荷！雖神天所賜，實弗敢當，願還此寶，以安愚分。」乃閉戶封鏹而出。須臾，錢復起，蔽空行，聲如風雨，有大蛇矯矯隨之，繞林麓去。後五年，田僕在山崦荷鋤獨耕，將歸，忽一神人當前，莫知所從來，告之曰：「天賜顒氏錢十萬緡。」言訖，即隱不見，而積錢坡陀，彌望不盡。僕走白翁，翁策杖至錢所致，禱如前，再拜，徐起行弗顧。還家，亦不與子知。後孫祐以武勇從軍，紹興十九年，以大夫統制殿前司軍馬。曹功顯、何晉之皆紀其事。祐之子舉，今為武翼郎軍器所幹官。大舉說。

《夷堅志補》卷七，〈顒氏飛錢〉

這兩則故事均為包含二段體結構。前一則故事，為知縣先後兩次審鄉胥逃跑案。第一個逃逸的鄉胥掛衣於橋柱，實未投江，而是遠走他鄉；第二個逃逸的鄉胥掛衣於河梁，果然投江，次日發現其屍體。後一則故事，為神靈兩次賜錢給顒家。第一次銅錢飛進家中，顒翁叩頭辭謝；第二次銅錢堆滿山坡，顒翁亦叩頭辭謝。

這個時期的二段體結構，尚有《艾子雜說》〈敬者反禍〉（寫惡人將神像架於溝上，踩踏而過，神不行禍，好人將神像扶起，捧至原位，神反禍之）、《夷堅丙志》卷二〈朱真人〉（寫第一次朱真人變為乞丐登門，李某不識；第二次朱真人變為道士登門，李某仍不認識）、《夷堅志三補·猿請醫士》（寫第一次醫士持老猿贈物回家，引起官司；第二次醫士持老猿贈物回家，遂至大富）、《湖海新聞夷堅續志》前集卷一〈棄妻折福〉（寫秀才李某赴省試時，土地以其為貴人，托夢讓店主善待；李某省試時歸來，土地見其欲棄妻再娶，用心不善，托夢使店主不納）、《湖海新聞夷堅續志》後集卷二〈鬼扣醫門〉（寫鬼婦夜扣張醫門戶，張掩門不納，乃平安無事；鬼婦夜扣李醫門戶，李為其診脈，去後竟中風而卒）、《湖海新聞夷堅續志》後集卷二〈狐稱鬼公〉（寫狐墮屠夫網中，哀求得釋，乃以兩雞與錢拋入屠家為謝；狐落入掌管山林官吏之手，哀告無效被置於死地，群狐來報遂焚其屋）等。

2.三段體結構

三段體結構為故事中連續出現三次相似的行為，包括一人做三件相似的事，三人做一件相似的事，大都結局各不相同。比如：

> 嚴州淳安縣富家翁誤毆一村民至死，其家不能訴。民有弟為大姓方氏僕，方氏激之曰：「汝兄為人所殺而不能訴，何以名為人？」弟即具牒，將詣縣。方君固與富翁善，諷使來祈己，而答曰：「此我家僕，何敢然？當諭使止之，彼不過薄有所覬耳。」為喚僕面責，且導以利。僕敬聽，謝不敢。翁歸，以錢百千與僕，別致三百千為方君謝。

> 才數月，僕復宣言，翁又詣方，方曰：「僕自得錢後，無日不飲博，今既索然，所以如是，當執送邑懲治之。」翁懼泄，乞但用前策，又如昔者之數以與僕。方君曰：「適得中都一知舊訊，倩市漆二百斤，倉卒不辦買，翁幸為我市，當輦錢以償直。」翁曰：「蒙君力如許，茲細事，吾家故有之，何用言價？」即如數送漆。

> 明年，僕又欲終訟，翁歎曰：「我過誤殺人，法不致死，所以不欲至有司者，畏獄吏求貨無藝，將蕩覆吾家。今私所費將百萬，而其謀未厭。吾老矣，有死而已。」乃距戶自經。

> 逾三年，方君為鄂州蒲圻宰，白晝恍恍，於廳事對群吏震悸言曰：「固知翁必來，我屢取翁錢而竟速翁於死，翁宜此來。」亟還舍，不及與妻子一語，僕地卒。吏以所見白，始知其冥報云。

《夷堅丁志》卷十七，〈淳安民〉

> 秦朝有一士人，酷好古物，價雖貴必求之。一日，有人攜敗席踵門告曰：「昔魯哀公命席以問孔子，此孔子所坐之席。」秦士大愜意，以為古，遂以附郭之田易之。逾時，又一人持古杖以售之，曰：「此乃太王避狄，杖策去邠時所操之棰也。蓋先孔子之席數百年，子何以償我？」秦士傾家資與之。既而又有人持朽碗一隻，

曰：「席與杖皆未為古，此碗乃桀造，蓋商[4]又遠於周。」秦士愈以為遠，遂虛所居之宅而予之。三器既得，而田資罄盡，無以衣食，然好古之心，終未忍舍三器，於是披哀公之席，把太王之杖，執桀所作之碗，行丐於市曰：「衣食父母，有太公九府錢，乞一文。」

《事林廣記・秦士好古》

　　這兩則故事各包含一個三段體結構。前一則故事，寫方氏與僕人先後三次以命案勒索富翁，第一次僕人得錢百千，方氏得錢三百；第二次僕人得錢百千，方氏得漆二百斤；第三次富翁被逼自經而亡，僕人與方氏無所得。後一則故事，寫好古秦士三次購買「古物」，第一次用田畝換回「孔子所坐之席」；第二次傾家資買下「太王避狄」所操之杖；第三次以住宅購得「桀所作之碗」。

　　這個時期的三段體結構，尚有《能改齋漫錄》卷十二〈富家翁愛其弟〉（寫弟乙夫妻三次欲激怒其兄甲，第一次乙乘甲之愛馬出杖折其足，甲不動怒；第二次乙鋤去甲之名花藥數十檻，甲亦不動怒；第三次乙婦數次詬罵毀辱甲之愛妾，甲仍不動怒）、《夷堅乙志》卷十一〈米張家〉（寫闞某三次聞聽「物在否」的問答之聲，第一次聽後告其妻，妻稱其妄聞；第二次聽後告其妻，其妻約定下次代夫作答；第三次聽後即答「既在，何不出示？」遂見樹間擲下金銀）、《夷堅乙志》卷十二〈武夷道人〉（寫道人在庵外危坐時三次遇虎，第一次虎咆哮來前，道人決不入戶；第二次兩虎吼嘯愈甚，道人仍不為動；第三次五虎同集，啣道人頭足以往，才十數步便擲下而去）、《夷堅乙志》卷十四〈結竹村鬼〉（寫守田僕夜間三次捉操鐮竊刈稻子者，第一次持梃逐之，不獲；第二次依然如此，晨見其稻無損；第三次大步追擊，執之乃杉木一截）、《夷堅丁志》卷八〈鼎州汲婦〉（寫汲婦與一客鬥幻術，第一回擲扁擔化小蛇，不能入客所畫二十餘圈；第二回含水噀蛇，蛇稍大於前，突入十五圈中；第三回再噀水，蛇大如椽，將客從足繞至項而不可解）、《夷堅三志己》卷八〈長垣婦人〉（寫婦人攜豬蹄回家三次遇到惡狼，第一次兩弓手

---

[4]　「商」系衍生字，應當去掉。

持長矛將狼趕走，留婦於道旁午飯；第二次又為狼所困勢危時，又被兩弓手搭救，因邀其至家款待；第三次出去沽酒，又遇惡狼，竟被咬死）、《湖海新聞夷堅續志》前集卷一〈假道取材〉（寫道人三次向主人求物，第一次要主人腰間絲帶，次日歸還，稱是戲言；第二次要主人身上衣服，次日又歸還，稱是測試其胸襟；第三次要主家女兒金首飾，與之竟一去不復還）等。

3.四段體結構

這個時期的四段體結構，比較少見。比如《湖海新聞夷堅續志》後集卷一〈崔公得道〉（寫麻姑向崔公四問所欲，第一次問「欲官否？」應云：「我用官何為？」第二次問「欲錢否？」應云：「錢多害己。」第三次問「欲華衣否？」應云：「我是賣柴漢，何用華衣為？」第四次問所欲何事？應云：「我要鬍鬚拖地便好。」麻姑乃使其鬚長垂至地，後入山不知所終）。

二、宋元的故事組合模式

宋元時期民間故事的組合模式，主要有故事套故事與故事串連兩種模式。現在分別論述如下：

1.故事套故事的組合模式

宋元時期故事套故事的組合模式，係兩個內容有關聯的故事中的一個故事置於另一個故事裡面，從而形成一個大故事。此類組合模式，往往連接自然，無斧鑿痕跡。例如：《夷堅志補》卷十六〈嵊縣山庵〉：

> 會稽嵊縣某山，有僧結庵其間。山下人家有喪，將出殯，前一夕，請僧作佛事。僧與一行一僕赴之。日暮，下山半，遇日常所與交某客來，問僧何之，以送喪告。客曰：「從縣至此，正擬投宿，奈何？」僧言：「事不可已。」乃取匙鑰付客，使自往啟戶，遂別。時月明如晝，客獨步詣庵，徘徊將二更，甫就枕，未寐，聞扣扉聲。客

膽力素勇，無怖畏，知其為鬼，叱之曰：「汝何物？敢來作怪？」曰：「我乃某甲也。」審聽之，蓋舊知，久聞其死矣，乃不為起。鬼曰：「如不延我，我自能入。」覺門砉砉有聲，逕入踞禪椅而坐，呼客相揖。客曰：「汝死矣，胡為來此？」對曰：「與君從遊久，我元不亡，安得以死見戲？」客曰：「吾猶憶某年某月日，至汝家送汝葬，今若此，謂吾畏鬼邪！」乃笑曰：「毋庸多言，我實已死，所以冒夜相尋者，將有禱於君，幸見聽。我不幸去世，未期年，妻即改嫁，凡箱篋貨財，田盧契券，席捲而去。一九歲兒，棄之不顧，使飢寒伶仃，流於丐乞。幽冥悠悠，無所愬質，願君不忘平生，為我言於官。使此子得以自存，吾瞑目九泉無恨矣。」客瞿然憐納之。因歷歷誦言，家有錢粟若干，布帛若干在妻所，田若干畝在某鄉，屋若干間在某里。客一一傾聽，語語酬答。且四更，心頗動，語之曰：「所托既畢，可以去矣，毋妨吾睡。」忽默默不答，連呼之不應。客暫寐微鼾，鬼亦鼾，客倦而倚壁，鬼亦偃蹇，客揭帳咳唾，鬼亦唾，始大恐，下床疾走。鬼起逐之，及於堂。客素諳鬼物行步，但直前，不能曲折，乃環繞而走。鬼跟蹌值前，抱一柱不舍，客僅得出門。奔下山麓，天已明，遇僧，告以所見，且誚之曰：「師捨我而赴檀越，終夕飽食，豈知我窘怖如此？」僧曰：「我所遭者，尤為大奇。昨佛事既終，彼家將舉棺，而輕虛若無所貯，驗之，則棺蓋已揭動，不見其屍。滿室驚惶，莫測其故。送者懼而去，吾亦奔走至此。」遂俱還。望庵中一人抱柱自如，彷彿類新死者，亟遣呼其子，並集鄰里同視之。子認是父，拊膺慟哭。前取其屍，抱柱牢不可脫，至用木支屋，截破半柱，乃得解。蓋舊鬼欲有所憑，借新屍以來，語竟，魂魄卻還，新鬼倀倀無依，故致此怪。里正白其事於縣，為究實，於是所囑之事由此獲伸。淳熙十四年九月，張定叟說。

這則作品的結構模式為在A故事（僧人送喪做佛事，遇見丟失屍體的變故，次日乃將屍體追回）中，放置B故事（鬼友借新死者之屍體往山庵中請求某客救助其幼子），形成故事套故事的組合模式，從而增大了作品的容量，使之更為耐人尋味。

又如，《夷堅乙志》卷七〈西內骨灰獄〉：

政和四年，有旨修西內，命京西轉運司董其役。轉運使王某坐科擾，為河南尹蔡安持劾罷。起徽猷閣待制宋君於服中，以為都轉運使，免判常程文書，專以修宮室為職。宋銳於立事，數以語督同列曰：「速成之，醲賞可立得也。」轉運判官孫覬獨以役大不可成，戲答曰：「公聞狐婿虎之說乎？狐有女，擇婿，得虎焉。成禮之夕，儐者祝之曰：『願早生五男二女。』狐拱立曰：『五男二女非敢望，但早放卻臊命為幸耳。』今日之事，正類此也。」宋不樂，覬即引疾罷去。凡宮城廣袤十六里，創立御廊四百四十間，殿宇丹漆之飾猥多，率以趣辦。需牛骨和灰，不能給。洛城外二十里，有千人塚數十丘，幹官韓生獻計曰：「是皆無主朽骴，發而焚之，其骨不可勝用矣，自王漕時已用此。」宋然之。管干官成州刺史郭漣容、佐使臣彭玘十餘人，皆幸集事，舉無異詞。宋以功除顯謨閣學士，召為殿中監而卒。宣和中，孫覬病死，至泰山府，外門榜曰「清夷之門」。獄吏捽以入，令供滅族狀。孫曰：「我何罪？」殿上厲聲曰：「發洛陽古塚以幸賞，乃汝也，安得諱？」孫請與諸人對。望兩囚荷鐵校立廡下，各有一卒持鐵扇障其面，時時揮之。扇上皆施釘，血流被體。引至前，乃宋王二君也。猶與相撐拄，孫歷舉狐虎之說，及所以去官狀，廷下人皆大笑。兩人屈服去，孫復蘇。他日，韓生亦夢如孫所見者，供狀畢，將引退，仰而言曰：「某罪不勝誅，但先祖魏公有大勳勞於宗社，不應坐一孫而赤族。」主者凝思良久曰：「只供滅房狀。」乃如之。自是數月死。不一歲，妻子皆盡，今唯取同宗之子以繼云。

這則作品的結構模式為在A故事（宋某為轉運使主持修建西內宮室時，採用韓某主張，發洛處古塚枯骨和灰，死後一一被懲）中放置B故事（狐擇虎婿），形成故事套故事的組合模式，因而增加了作品的表現力和感染力。

2.故事串連的組合模式

宋元時期故事串連的組合模式,係將兩則故事很自然地連接起來,形成一個容量增大的故事。所串連的兩則故事,主人公相同,或情節有關聯,連接起來後具有整體感。比如,《夷堅乙志》卷七〈畢令女〉:

路時中,字當可,以符籙治鬼著名,士大夫間目曰:「路真官」,常齋鬼公案自隨。建炎元年,自都城東下,至靈壁縣。縣令畢造已受代,艤舟未發。聞路君至,來謁曰:「家有仲女,為鬼所禍,前後迎道人法師治之,翻為所辱罵,至或遭箠去者。今病益深,非真官不能救,願辱臨舟中一視之。」路諾許,入舟坐定。病女徑起,著衣出拜,凝立於旁,略無病態,津津有喜色,曰:「大姐得見真官,天與之幸。平生壹鬱不得吐,今見真官,敢一一陳之:大姐乃前來媽媽所生,二姐則今媽媽所生也。恃母鍾愛,每事相陵侮。頃居京師,有人來議婚事,垂就,唯須金釵一雙,二姐執不與,竟不成昏,心鞅鞅以死。死後冥司以命未盡,不復拘錄,魂魄飄搖無所歸。遇九天玄女出遊,憐其枉,授以秘法。法欲成,又為二姐壞了。大姐不幸,生死為此妹所困。今須與之俱逝,以償至冤,且以謝九天玄女也。真官但當為人治祟,有冤欲報,勢不可已,願真官勿復言。」路君沉思良久,曰:「其詞強。」顧畢令曰:「君當自以善力禱謝之,法不可治也。」女忽仆地,掖起之,復困憊如初。蓋出拜者乃二姐之身,而其言則大姐之言也,死已數年矣。

明日,二姐姐。路君來弔,其父曰:「昨日之事,曲折吾所不曉。而玄女授法,乃死後事,二姐何以得壞之?君家必有影響,幸無隱,在我法中,當洞知其本末。」畢令曰:「向固有一異事,今而思之,必此也。長女既亡,蕆於京城外僧寺,當寒食掃祭,舉家盡往。蕆室之側,有士人居焉。出而扃其戶。家人偶啟封,入房窺觀,仲女見案上銅鏡,呼曰:『此大姐柩中物,何以在此?必劫也!』吾以為物有相類,且京師貨此者甚多,仲女力爭曰:『方買

鏡時，姊妹各得其一，鞶[5]結襯緣，皆出我手。所用紙，某官謁刺也。』視之信然。方嗟歎而士人歸，怒曰：『貧士寓舍；有何可觀？不告而入，何理也？』仲女曰：『汝發墓取物，奸贓具在，吾來擒盜耳。』遂縛之。士人乃言：『半年前夜坐讀書，有女子扣戶曰：為阿姑譴怒，逐使歸父母家。家在城中，無從可還，願見容一夕。泣訴甚切，不獲已納之，繾綣情通。自是每夕必至，或白晝亦來。一日，方臨水掠鬢，女見而笑曰：『無鏡耶？我適有之。』遂取以相餉，即此物也。時時攜衣服去補治，獨不肯說為誰家人。昨日見語曰：『明日我家與親賓聚會，須相周旋，不得到君所，後夜當復來。遂去。今晨獨處無悰，故散步野外以遣日，不虞君之涉吾地也。』吾家聞之皆悲泣，獨仲女曰：『此郎固妄言，必發驗乃可。』走往殯所蹤跡之，其後有罅可容手，啟磚見棺，大釘皆拔起寸餘。及撤蓋板，則長女正疊足坐，縫男子頭巾，自腰以下，肉皆新生，膚理溫軟，腰以上猶是枯脂。始悔恨，復掩之，釋士人使去。自是及今，蓋三年餘矣。所謂玄女之說，豈非道家所謂回骸起死，必得生人與久處，便可復活邪？事既彰露，不可復續。而白髮其事，皆出仲女，所謂壞其法者，豈此邪？」路君亦為之驚吒。道出山陽，以語郭同升。升之子沘說。

這則作品由A、B兩個故事連接而成，A故事敘寫畢令大女兒（前妻所生）借二女兒（後妻所生）之身，訴說被迫害致死的冤情；B故事敘寫畢令大女兒亡魂與一士人的戀情，因被二女兒破壞，不得復生。兩則故事不但有共同的主人公，而且情節也有關聯。

又如，《鬼董》卷一「韋自東」：

韋自東者，義烈之士也。嘗遊太白山，棲止段公莊。段亦素知其壯勇者。一日與自東眺望山谷，見一徑甚微，若舊有行跡。自東

5　鞶（pán盤）：古代衣服上的大帶子。

問主人曰：「此何詣也？」段曰：「昔有二僧，居此山頂。殿宇宏壯，林泉甚佳，蓋唐開元中萬迴師弟子之所建也。似驅役鬼工，非人力所能及。或問樵者說，其僧為怪物所食，今二三年絕跡矣。又聞人說，有二怪物在於此山，亦無人敢窺焉。」自東怒曰：「余操心在乎侵暴。怪物何類而敢噬人，今日必挈其首，致於門下。」段曰：「暴虎馮河，死而無悔！」自東不顧，杖劍奮衣而往，勢不可遏。段悄然曰：「韋生當其咎耳。」

自東捫蘿躡石，至於精舍，悄寂無人。覩二僧房，大敞其戶，屐錫俱全，衾枕儼然，而塵埃凝積其上。又見佛堂內細草茸茸，似有巨物偃寢其處。四壁多掛野麂元熊之類，或庖炙之餘鍋灶柴薪。自東乃知是樵者之言不謬耳。度其怪未至，遂拔柏樹如大碗，去枝葉為大杖，扃其戶，以石佛拒之。是夜月白如晝，夜未分，怪物挈其鹿而至，怒其扃鐍，大叫以首觸戶，折其石佛而踣於地。自東以柏樹撾其腦，再舉而斃之，拽之入室，又闔其扉。頃之，復有怪物繼至，似怒前歸者不接己，亦哮吼觸其扉，復踣於戶，闚又撾之亦斃。

自東知雌雄已殞，應無儔類，遂掩關烹鹿而食。及明，斷二首，挈餘鹿而示段。段大駭曰：「真周處之儔矣！」乃烹鹿飲酒盡歡。遠近觀者如堵。有道士出於儔人中揖自東曰：「某有衷懇，欲告於長者可乎？」自東曰：「某一生急人之急，何為不可！」道士曰：「棲止道門，懇志靈藥，非一朝一夕耳。三二年前，神仙為吾配合龍虎丹一爐，據其洞修之有日矣。今靈藥將成，數有妖魔入洞，就爐挈觸藥幾飛散。思得剛烈之士仗劍衛之。靈藥倘成，當有分惠。未知能一行否耳？」自東踴躍曰：「乃平生所願也！」遂仗劍從道士而去。

躋險躡峻，當太白之高峰將半，有一石洞，可百餘步，即道士燒丹之室，唯弟子一人。道士約曰：「明晨五更初，請君子仗劍，當洞門而立，見有怪物，但以劍擊之。」自東曰：「謹奉教。」久立燭於洞門外伺之。

俄頃果有巨虺長數丈，金口銀牙，毒氣氳鬱，將欲入洞。自東以劍擊之，似中其首，頃間若輕霧化去。食頃，又有一女子，顏色

絕麗，執荂荷之花，緩步而至。自東又以劍拂之，若雲氣而滅。食頃將曙，有道士乘雲駕鶴，導從甚嚴，勞自東曰：「妖魔已盡，吾弟子丹將成矣，我當來為證也。」盤旋候明而入，語自東曰：「喜汝道士丹成，有詩一首，汝可繼和。詩曰：『三秋稽顙叩真靈，龍虎交時金液成。絳雪既凝身可度，蓬壺頂上彩雲生。』」自東詳詩意曰：「此道士之師。」遂釋劍而禮之。俄而突入，藥鼎爆烈，更無遺在。

　　道士慟哭，自東悔恨，自咎而已。二人因以泉滌鼎器而飲之。自東後更有少容，而適南嶽，莫知所止。今洞尚有怪物，骷髏尚在，道士亦莫知所之。

　　這則長故事，由「消滅食人怪」與「鬥毀藥鼎妖」兩則故事串連而成，故事主角均為勇士韋自東。兩則滅怪鬥妖故事，一成一敗。前一則故事包含一個兩體段（寫雄怪怒扉關閉，大叫以首觸戶，被韋自東擊斃；接著雌怪趕來，怒雄怪不接己，哮吼以首觸扉，亦被韋自東擊斃）；後一則故事包含一個三段體（寫妖怪變毒莽襲來，韋自東以劍擊之，化為輕霧散去；妖怪變美女前來，韋自東以劍拂之，化為雲氣消失；妖怪變道人駕鶴而至，韋自東釋劍施禮，藥鼎瞬間被毀）。很顯然，這一則故事在結構模式上是非常有特色的。

第三節　宋元的民間故事講述人

　　宋元時期的採錄者在錄寫民間故事時，對於故事講述人的關注，遠超過隋唐五代時期。這個時期，記載民間故事講述人的著作不少，北宋有《東齋記事》、《涑水記聞》、《冷齋夜話》、《邵氏聞見錄》、《道山清話》、《春渚紀聞》等，南宋有《可書》、《嘉祐雜誌》、《曲洧舊聞》、《邵氏聞見後錄》、《北窗炙輠錄》、《陶朱新錄》、《睽車志》、《夷堅志》、《揮麈錄》、《投轄錄》、《桯史》、《癸辛雜識》等，金元有《續夷堅志》、《山居新話》、《異聞總錄》、《輟耕錄》等。其中，《涑水記聞》、《睽車志》、《夷堅志》、《揮麈錄》等較為突出，而以《夷堅志》最為引人注目。茲分別介紹如下。

一、《涑水記聞》的民間故事講述人

　　《涑水記聞》的作者司馬光（1019-1088），字君實，陝州夏　縣（今屬山西）涑水鄉人。北宋史學家。撰有《資治通鑑》、《司馬文正公集》等。《涑水記聞》十六卷，共記有九十多位講述人。其中，講述故事較多的有蘇免、始平、郭帥、伯淳、楊樂道、君貺、范堯夫、富公、藍元震、王得臣等。他們所講的作品大都為民間傳說。

　　蘇免共講十一則，計有「介甫排韓」、「介甫深怨安道」、「慚上求退」、「獸布」、「介甫移病」、「胡尉妻夢」、「內侍李憲」、「劾奏禹玉」、「王安國諫兄」、「介甫與王韶」、「預求墓誌」等。

　　始平共講九則，計有「豎子可斬」、「太祖問長久之計」、「納韓王之謀」、「太祖與董遵誨」、「郭進」、「笞永德」、「深識遠慮」、「瘞井屍案」、「范希文乞罷」等。

　　郭帥共講六則，計有「夷山誘降」、「取涿州」、「請獻安遠塞門」、「士彬公兵」、「救兵民以歸」、「起彝圖交趾」等。

　　伯淳共講五則。計有「呂晦權獨默不言」、「下戶苦矣」、「薛尚書言是也」、「上以外事問介甫」、「中使問疾」等。

　　楊樂道共講四則，計有「太祖遺腹子」、「迎太子繼位」、「皇子就肩輿」、「孟陽作表獲厚酬」等。

　　君貺共講四則，計有「滕宗諒知涇州」、「修岳陽樓」、「歧王夫人失愛」、「不行文書」等。

　　范堯夫共講四則，計有「曹彬沽酒飲太祖」、「少年奇士」、「併力退賊」、「鄭俠上書」等。

二、《睽車志》、《揮麈錄》的民間故事講述人

　　《睽車志》的作者郭彖，字伯象，歷陽（今安徽和縣）人。生卒年不詳。《睽車志》六卷，共記有五十多位講述人。全書十之八九的作品記有講述人，無講述人的作品甚少。講述故事較多的有范懋德、潘周翰、李

明仲、張漢卿、趙謙之、孫㩁、鄭億年、楊禮、費袞、魏掞、盧德廣等。講述人大都名不見經傳，僅張漢卿（張良臣，字武子，一字漢卿，隆興進士）、費袞（字補之，國子監免解進士，著有《梁溪漫志》）可考。然而郭彖在記錄民間故事講述人時，往往都寫明其人官職、身份，對後人瞭解講述人無疑會有所幫助。例如老承務范懋德、承務潘周翰、知縣李明仲、判院張漢卿、知州趙謙之、蒙老孫㩁、大資鄭億年、通判魏良佐、上舍魏掞、知錄陳仲謨、鄉人蔡洋、僧從簡、表兄王伯廣。

范懋德共講九則，計有「常熟孝婦」、「雷勳逆子」、「蝗災奇跡」、「樹掛斗秤」、「長洲地震」、「神告改名」、「牛觸屠死」、「哀鳴乞命」、「王翊烹鵝」等。

潘周翰共講七則，計有「趙倅亡妻」、「鄭搖鈴」、「亡友奉謝」、「城隍代去」、「風雪之變」、「潘擇可」、「誓不食牛」等。

李明仲共講七則，計有「李大夫妾」、「成都楊道人」、「河決迄塞」、「峽江中物」、「胡孩兒」、「尖靴頭」、「密州舊廨」等。

張漢卿共講五則，計有「亡僕鬻餅」、「支提長老」、「傅霖」、「焦仲嗜殺」、「趙伯琯」等。

趙謙之共講五則，計有「金杯償直」、「大蛇笑語」、「章思文」、「夢龍耳聾」、「錢璘夢」等。

孫㩁共講四則，計有「孝女不飢」、「水甕生菌」、「盆水變牡丹」、「土地祠樂妓」等。

陳仲謨共講四則，計有「白蝟精」、「故婢招喜」、「旃檀林紫竹」、「慧聚寺僧如遠」等。

《揮塵錄》的作者王明清（1127-？），字仲言，汝陰（今安徽合肥）人。宋代小說家。撰有《投轄錄》、《揮塵錄》、《玉照新志》等。《揮塵錄》分四集，包括《揮塵前錄》四卷、《揮塵後錄》十一卷、《揮塵三錄》三卷、《揮塵餘話》二卷，全書共有講述人九十餘位。講述故事較多的有陸游、張文老、朱希真、薛叔器、晁武子、蘇訓直、曹宏父、李粹伯、劉季高、廉布等，部分人可考，如陸游、朱希真、廉布。他們講述的作品，以民間傳說居多。

陸游共講六則，計有「劉器之」、「恐三家俱受禍」、「戲劇貽禍」、「郭時亮」、「蔡元長父子」、「張邦昌醉中卻彭」、「錢昂治郡」等。

張文老共講五則，計有「范忠直」、「蘇在廷」、「李璆帥蜀」、「鄭亨仲」、「薦劉炳」。等。

朱希真共講三則，計有「降王舊臣修兼群書」、「公生明」、「鬼劈口」等。

薛叔器共講三則，計有「朱紱」、「劉士祥大為奸利」、「往迎王相公」等。

劉季高共講三則，計有「薛六郎被釋」、「善對遼使」、「過客館置供饋」等。

晁武子共講三則，計有「司馬溫公風乘」、「大言安眾」、「錢塘老尉」等。

蘇訓直共講三則，計有「蔡居安」、「徐君猷與蘇東坡」、「僧妙應」等。

曹宏父共講三則，計有「逐二蔡」、「妖人張懷素」、「康為章與娼家」等。

三、《夷堅志》的民間故事講述人

《夷堅志》的作者洪邁（1123-1202），字景盧，號容齋，晚號野處老人。饒州鄱陽（今江西波陽）人。宋代文學家、史學家。撰有《夷堅志》、《容齋隨筆》、《野處類稿》、《史記法語》、《南朝史精語》等。《夷堅志》原為四百二十卷。今存初志八十卷，支志七十卷、三志三十卷，志補二十五卷、再補一卷、三補一卷，共計二百零七卷。其中的民間故事講述人近四百五十位。他們主要為各級官吏，如竟陵太守張壽明、濟州通判黃塍、饒州推官翁潾、永豐知縣張允蹈、贛縣縣丞張思順、安遠縣主簿鄒兼善、南康縣稅官左輔、建康榷貨務孫仁、歸善巡檢余千鐘、福建副總管曹季本、前廊學錄游祖武、殿前司諫官孫師孟、侍郎李似之、樞密使王德言、教授朱仲河。此外，尚有普通百姓和出家人，如信州

鹽商范信之，建康醫者楊有成、太學生錢之望、郎鄉士人劉可、建昌崇真隱士黃彥中、南康船師陳太、張思順婢、鄱陽渚田院主僧善祐、信州玉虛觀道士徐真素、廟祝洪興祖。書中所記民間故事講述人，還有一些係洪邁的親屬、親戚，如胞弟洪景裴與洪景伊、從弟洪景通、族弟洪燧、長子、仲子、叔洪光吉、姪洪橝、洪華、族姪洪圭、外舅、妻族。

講述作品較多的有呂大年、朱從龍、黃日新、吳泰、鄧直清、徐謙、王嘉叟、鄧植、黃德琬、黃仲秉、洪景裴、王日嚴、徐熙載、張思順、張子理、余仲庸、陳莘、陳棣、馬□、員興宗、吳溱、梅師忠、李仲詩、李仁詩、李大東、郟次南、錢仲本、黃文暮等。茲介紹其中的十多位重點講述人如下：

呂大年，字德卿，曾任贛州石城縣令。今本《夷堅志》共收他所講述的民間故事一百三十六則，包括七個整卷的作品和另外一些作品。他是中國古代可以查考的講述作品最多的民間故事講述家。在他講述的故事中；比較有影響的是《夷堅支景》卷三的〈王武功妻〉、〈西湖庵尼〉、〈建陽驛小兒〉、《夷堅支景》卷四的〈姜處恭〉、〈吳法師〉，《夷堅支景》卷五的〈臨安吏高生〉，《夷堅支丁》卷二的〈小陳留旅舍女〉、〈朱巨川〉，《夷堅支丁》卷三的〈李氏紅蛇〉、〈海山異竹〉、〈圓真僧粥〉，《夷堅支癸》卷二的〈徐希孟道士〉、〈李五郎〉、〈楊教授母〉，《夷堅支癸》卷三〈獨腳五通〉、〈張顯祖治獄〉、〈鬼國續記〉、〈柯山蛇妖〉、〈蔡七得銀器〉，《夷堅支庚》卷四的〈海門虎〉、〈金陵黥卒〉、〈伏虎司徒廟〉，《夷堅支癸》卷六的〈野和尚〉、〈張七省幹〉、〈鄂幹官舍女子〉等。

朱從龍，今本《夷堅志》共收他所講述的民間故事七十四則，其中比較有影響的是《夷堅支甲》卷一的〈張相公夫人〉、〈生王二〉，《夷堅支甲》卷二的〈黑風大王〉、〈王德柔枯蟹〉、〈宿遷諸尹〉，《夷堅支甲》卷三的〈呂使君宅〉、〈方禹冤〉、〈汪乙黿〉、〈段祥酒樓〉、〈張彥茶〉、〈張鯰魚〉、〈包氏僕〉，《夷堅支乙》卷一的〈王彥太家〉、〈張四妻〉、〈管秀才家〉、〈馬軍將田俊〉，《夷堅支乙》卷二的〈茶僕崔三〉，《夷堅支乙》卷三的〈安國寺僧〉、〈景德鎮鬼鬥〉，《夷堅支丁》卷八的〈王甑工虱異〉、〈王七六僧伽〉、〈周民買花〉，

《夷堅支丁》卷九的〈單志遠〉、〈清風橋婦人〉、〈竇致遠〉、〈張二姐〉、〈淮陰張生妻〉、〈王直夫〉，《夷堅支丁》卷十的〈櫻桃園法師〉等。

黃日新，字齊賢，今本《夷堅志》共收他所講述的民間故事五十九則，其中比較有影響的是《夷堅支乙》卷十的〈趙主簿妾〉、〈陳氏貨宅〉、〈陳如塤〉，《夷堅三志壬》卷一的〈馮氏陰禍〉、〈塗氏龍井〉、〈吳蔡棺異〉，《夷堅三志壬》卷二的〈楚州方夫子〉、〈懶愚道人〉，《夷堅三志壬》卷三的〈沈承務紫姑〉、〈童氏金鴨〉、〈張三店女子〉，《夷堅三志壬》卷四的〈南山獨騎郎君〉、〈丘簡反魂〉、〈湖北棱睜鬼〉、〈漳士食蠱蟆〉等。

吳泰，今本《夷堅志》共收他所講述的民間故事五十六則，其中比較有影響的是《夷堅支庚》卷七的〈向生驢〉、〈雙港富民子〉、〈應氏書院婦〉、〈招慶寺水〉、〈村民殺胡騎〉，《夷堅支庚》卷八的〈余干民妻〉、〈煉銀道人〉、〈茅山道人〉、〈江渭逢二仙〉，《夷堅支庚》卷九的〈景德鎮婦人〉、〈揚州茅舍女子〉、〈溧陽狂僧〉、〈無錫木匠〉、〈金山婦人〉，《夷堅支癸》卷五的〈陳泰冤夢〉、〈北塔院女子〉、〈新喻張屠〉等。

鄧直清，今本《夷堅志》共收他所講述的民間故事四十四則，其中比較有影響的是《夷堅支甲》卷五的〈唐四娘侍女〉、〈游節婦〉、〈妙智寺田〉，《夷堅支甲》卷六的〈西湖女子〉、〈安遠老兵〉、〈巴東太守〉，《夷堅支甲》卷七的〈蔡箏娘〉、〈建昌王福〉，《夷堅志三補》的〈崔春娘〉等。

徐謙，今本《夷堅志》共收他所講述的民間故事四十三則，其中比較有影響的是《夷堅支癸》卷八的〈李大哥〉，《夷堅三志己》卷二的〈東鄉僧園女〉、〈姜七家豬〉、〈璩小十家怪〉，《夷堅三志己》卷四的〈俞一郎放生〉、〈楊五郎鬼〉、〈燕僕曹一〉，《夷堅三志己》卷九的〈建德茅屋女〉、〈葉七為盜〉，《夷堅三志辛》卷二的〈永寧寺街女子〉、〈劉和尚犬〉、〈宣城客〉，《夷堅三志辛》卷九的〈蕭氏九姐〉、〈高氏影堂〉、〈香屯女子〉，《夷堅三志辛》卷十的〈湖口廟土地〉、〈蕭大師〉等。

鄧植，字端若，今本《夷堅志》共收他所講述的民間故事四十二則，其中較有影響的是《夷堅丁志》卷十八的〈史翁女〉、〈劉狗慶〉、〈李茇遇仙〉，《夷堅丁志》卷十九的〈黃州野人〉、〈盱江丁僧〉、〈江南水客〉、〈陳氏妻〉，《夷堅丁志》卷二十的〈郎岩妻〉、〈黃資深〉、〈蛇妖〉、〈二狗怪〉、〈巴山蛇〉、〈興國道人〉等。

　　黃德琬，今本《夷堅志》共收他所講述的民間故事二十九則，其中比較有影響是《夷堅丁志》卷五的〈三士問相〉、〈陳通判女〉、〈員家犬〉、〈靈泉神魗〉、〈陳才輔〉，《夷堅丁志》卷六的〈奢侈報〉、〈茅山道人〉、〈泉州楊客〉、〈張翁殺蠶〉等。

　　王嘉叟，名秬，今本《夷堅志》共收他所講的民間故事二十六則，其中比較有影響的是《夷堅甲志》卷十九的〈誤入陰府〉，《夷堅乙志》卷三的〈王直通祠〉，《夷堅乙志》卷十三的〈嵩山三異〉、〈蔣山蛇〉，《夷堅乙志》卷十四的〈趙清憲〉，《夷堅丙志》卷十六的〈碓夢〉，《夷堅丙志》卷二十的〈荊南妖巫〉等。

　　王日嚴，今本《夷堅志》共收他所講民間故事二十二則，其中比較有影響的是《夷堅丙志》卷七的〈大儀古驛〉、〈安氏冤〉、〈新城桐郎〉、〈沈押錄〉，《夷堅丙志》卷八的〈無足婦人〉、〈謝七嫂〉等。

　　黃仲秉，今本《夷堅志》共收他所講民間故事十八則，其中比較有影響的是《夷堅乙志》卷十二的〈章惠仲告虎〉，《夷堅乙志》卷二十的〈王祖德〉、〈蜀州女子〉，《夷堅丙志》卷二的〈蜀州紅梅仙〉、〈朱真人〉，《夷堅丙志》卷四的〈小溪縣令妾〉等。

　　洪景裴，洪邁大弟，今本《夷堅志》共收他所講民間故事十五則，其中比較有影響的是《夷堅乙志》卷十七的〈錢瑞反魂〉，《夷堅丁志》卷十七的〈閻羅城〉，《夷堅支乙》卷五的〈南陵蜂王〉、〈譚真人〉、〈秀州棋僧〉，《夷堅支景》卷二〈會稽獨腳鬼〉、〈孫儔擊鬼〉，《夷堅支丁》卷一的〈三趙失舟〉，《夷堅支癸》卷一的〈餘杭何押錄〉，《夷堅志補》卷九的〈錢真卿〉等。

　　張思順，今本《夷堅志》共收他所講述的民間故事十四則，其中比較有影響的是《夷堅支景》卷一的〈章簽判妻〉，《夷堅支丁》卷七的〈余干譚家蠱〉，《夷堅支庚》卷十的〈天慶觀道人〉，《夷堅支癸》卷七的

〈光州兵馬蟲〉、〈古田民得遺寶〉，《夷堅三志己》卷四的〈葉通判錄囚〉等。

張子理，今本《夷堅志》共收他所講述的民間故事十四則，其中比較有影響的是《夷堅支戊》卷十的〈胡畫工〉、〈凌二賭博〉，《夷堅支庚》卷二的〈浮梁二士〉，《夷堅支庚》卷五的〈新安尤和尚〉，《夷堅支庚》卷十的〈白石大王〉，《夷堅志補》卷十九的〈李侍郎龜精〉等。

《夷堅志》不但記載了大量的民間故事講述人，而且錄寫了許許多多介紹故事來歷以及各種相關的情況，具有一定的研究價值，對於人們瞭解故事不無幫助。

有關故事來歷的記述，譬如：

《夷堅丁丙》卷十九〈黃州野人〉末尾有「時童邦直為郡守，外孫王仲共侍行。見其事，為作〈野人記〉並詩云。」

《夷堅支癸》卷四〈醴陵店主人〉末尾有「管榮之表叔莫主簿者，寓居吉水，與張為鄰，親見說茲。張從此不復出。」

《夷堅志補》卷八〈鄭主簿〉末尾有「槹侄時在臨安，親見之，淳熙末年事也，但孫、鄭姓名、鄉里未審。」

有關故事傳遞情況的記述，譬如：

《夷堅丙志》卷四〈閬州通判子〉末後有「予婦侄張寅為臨桂丞，聞之於靈川尉王琨。琨云：『此近年事，不欲顯其姓名，特未審也。』」

《夷堅支丁》卷五〈建康空宅〉末後有「知文州李言時在彼見之，為侄孫倩子翼說。」

《夷堅支丁》卷八〈潭州都監〉末尾有「景裴聞其說于錢不孤，而忘都監姓名。」

《夷堅支戊》卷二〈章茂憲夢〉末尾有「邑子丁居易從章遊學，後登科，為贛縣主簿。張思順作丞，聞其說。」

《夷堅支庚》卷五〈武女異疾〉末尾有「康民者，與張壽朋善；其年秋，壽朋赴竟陵守，過鄂渚，聞其說。」

《夷堅三志辛》卷四〈邛州僧〉開頭有「成都醫者劉翁來夷陵，推官陳莘與之從容，因言邛州一僧事」。

有關錄寫故事情況的記述，譬如：

《夷堅乙志》卷十一〈玉華侍郎〉末尾有「先君頃於鄉人胡霖卿處得此事。亦有人作記甚詳，久而失去。詢諸胡氏子及婺源人，皆莫知，但能道其梗概如是。今追書之，復有遺忘處矣。」

　　《夷堅支丁》卷五〈李晉仁喏樣〉末尾有「汪汝紹少卿嘗在其幕中，實聞之。予得汪卿說已五十年，所謂李作令處，亦不能記也。」

　　《夷堅三志辛》卷三〈許穎貴人〉末尾有「予頃得此說於趙季和不魯，即記錄，今猶記其大略，類《乙志》內李孝壽也。」

　　有關故事之間相互比較的記述，譬如：

　　《夷堅丙志》卷六〈長人島〉末尾有「沈公雅為予說。予《甲志》書昌國人及島上婦人，《乙志》書長人國，皆此類也。海於天地間為物最鉅，無所不有，可畏哉。」

　　《夷堅丁志》卷八〈亂漢道人〉開頭有「《乙志》所載陽大明遇人呵石成紫金事，予於《起居注》得之，今又得南康尉陳世材所記，微有不同，而甚詳，故復書於此。」

　　《夷堅支甲》卷三〈聞氏女子〉末尾有「予是時即聞其事，書於《景志》中，與此差不同，且以聞氏為文氏，然大略非誕也。」

　　《夷堅支戊》卷八〈解俊保義〉末尾有「《甲志》所紀張太守女在南安嘉祐寺為厲以惑潛之孫，與此大相似。兩者相去三四十年，又皆解氏子，疑只一事，傳聞異詞。而劉醫云親見之，當更質諸彼間人也。」

　　《夷堅志補》卷六〈王蘭玉童〉末尾有「予記《逸史》所載盧叔倫女、《續玄怪錄》黨氏女事，大略相似，但同時生於兩處，一為男，一為女，乃未之前聞。明州人王夷說此，不能記其鄉里與何年事也。」

第九章　宋元的民間故事編選

在宋代以前，編輯包含民間故事的作品集較為罕見。到了宋初，隨著《太平廣記》這一部卷帙浩繁著作的問世，使編輯包含民間故事的作品集這一舉動，引起了廣泛的關注。自此以後，這一類著作的意義和價值，逐漸被知識階層所認識，並且不斷有同樣性質的著作問世，碩果累累。北宋時期，出現了《青瑣高議》。南宋時期，編輯此類著作的舉動更為活躍，先後出現了《唐語林》、《宋朝事實類苑》、《類說》、《分門古今類事》、《苕溪漁隱叢話》、《鬼董》、《綠窗新話》等著作。元代時期，編輯此類著作的舉動仍然比較活躍，出現了《湖海新聞夷堅續志》、《異聞總錄》、《輟耕錄》、《說郛》等著作。

第一節　宋代的民間故事編選

一、《太平廣記》

《太平廣記》是一部大型的古代散文體敘事文學作品集。北宋太平興國二年（977）三月，李昉、呂文仲、吳淑、陳鄂、趙鄰幾、董淳、張洎、宋白、徐鉉、湯悅、李穆、扈蒙等文臣奉宋太宗之命著手編纂，於次年八月完成。全書共五百卷，目錄十卷。

《太平廣記》選取漢代至宋初的野史、傳記、小說、故事以及道家、佛家作品編輯而成。全書按題材分為九十二大類，部分類別下面又分為若干小類。其中所收的作品，以民間傳說、故事居多，因此，此書也可視為漢代至宋初的一部準民間故事總集。諸如，「神仙」五十卷、「仙女」十五卷、「報應」三十三卷、「神」二十五卷、「鬼」四十卷、「妖怪」九卷、「精怪」六卷，所收的作品大都是民間傳說、故事。

《太平廣記》規模宏大，徵引的典籍達四百多種，絕大多數作品均

在篇末注明原書出處。全書徵引的典籍，半數以上在宋代以後均已失傳，往往憑藉本書得以保存大量佚文。譬如，《宣室志》、《稽神錄》的今傳本，就是從《太平廣記》中輯錄的，其中保存了大量的民間傳說、故事。一些存留的典籍，有不少殘缺、錯訛之處，後世往往依據《太平廣記》來輯佚和校勘。譬如，〔五代〕孫光憲撰《北夢瑣言》，原書三十卷，傳世本均為二十卷。近人繆荃孫從《太平廣記》中輯出佚文四卷。又如，《啟顏錄》原本十卷，已佚。敦煌遺書中有一卷唐開元間《啟顏錄》寫本，是現存最早的版本。《太平廣記》引的《啟顏錄》佚文將近八十條，比敦煌寫本多出的四十條。由此亦不難看出《太平廣記》在保存古代民間傳說、故事方面的價值。

還須指出，在《太平廣記》的編纂者中，有幾位本身就是採錄民間傳說、故事的行家裡手。徐鉉在其所著的《稽神錄》中，徐鉉的女婿吳淑在其所著的《江淮異人錄》中，都錄寫了相當數量的民間傳說、故事。徐鉉曾通過宋白徵得主持編輯工作的李昉同意，將其《稽神錄》中的作品收進《太平廣記》。他們這幾位具有民間故事情結的文臣參與編纂《太平廣記》，無疑讓《太平廣記》在羅致民間傳說、故事時，會有更多的收穫，從而促使《太平廣記》在保存中國古代民間傳說、故事方面貢獻更大。

二、《類說》與《分門古今類事》

1.《類說》

〔南宋〕曾慥編《類說》是一部節錄性的文言小說筆記叢書。今本六十卷。全書採輯先秦以來著作二百五六十種，每種摘抄一、二則至數十則、百餘則不等，所錄作品均經過編者刪削。所採輯的著作，種類繁多，「百家小說」應有盡有，是《太平廣記》之後的一部很重要的小說筆記文獻。其中有關民間傳說、故事的資料相當豐富。

《類說》採輯的著作多半已失傳，賴此書摘引而得以保存其部分內容。茲舉數例：

《秘閣閒談》原書五卷，已佚。《類說》與《分門古今類事》等書

共保存其佚文二十多則。《類說》卷五十二保存該書佚文共十三則,即
〈服術〉、〈方丈山麻姑〉、〈古鏡石人物〉、〈青磁碗〉、〈戊與丁合
及第〉、〈換茶甌〉、〈七夕瓜上金梭〉、〈菩薩蠻詞〉、〈油頭汗繡
枕〉、〈紙鳶詩〉、〈鶴名丹哥〉、〈吞艇魚〉、〈仙人招骨函〉。這些
作品,大多是民間傳說、故事。譬如,〈青磁碗〉便是「聚寶盆型故事」
最早的一個文本。

《仇池筆記》二卷,係宋人裒聚蘇軾隨筆文字而成。今傳本上下兩
卷共一百三十八則,就是從《類說》卷九、卷十中錄出的。其中,不乏民
間傳說、故事篇什,譬如〈小兒吸蟾蜍氣〉、〈戴嵩鬥牛〉、〈三老人問
年〉、〈儋耳地獄〉。

《遁齋閑覽》十四卷,久佚。今存佚文共一百四十一則,有九十七則
節錄自《類說》卷四十七。其中的〈妻妬〉、〈姊妹六虎〉、〈皤然一翁
公然一婆〉、〈三鹿為犇〉、〈門上書午字〉、〈秀才康了〉、〈舍弟江
南沒家兄塞北亡〉、〈月夜招鄰僧話詩〉、〈避火〉、〈柳連道中托宿〉
等民間傳說、故事都頗引人注目。

《芝田錄》一卷,原書已佚,今存佚文四十餘則。《類說》卷十一存
其佚文三十二則,計有〈紙鳶系詔〉、〈木鵝繫詔〉、〈高宗針百會〉、
〈糴米救旱〉、〈杜書記平善〉、〈式盤占失牛〉、〈兄弟訟財〉等民間
傳說、故事。

《該聞錄》十卷,原書已佚,今存佚文近四十則。《類說》卷十九
存其佚文二十一則,計有〈鮮於判狀〉、〈半年為盜〉、〈知縣生日〉、
〈下官口上官鼻〉、〈黃鶴樓詩〉、〈聽馬蹄聲〉等民間傳說、故事。

《倦游雜錄》八卷(亦作十二卷),原書已佚,今存佚文一百餘
則。《類說》卷十六存其佚文五十八則(目錄作五十九則),計有〈詭謀
殺娼〉、〈苑中獅子〉、〈匍匐圖〉、〈戲陳亞〉、〈閻羅見缺請速赴
任〉、〈蜥蜴求雨〉、〈天狗下勾當公事〉等民間傳說、故事。

2.《分門古今類事》

〔南宋〕委心子編《分門古今類事》是一部志怪、軼事小說集,二十
卷,分為十二類,凡「帝王運北門」二卷,「異兆門」、三卷「夢兆門」

三卷、「相兆門」二卷、「卜兆門」二卷、「讖兆門」二卷、「祥兆門」一卷、「婚兆門」一卷、「墓兆門」一卷、「雜誌門」一卷、「為善而增門」一卷，「不惡而削門」一卷。此書採擷繁富，引書多達一百六十餘種，所徵引典籍以晚唐至此北宋中期的小說，筆記比重最大。所引資料大都注明出處，便於查考。

《分門古今類事》所徵引典籍，有不少後世已不傳。由於所引資料大都輯錄自原書，彌足珍貴。茲舉數例：

《秘閣閑談》，今存兩百多則佚文。《分門古今類事》存有〈高雅見怪〉、〈柏閣行者〉、〈吳淑丹陽〉、〈思道點閱〉、〈丘旭定分〉、〈沈昶鄂字〉、〈化成得雁〉、〈張泊二驢〉、〈毛仙述配〉等該書佚文十二則，其中有一些民間傳說、故事。

《洞微志》三卷，原書已佚，今存三十多則佚文。《分門古今類事》存有〈梁祖嗜雞〉、〈昭武販馬〉、〈少卿領馬〉、〈盧絳白衣〉、〈盧相販土〉、〈若水見僧〉等該書佚文十則，其中有一些民間傳說、故事。

《縉紳脞說》二十卷，原本已佚，今存四十多則佚文。《分門古今類事》存有〈范公捧詩〉、〈潘洞篆銘〉、〈劉詠看榜〉、〈范政送藥〉、〈曹確剃髮〉、〈刁湛賦詩〉等該書佚文九則，其中有一些民間傳說、故事。

《該聞錄》今存近四十則佚文。《分門古今類事》存有〈觀文榜尾〉、〈濟陽築宅〉、〈懶瓚重訓〉、〈蒲教授荊山夢記〉、〈章翁異驗〉、〈王生聽聲〉、〈隋蜀不祥〉、〈地理吉凶〉等該書佚文近二十則，其中有一些民間傳說、故事。

《幕府燕閑錄》十卷，原書已佚，今存佚文三十多則。《分門古今類事》存有〈田方陰府〉、〈范諷三品〉、〈孟震附尾〉、〈蘇協愁字〉、〈李概斫足〉、〈東坡大吳〉、〈楊礪記室〉、〈歐陽元省〉、〈中和布算〉、〈天聖高第〉等該書佚文十七則，其中有一些民間傳說、故事。

《翰苑名談》二十五卷，原書已佚，今存佚文四十多則。《分門古今類事》存有〈藍守山魈〉、〈吉寶得汗〉、〈文叔遇俠〉、〈燕王遇張〉、〈溫裕喜鵲〉、〈鄭滂鳳字〉、〈後主古詩〉、〈於生遇鳳〉、〈樊元遇僧〉、〈牛字助語〉等該書佚文十七則，其中有一些民間傳說、故事。

《唐宋遺史》四卷，原書已佚，今存佚文五十多則。《分門古今類事》存有〈仁鈞避地〉、〈李庚食鱠〉、〈韋公玉簫〉、〈董齊醫畫〉、〈士寧得道〉、〈祿山異聞〉、〈志公畫鹿〉、〈盧齊暴亡〉等該書佚文十一則，其中有一些民間傳說故事。

三、《鬼董》與《夷堅志》

1.《鬼董》

　　〔南宋〕佚名編纂《鬼董》，一名《鬼董狐》，是一部古代志怪小說集，五卷，共輯集唐宋時期以說鬼為主的作品四十多則，其中多數作品是民間傳說、故事。因此，這部專題作品集在保存和傳播民間傳說、故事方面有一定貢獻。

　　茲逐卷對該書收錄並刪改前人作品的情況進行介紹：

　　卷一〈牟穎〉，即《瀟湘錄·牟穎》（見《太平廣記》卷三五二），除個別字句小有出入外，悉同。

　　卷一〈章翰〉，即《通幽錄·哥舒翰》（見《太平廣記》卷三五六），除故事主角姓名有改動，個別字句小有出入外，悉同。

　　卷一，〈韋自東〉，即《傳奇·韋自東》（見《太平廣記》卷三五六），抹去開頭的「貞元中」，文字稍有改動，其餘悉同。

　　卷一〈章仇兼瓊〉，即《尚書故實·章仇兼瓊》（見《太平廣記》卷三五六），除個別字句小有出入外，悉同。

　　卷一〈張師厚與懿娘〉，與《夷堅丁志》卷九〈太原意娘〉有一定的淵源關係。

　　卷二〈王尊〉，即《廣異記·王玄之》（見《太平廣記》卷三三四），故事主角的名字有改動，文字有所刪削和調整。

　　卷二〈張有〉，即《紀聞·王無有》（見《太平廣記》卷三三三），故事主角姓名與所在地名均有改動，故事情節亦稍有改動。

　　卷四〈盧仲海〉，即《通幽記·盧仲海》（見《太平廣記》卷三三八），篇首抹去「大曆四年」，文字有刪改，其餘悉同。

卷四〈王垂〉，即《通幽記‧王垂》（見《太平廣記》卷三三八），篇首抹去「唐大曆初」，文字多有刪改。

卷五〈常夷〉，即《廣異記‧常夷》（見《太平廣記》卷三三六），篇首抹去「唐」字，文字小有出入。

卷五〈唐暄〉，即《通幽記‧唐暄》（見《太平廣記》卷三三二），故事主角名字有改動，內文抹去「開元中」、「開元十八年」、「開元八年」等，並且多處有所刪改。

卷五〈田達誠〉，即《稽神錄》卷二〈田達誠〉（見《太平廣記》卷三五四），除個別字句小有出入外，其餘悉同。

2.《夷堅志》

《夷堅志》中的絕大多數作品，都是作者洪邁親自採錄的民間傳說、故事。但其中也有少量作品，取自南宋時期和南宋以前的有關著作。因此，《夷堅志》亦帶有一些選編著作的性質。茲舉數例：

《夷堅志再補‧鼠怪》，據《列異傳》「王周南」縮寫。

《夷堅志再補‧道人符誅蟒精》，據《玉堂閒話》「選仙場」改寫，情節稍有變動。

《夷堅三志己》卷六〈上請堯舜〉，出〔宋〕范鎮撰《東齋記事》。

《夷堅支景》卷三〈水精環〉，出《邵氏聞見錄》。

《夷堅丙志》卷十四〈錫盆冰花〉，與《春渚紀聞》卷二〈瓦缶冰花〉大同小異。

《夷堅志再補‧謝石拆字》，即《春渚紀聞》卷二〈謝石拆字〉，文字小有出入。

《夷堅支乙》卷六〈羅伯固腦瘤〉的引子，據《春渚紀聞》卷三〈仙丹功效〉縮寫。

《夷堅三志辛》卷八〈書廿七〉，即《睽車志》卷二〈趙倅亡妻〉，文字有所改動。

《夷堅支乙》卷二〈羅春伯〉、〈楊證知命〉、〈黃五官人〉等十則，出臨川劉君所記《夢兆錄》。

《夷堅支癸》卷十〈淳化殿榜〉、〈蔡確執政夢〉、〈古塔主〉見

〔宋〕馬永卿撰《懶真子》。

《夷堅三志己》卷八〈道士竹冠〉、〈南京張通判子〉、〈長垣婦人〉、〈浴肆角筒〉、〈唐革廉訪〉等十七則，出洪邁亡友李子永撰《蘭澤野語》，文字均稍有潤飾。

《夷堅三志辛》卷四〈鼎州寺藏心木〉、〈邛州僧〉、〈白馬洞天〉、〈屈老娘〉、〈孟廣威獼猴〉等十三則，出〔南宋〕陳莘撰《松溪居士徑行錄》。

《夷堅三志壬》卷七〈張翼德廟〉、〈鄆縣銅馬〉、〈王道成先生〉、〈惠宗師磐石〉等八則，出〔宋〕王晦叔撰《頤堂集》。

第二節　元代的民間故事編選

一、《湖海新聞夷堅續志》與《異聞總錄》

1.《湖海新聞夷堅續志》

〔元〕佚名撰《湖海新聞夷堅續志》是一部文言志怪小說集。全書分前後兩集，十七門。前集八門，即人倫門、人事門、符讖門、珍寶門、拾遺門、藝術門、警戒門、報應門；後集九門，即神仙門、道教門、佛教門、文華門、神明門、怪異門、精怪門、靈異門、物異門。另外，尚有補遺七門，即人倫門、靈異門、拾遺門、人事門、治道門、藝術門、報應門。每門又分若干類。比如，報應門分為善報、恩報、冤報。神仙門分為仙真、仙異、遇仙、得仙。全書共收五百餘則作品，大多為宋代故事，間有元代及前代故事，內容大部分為神仙、佛道、精怪故事，亦有少量野史、軼聞。

《湖海新聞夷堅續志》裡面的作品大多輯錄、改寫自前人之書，其中有些故事出自六朝或唐宋著作，尚可查考出處，有的已無處查考出處。也有一部分故事，可能直接採自民間。

出自六朝至五代著作的故事，譬如：

前集卷二《拾遺門‧馬頭娘子》，即《搜神記》卷十四〈女化蠶〉，文字大同小異。

後集卷二《怪異門‧鬼求針灸》，由《續齊諧記‧徐秋夫》縮寫而成，文字簡練。

　　後集卷一《神仙門‧一夢黃梁》，由《枕中記》縮寫成，文字極簡練。

　　後集卷一《神仙門‧四仙弈棋》，由《玄怪錄‧巴邛人》縮寫而成，文字簡練。

　　後集卷二《怪異門‧鬼仙玩月》，即《酉陽雜俎》續集卷一支諾皋上〈崔汾奇遇〉，個別字句有出入。

　　前集卷二《藝術門‧斬人魂魄》，由《傳奇‧聶隱娘》縮寫而成，文字較為簡練。

　　後集卷二《神明門‧井神現身》，由《原化記‧吳堪》前半部分縮寫而成，情節略有變動。

　　後集卷二《精怪門‧蟒精為妖》，由《玉堂閒話‧選仙場》縮寫而成，文字有所改動。

　　出自宋代著作的故事，譬如：

　　補遺《治道門‧摸鐘辨盜》，由《夢溪筆談》卷十三〈權智‧摸鐘辨賊〉改寫而成，文字稍有壓縮。

　　後集卷一《道教門‧噓氣燒腸》，即《春渚紀聞》卷三〈噓氣燒腸〉，文字有所改動。

　　前集卷一《人倫門‧負約求娶》，由《清尊錄‧大桶張氏》縮寫而成，情節略有改動。

　　前集卷一《人倫門‧事姑不孝》，由《夷堅丙志》卷八〈謝七嫂〉改寫而成。

　　後集卷二《怪異門‧鬼飲譙樓》，即《夷堅志再補‧岳珂除妖》、個別字句有出入。

　　前集卷一《人倫門‧身代母死》，即《夷堅志三補‧願代母死》，僅個別字有出入。

　　後集卷二《精怪門‧猿請醫士》，即《夷堅志三補‧猿請醫士》，題目、內文悉同。

2.《異聞總錄》

〔元〕佚名編《異聞總錄》是一部文言志怪小說選集。全書四卷，共收鬼怪故事一百則，大部分是民間傳說、故事。書中所選的作品，多輯自唐、宋、元時期的著作，但未注出處，有的可以考查出來源，有的出處則已無法確考。

此書輯錄最多的是《夷堅志》：

卷一〈耿氏婢〉，即《夷堅丙志》卷八〈耿愚侍婢〉，僅個別字句有出入。

卷一〈白衣婦〉，即《夷堅丙志》卷十一〈白衣婦人〉，僅個別字句有出入。

卷一〈疫鬼〉，即《夷堅丙志》卷十一〈牛疫鬼〉，悉同。

卷一〈芝山遇鬼〉，即《夷堅丙志》卷十一〈芝山鬼〉，僅個別字句有出入。

卷一〈饒氏婦〉，即《夷堅丙志》卷十二〈饒氏婦〉，多處字句有出入。

卷一〈李主簿〉，即《夷堅丙志》卷十二〈李主簿〉，僅一字有出入。

卷一〈捉老張〉，即《夷堅丙志》卷十三〈張鬼子〉，僅個別字句有出入。

卷一〈賈縣丞〉，即《夷堅丙志》卷十四〈賈縣丞〉，僅個別字句有出入。

卷一〈陶豪〉，即《夷堅丙志》卷十六〈陶豪子〉，某些字句有出入。

卷一〈江圭〉，即《夷堅丙志》《卷十六》〈會稽儀曹廨〉，僅個別字句有出入。

卷一〈張朝幼女〉，即《夷堅丙志》卷二十〈張朝女〉，今本《夷堅志》之該則闕十三字又八行，可據此補齊。

卷一〈老婢索命〉，即《夷堅丙志》卷二十〈蕭六郎〉，今本《夷堅志》之該則前後有多處闕失，可據此補齊。

卷一〈劉十九郎〉，即《夷堅丁志》卷十四〈劉十九郎〉，正文僅個別字句有出入，末尾刪去「予於《乙志》書後田王十五為瘟鬼驅至宣城

事，頗相類。」

卷一〈田穀女〉，即《夷堅丁志》卷十五〈田三姑〉，僅個別字句有出入。

卷一〈詹小哥〉，即《夷堅丁志》卷十五〈詹小哥〉，僅個別字句有出入。

卷一〈鬼求共被〉，即《夷堅丁志》卷十五〈晁端揆〉，僅個別字句有出入。

卷一〈鬼卒求渡〉，即《夷堅丁志》卷十九〈鬼卒渡溪〉，僅一字有出入。

卷一〈山鬼〉，即《夷堅丁志》卷十九〈龍門山〉，僅一字有出入。

卷一〈畫工黃生〉，即《夷堅丁志》卷二十〈郎岩妻〉，僅個別字句有出入。

卷一〈楊二郎〉，即《夷堅志補》卷二十一〈鬼國母〉，文字有所刪改。

卷二〈上官彥衡〉，即《夷堅丙志》卷七〈揚州雷鬼〉，悉同。

卷二〈掠剩大夫〉，即《夷堅丙志》卷十〈掠剩大夫〉，僅個別字句有出入。

卷二〈灶君驅虎〉，即《夷堅丁志》卷二十〈楊氏灶神〉，僅個別字句有出入。

卷四〈妄鬼假託〉，即《夷堅志補》卷十七〈季元衡妻〉前半部分，多處字句有出入。

卷四〈凶宅辦醮〉，即《夷堅志補》卷十七〈王燮薦橋宅〉，多處字句有出入。

卷四〈娼女惡報〉，即《夷堅志三補·臨川娼女》。據《四庫全書總目》卷一四四《異聞總錄》提要考證，此則本出《夷堅志》。原文已佚，今人從《異聞總錄》中輯出佚文。

卷四〈漁人吳一〉，講述者為洪邁之弟洪景裴，是《夷堅志》的重要講述人之一。但今本《夷堅志》已無洪景裴所講的此則故事，當作為佚文輯出。

此書輯錄自其他著作的故事有：

卷二〈李沈〉，即《玄怪錄》卷四〈李沈〉，個別字句有出入。

卷三〈青袍人〉，即《玄怪錄》卷三〈南纘〉（見《太平廣記》卷三〇三），文字略有刪改。

卷三〈盜發墓者〉，即《玄怪錄》卷三〈戶公煥〉（見《太平廣記》卷三九〇），個別字句有出入。

卷三〈齊推女〉，即《玄怪錄》卷三〈齊饒州〉，個別字句有點出入。

卷三〈王泰〉，即《玄怪錄》卷四〈張寵奴〉，個別字句有出入。

卷三〈葉誠〉，即《續玄怪錄・葉氏婦》，個別字句有出入。

卷三〈崔汾奇遇〉，即《酉陽雜俎》續集卷一支諾皋上〈崔汾奇遇〉，個別字句有出入。

卷二〈韋安道〉，由《異聞錄・韋安道》（見《太平廣記》卷二九九）縮寫。

卷三〈王軒遇西施〉，出《翰府名談》。

卷三〈妓為枯骸〉、〈譙樓邪魅〉、〈太公〉、〈鬼婦求醫〉、〈窗櫺大手〉、〈鬼求治腰〉，即《湖海新聞夷堅續志》後集卷二怪異門〈鬼妓勸酒〉、〈鬼飲譙樓〉、〈鬼偷饅頭〉、〈鬼扣醫門〉、〈鬼手入窗〉、〈鬼求針灸〉，均個別字句有出入。

二、《說郛》

〔元〕陶宗儀編《說郛》，一百卷，是一部綜合性大型叢書。此書分類選輯兩漢至元代經、史、小說、雜記一千餘家共數萬條。原本已佚，僅有明抄本流傳。近人張宗祥據六種明抄本，校理成書，於1927年由上海商務印書館排印出版，這便是目前通行的涵芬樓一百卷本[1]。但所輯之書僅有七百二十五種，遠不及原本所收。儘管如此，它仍然保存了大量值得珍視的文獻資料，是現今學界據以考證、輯佚、研究的主要本子。

---

[1] 上海古籍出版社1988年影印的《說郛三種》，即以涵芬樓《說郛》一百卷本為第一種。參見《中國古代小說百科全書》《說郛》條，中國大百科全書出版社，1993年4月，第483頁。

《說郛》這部大型叢書的文獻價值，首先體現在其中保存了一些明清以來已失傳的著作上。它所輯錄之書，便成僅存的珍本。譬如，〔唐〕劉孝孫、房德懋撰《事始》，《舊唐書‧經籍志》雜家類著錄，三卷，未見傳本。《說郛》卷十收一卷，但已非完本。又如，〔宋〕陸游撰《老學庵續筆記》，《宋史‧藝文志》未載。《四庫全書總目》著錄有《續筆記》二卷。今僅存一卷，自《說郛》卷四中輯出，但所載似為摘引，而非全文。再如，《清尊錄》一卷，共七十三則，已佚。今本一卷，自《說郛》卷十一中輯出，共十則，包括〈大桶張氏〉、〈狠氏〉、〈王生〉等名篇。

　　《說郛》這部大型叢書的文獻價值，還體現在它所輯錄之書，有不少用的是較全較早的版本，可供輯補佚文或校勘之用。譬如，《遁齋閑覽》，十四卷，已佚，《類說》節錄其七十四條，但已經過刪削。而《說郛》卷三十二錄其四十四則為一卷，係全文而非摘引，並且保存有該書「名賢」、「野逸」、「詩談」、「證誤」、「雜評」、「人事」、「諧噱」、「泛志」、「風土」、「動植」等十門之名，可大略窺見其原貌。其中錄有〈妙齡穎悟〉、〈修寺焚僧〉、〈娶婦離間友愛〉、〈妬〉、〈劉喜焚妻〉、〈諸異〉、〈頌蠱〉、〈爛婿〉、〈百勞〉等《類說》未錄的民間傳說、故事佚文，而兩書皆有的佚文，像《說郛》所錄〈六虎〉、〈長年術〉、〈崖州地望最重〉、〈作詩圖對偶親切〉、〈李廷邽墨〉，因係全文，皆比《類說》所摘引的〈姊妹六虎〉、〈絕欲延壽〉、〈崖州地望重〉、〈舍弟江南沒家兄塞北亡〉、〈李廷珪墨〉詳備。又如，《拊掌錄》，《說郛》卷三十二輯佚文二十四則，前有編者黝然子於元延祐元年（1314）寫的自序，所輯錄作品，有〈卜者許壽〉、〈燒裙〉、〈依卿所奏〉、〈木野狐、草大蟲〉、〈鄙詩〉、〈置帽僧頭〉、〈作犯徒以上罪詩〉、〈厥撒大尉〉等民間傳說、故事。《拊掌錄》明末杭州刊《雪濤諧史》本中的一些佚文與《說郛》輯錄佚文有相同者，可據《說郛》進行校勘。舉例來講，《說郛》中的〈木野狐、草大蟲〉就比《雪濤諧史》本的同一則故事多五十多字，更為生動有趣。

　　總之，《說郛》這部大型叢書保存了大量民間傳說、故事資料，在保存中國古代民間傳說、故事，促進中國古代民間傳說、故事的傳播和發展

方面卓有貢獻。它無疑是研究中國古代民間傳說、故事的一部重要的古籍文獻，歷來為民間文學研究者所珍視。

尚需指出的是，〔明〕陶珽編《說郛》（重編本）一二〇卷，收書一千三百種。它與〔元〕陶宗儀編《說郛》差別較大。此書既新增加了一大批書目，又增加了一批偽書，使用時須當謹慎。

語言文學類　PG0603

中國民間故事史
——宋元篇

作　　者 / 祁連休
責任編輯 / 鄭伊庭、孫偉迪
圖文排版 / 蔡瑋中
封面設計 / 王嵩賀

發 行 人 / 宋政坤
法律顧問 / 毛國樑　律師
出版發行 / 秀威資訊科技股份有限公司
　　　　　114台北市內湖區瑞光路76巷65號1樓
　　　　　電話：+886-2-2796-3638　傳真：+886-2-2796-1377
　　　　　http://www.showwe.com.tw
劃撥帳號 / 19563868　戶名：秀威資訊科技股份有限公司
　　　　　讀者服務信箱：service@showwe.com.tw
展售門市 / 國家書店（松江門市）
　　　　　104台北市中山區松江路209號1樓
　　　　　電話：+886-2-2518-0207　傳真：+886-2-2518-0778
網路訂購 / 秀威網路書店：http://www.bodbooks.com.tw
　　　　　國家網路書店：http://www.govbooks.com.tw

2011年9月BOD一版
定價：320元
版權所有　翻印必究
本書如有缺頁、破損或裝訂錯誤，請寄回更換

國家圖書館出版品預行編目

中國民間故事史. 宋元篇 / 祁連休著. -- 一版. -- 臺北
市：秀威資訊科技, 2011. 09
　　面； 公分. --（語言文學類）
BOD版
ISBN 978-986-221-790-0（平裝）

1. 民間故事 2. 文學評論 3. 中國

539.52　　　　　　　　　　　　　　100012231

讀 者 回 函 卡

感謝您購買本書，為提升服務品質，請填妥以下資料，將讀者回函卡直接寄回或傳真本公司，收到您的寶貴意見後，我們會收藏記錄及檢討，謝謝！
如您需要了解本公司最新出版書目、購書優惠或企劃活動，歡迎您上網查詢或下載相關資料：http:// www.showwe.com.tw

您購買的書名：_____

出生日期：_____年_____月_____日

學歷：□高中 (含) 以下　　□大專　　□研究所 (含) 以上

職業：□製造業　□金融業　□資訊業　□軍警　□傳播業　□自由業
　　　□服務業　□公務員　□教職　　□學生　□家管　　□其它_____

購書地點：□網路書店　□實體書店　□書展　□郵購　□贈閱　□其他

您從何得知本書的消息？

　□網路書店　□實體書店　□網路搜尋　□電子報　□書訊　□雜誌

　□傳播媒體　□親友推薦　□網站推薦　□部落格　□其他_____

您對本書的評價：(請填代號　1.非常滿意　2.滿意　3.尚可　4.再改進)

　封面設計_____ 版面編排_____ 內容_____ 文／譯筆_____ 價格_____

讀完書後您覺得：

　□很有收穫　□有收穫　□收穫不多　□沒收穫

對我們的建議：_____

_____

_____

_____

11466
台北市內湖區瑞光路 76 巷 65 號 1 樓

秀威資訊科技股份有限公司　　　收

BOD 數位出版事業部

....

（請沿線對折寄回，謝謝！）

姓　　名：＿＿＿＿＿＿＿＿　年齡：＿＿＿＿　性別：□女　□男

郵遞區號：□□□□□

地　　址：＿＿＿＿＿＿＿＿＿＿＿＿＿＿＿＿＿＿＿＿＿＿＿＿＿

聯絡電話：(日) ＿＿＿＿＿＿＿＿＿＿　(夜) ＿＿＿＿＿＿＿＿＿＿

E-mail：＿＿＿＿＿＿＿＿＿＿＿＿＿＿＿＿＿＿＿＿＿＿＿＿＿